交易心理学

养成股票交易赢家的思维模式

[日] 村居孝美 著　杨玲 郑磊 等译

图书在版编目（CIP）数据

交易心理学：养成股票交易赢家的思维模式 /（日）村居孝美著；杨玲，郑磊等译．
—北京：机械工业出版社，2015.9（2025.9 重印）
ISBN 978-7-111-51562-3

I. 交… II. ①村… ②杨… ③郑… III. 股票交易－经济心理学 IV. F830.91-05

中国版本图书馆 CIP 数据核字（2015）第 223540 号

北京市版权局著作权合同登记　图字：01-2014-7776 号。

村居孝美．トレードの成功哲学．
Copyright © 2013 by 村居孝美．
Simplified Chinese Translation Copyright©2015 by China Machine Press.
No part of this book may be reproduced or transmitted in any form or by any means, electronic or mechanical, including photocopying, recording or any information storage and retrieval system, without permission, in writing, from the publisher.
All rights reserved.

本书中文简体字版由 Pan Rolling 授权机械工业出版社在全球独家出版发行。未经出版者书面许可，不得以任何方式抄袭、复制或节录本书中的任何部分。

交易心理学：养成股票交易赢家的思维模式

出版发行：机械工业出版社（北京市西城区百万庄大街 22 号　邮政编码：100037）
责任编辑：施琳琳　　　　　　　　　　责任校对：董纪丽
印　　刷：北京机工印刷厂有限公司　　版　　次：2025 年 9 月第 1 版第 24 次印刷
开　　本：170mm×242mm　1/16　　　印　　张：21.75
书　　号：ISBN 978-7-111-51562-3　　定　　价：89.00 元

客服电话：（010）88361066　68326294

版权所有·侵权必究
封底无防伪标均为盗版

译者序 トレードの成功哲学

　　从事高投机性质的股票交易，交易者的心理因素对于投资表现的重要性在不断提高。其实，国内一直流行的股票技术分析，其实质就是通过图表和技术指标，展示市场情绪，并通过趋势预测未来的价格走势。这是一种将心理因素进行数量化处理和分析的方法论。遗憾的是，由于技术分析是基于过往的市场数据，或者说是过往的市场情绪和心理的混合表现，而群体心理具有多变性和不可预测性，所以技术分析并不一定时常管用。特别是在牛市和熊市的极端时期，投资者的心态极其不稳定，导致历史数据无法跟上投资者的即时反应，所以笃信技术分析的投资者，应该明了其适用范围和局限性。

　　而心理分析则不然，这是深入对人性的根本认识基础上的方法论。而人性，正如马克·吐温所说，历史不会重复自己，但会押着同样的韵脚，人性的基本特点从未改变。话虽这样说，要想分析群体人性，并不是一件容易的事。至少现代数学和计算技术还未能解决这个问题。好吧，我们知道一个简单的道理，你可能不知道别人会怎样想、怎样做，但你至少得了解自己的心理和行为。不仅如此，要在股市取胜，你必须与自己的心理作战。只有战胜自己，才能战胜对手，从而在这个残酷的市场竞争中胜出。

这本书就提供给读者一套股市投资的心理训练法，作者村居孝美虽是日本人，但拥有美国NLP协会认可的大师（master practioner）资格，他创立了自己独到的5步训练法，帮助股市投资者训练心理，变成股票交易赢家。根据译者的了解，国内股民很少受过系统训练。前几代股民受到过一些技术分析训练，但有些人不了解技术分析的问题和局限性，难免上当受骗。而这一波牛市后新进入的股民，甚至连股票的基础知识都还不具备。所有散户投资者，无论新老，都非常缺乏对交易心理学的认知。机械工业出版社将这本书引进到国内，译者认为时机正好满足了这些股票投资者的需求，建议读者认真阅读和练习。

本书包含7章正文内容和附录。其中前6章介绍了作者的"变身交易赢家的5步法"，最后一章访谈了6位知名的美国和日本的交易员，其中不乏拉里·威廉斯这样的大师级交易能手，也有齐藤正章这样的日本本土交易者。作者也从书的前言开始分享了他的交易失败经历，这本书的整体内容编排，逻辑清晰、条理明确，译者读后，觉得非常真实。本书从交易者的角度考虑问题，很切合实际。

交易方法和交易系统都是现成的，但并非谁读了这样一本书，都能掌握好这些制胜技巧。尤其是心理训练，绝非数日或数月之功。译者之一的郑磊博士曾在其股市行为金融理论专著里提出一个观点，即股市是人性的试验场，是磨炼投资者心性的战场，炒股如同做人。如果你准备成为一名股市赢家，请先磨炼自己，"动心忍性，曾益其所不能"，千里之行，还须始于足下。建议读者从阅读这本书开始，掌握并亲身实践这套股市赢家心理训练法。

前言 | トレードの成功哲学

首先感谢你阅读本书。

但是，请容我冒昧地说，你之所以对本书感兴趣多半是因为你目前正面临着"交易结果不理想""精神上受到重创""损失惨重"这样的状态吧。为什么这么说？因为来参加我的"交易心理学"研习会以及来听我课的人几乎都抱有同样的苦恼。

但是我要说，如果你认为"自己交易不成功是源于心理层面的原因"，那么应该说你还有很大的改善空间。但遗憾的是，我所面对的大多数投资者对于自己的烦恼可以说还都基本处于一个认识不清的阶段。

"所有的交易市场都试过了，但结果全都不理想。""哪种交易方法都不能持续赚钱。""我损失了一大半资金。""明明买的是据说能赚钱的产品，却一毫没赚到。"……

据说九成的个人投资者在股票、期货、外汇等交易中亏损。这与我迄今为止所接触的近 2 000 位投资者的情况也相同。那么究竟为什么会出现这种结果呢？

实际上，从开始就战绩不佳，屡战屡败，导致资金只赔不赚的个人投资者毕竟是少数，大多数人都曾或多或少地在交易中赚到过钱。即便如此，大多数人还是或早或晚地都陷入了亏损的"恶性循环"中，最终沦落为交易失败者。

我的失败经历

我也曾是一名失败者。

我真正开始做投资是 2004 年，当时也是我人生中最穷的时候。由于各种原因，一直经营很顺利的广告代理公司也倒闭了，手头剩下的仅只有一辆车。于是我卖了车，拿卖车的钱作为本金做起了投资，想通过投资重新开始我的人生。

那时候正值网络证券的快速发展期，伴随股票价格上涨，股票交易也开始流行起来。我和朋友一起合租了一间 6 张榻榻米大小的房间，屋里有一台二手电脑。我努力将每月生活费控制在 4 万日元左右，立志要依靠股票交易来谋生。幸运的是起步不错，投入的资金一直很顺利地在增长。没过多久，我每月的收益基本上就都能达到 100 万日元左右。我还换了住所，搬到了一座很像样的公寓。

现在想起来，那个时候的我真的很洋洋自得，甚至觉得，"炒股也不过如此，好简单！这样一鼓作气炒下去的话，明年我就能拥有上亿的资产！"但是市场行情远不是我们想的那么简单。

2005 年的一天，我按自己一贯的买卖原则所购入的某电话公司股票，已经下跌到我自己事先定好的"止损点"。若是平时，我一定会马上赔本抛售，等待下一个机会。

但那个时候的我打破了自己的原则没有抛售，因为我心气已经太高，所以一不留神就放松了警惕。

从此，我的悲惨经历就拉开了序幕。股票持续下跌，完全超出了我预估的下限。但我当时的想法就是"都已经这样了，就继续忍耐吧"。非但如此，我甚至失去理智地一再继续补仓。

我这种不服输且充满激情的性格在之前的生意场上曾发挥了很好的作用，但是在股票交易的世界里，仅凭情感和本能采取行动，往往会产生相反的结果。接下来我将详细讲讲，股票交易是如何让人极容易就凭主观情感和本能去采取行动，又是如何让人们失去理智，让人把激情投入到了不该投入的地方从而最终导致失败。

这种没有计划性的交易手法最多只能摊平一时的亏损，无论在资金还是精神方面，最终我都没能承受住巨大的打击。结果导致了巨大的失败——那是一笔将近1 000万日元的损失。

但是"悲剧"还远没有结束。紧接着，我愚蠢地为了想要一口气把这么大的窟窿补回来，甚至差点"孤注一掷赔上了身家性命"。现在回想起来，那时候我的这种做法或许就是一种自暴自弃吧，其结果就是损失掉了自己几乎全部的流动资金。

强忍着失败的耻辱讲这些，是想要告诉大家，在股票交易的世界里，像这样由于"一时错误引发连锁反应"，将自己一点一滴积攒起来的资金瞬间赔光而落入不能自拔的深渊的事情屡见不鲜。可以说，这正是最典型的"交易失败者模式"。

症结在于心理

所有投资者之所以走上"败者模式"之路几乎都是源于"心理层面"问题。也正是因为意识到了这一点，后来我才得以从失败的深渊中逃离出来。

人们都有一颗美丽的心灵，看到美好的东西会感动，心疼自己所珍爱的人，悲伤的时候会和所爱之人一起流泪，等等。但是在股票交易的世界里，正是这样的心灵、这样的情感会起到相反的作用，会在你所涉及之处，设置出各种"陷阱"和"圈套"，最终让你落入这些陷阱和圈套而成为失败者。

每个人都有基于过去的经验判断所形成的评价标准。基于这种评价标准，人们会形成各种各样的观念，这也是人之常情嘛。

但是，股票行情瞬息万变，股票交易便是人们在这种瞬息变化的"不确定性"中不断进行战斗的一场你死我活的游戏。如果不能灵活地去改变、改善那些可能成为障碍的思想和观念，将不可能应付这场游戏。为此，不仅要时常磨炼自己的交易方法和战术，更要有策略地去锻炼、改善自己的心理状态，使之更能适应股票交易，即所谓的"心理训练"，这是非常有意义的。

遗憾的是，这种心理训练并非能一蹴而就，它和技术层面的锻炼一样，需要有耐力并花时间持续训练才能形成。但另一方面，和技术层面的锻炼一样，心理训练也有一些必须掌握的要点。而提供这些要点和心理训练的步骤，正是本书最重要的目的。

但是几乎所有的投资者，不仅不重视技术层面的锻炼，就连心理层面的问题都从来没有认识到。因为他们根本不明白，股票交易的问题大多都是出自心理层面。

很多人想要学习的都是速战速决能够尽快盈利的小技巧。但是这种三脚猫的功夫早晚都会让他们遭受巨大的创伤。不仅限于股票交易，社会上常常蔓延着"很简单地""谁都可以""很轻松地""马上就行"等诸如此类的宣传标语。如果轻易相信了这些一面之词，在没有任何物质准备和精神准备的前提下就贸然投入，可以说必将遭遇失败。

既没有了解也没有思想准备，只靠"表面"模仿几千日元买来的书上的交易操作方法，以为就能马上赚到几千万日元；花上几万日元买点内部消息就想能马上赚到几亿日元；收集点网络消息，再左右问问人就能马上赚得几万日元；花高价参加个培训班就能马上变成超级交易大师……股票交易可不是这么一个简单美好的世界。现实往往是，人们只不过是主观地认为自己已经理解了股票交易，自欺欺人地沉浸在自己这样那样的幻想中而已。

当然，并不意味着人们只需追求完美的技术就足够了。在交易市场这样一个"战场"上，不管拥有多么精良的装备和多么高超的战术，如果不具备能够充分使之发挥作用的集心理和技术为一体的"融合一体的交易策略"，早晚都会在和身经百战的专业人士的周旋中失败，成为冤大头。

学习赢家心理

究竟要如何做才能让自己也能够成为在股票交易中始终保持盈利的赢家呢？我认为应该深入学习已获成功的赢家的心理状态，或称赢家精神状态。简而言之就是"模仿"赢家心理吧，而且是彻底地模仿，从NLP（神经语言程序学）的角度分析入门的方法、途径以及技巧。这也正是撰写本书的主要目的。

首先，要正确地认识自己现在所处的状态，即现状。然后，要将赢家的心理当作"成功的典范",或"成功哲学"。继而确立自己的目标,即理想。接着将现状和理想进行对比,明确找到存在什么样的问题及解决方法,并制订出能够持续发挥超高水准的交易策略和计划。

说起心理学,有各种各样的"例外"和"流派",大多数的解说都让人难以理解,或都倾向于使用复杂的专业术语和抽象的表述。实际上,光是NLP就有很多种不同的解读方法和不同的流派。

因此,本书从"股票交易心理学入门"的角度出发,尽量不使用NLP的专业术语,而是尽量用同样的词汇,以避免交易者产生混乱。同时,为避免引起误解,本书对NLP也将采用笼统的方式进行阐述,如果有对NLP及其技巧进一步感兴趣的读者,本书在卷末列举了一些相关的专著敬请参考。

本书第3章所提供的一些成功案例实际上是作者在和国内外的交易赢家讨论之后,从NLP角度对他们所阐述的策略共同点进行的整理和总结。希望读者能够以这些成功典范为"基础",根据自身的情况量身打造自己的"理想状态"。

本书第7章记录了对这些交易赢家的访谈。

世界著名的交易者拉里·威廉斯、杰克·施瓦格所著《对冲基金奇才》上介绍到的斯科特、继承了传说中的"海龟基金"交易者团队的肯、100%利用系统型交易来运作500多亿日元的克里斯托弗、培养了200多位交易者的马克——五位都是目前在一线最为活跃的海外交易者。此外,这次访谈还受到MKNEWS报社的益永研先生的极大帮助。也承蒙诸位为我抽出宝贵的时间,借此机会深表谢意。

国外采访时和益永研先生(右)

关于对5位交易赢家的访谈，实际上是益永研先生和我亲临实地，不仅采访了他们有关技术层面的想法，还努力从心理层面去深度挖掘他们的想法和交易策略。可能每个人的访谈看起来像在说完全相反的事情，但是只要深入字里行间，大家就会注意到，其实他们只是运用了不同的表达方式来阐述同一个道理。

此外，本书中还记录了作为日本个人系统型交易者先驱的齐藤正章先生对问题的"解答"。齐藤先生针对本书重点内容之一的"自我认识"也进行了解答。应该能够为读者在进行自我解答以及设定自身目标时，提供有益的参考。

这些都是对战果累累的"真正赢家"的访谈，这些访谈都非常有价值。通常个人投资者是几乎不可能有机会找到"真正"的赢家来进行咨询的。但是，在我和这个行业里的众多人士接触之后，我发现了一个事实，那就是"很多众所周知的超级交易者的'秘籍绝招'，通常都会意外地让人感到失望"。

为了让大家练就自己的"理想状态"，我在本书中总结了"5个步骤"。我将这个训练过程命名为"NLP交易训练"。

遗憾的是，在本书第Ⅰ章中所列举的那些"必然失败也已然失败"的投资人自不必说，有些即使学了很多技术也积累了很多经验的投资人，却长年都止步不前毫无精进。我相信这些人如果参考NLP交易训练方法，在深刻认识自己现状的前提下，准确设定理想的状态，改善存在的问题，制订相应策略和计划，必将能够步入赢家的行列。

人们在看别人的时候往往很容易看清楚。也或许当看到本书中所列举的他人的失败案例时，会有很多人都感叹："好外行……真愚蠢……"但从我的经验来讲，正是这样的人，大都看不到自己的问题所在。春风得意地批评别人，自己却毫无成就，这样的人我想大家身边都会有很多。客观地认识自己是一件比我们想象的要麻烦很多也艰巨很多的事情。

我所肩负的使命之一就是提供一个"契机"，让更多的人成为赢家，然后和更多的人建立起相互连接的关系网络，并不断扩大。关于这个"使命"，我还会在本书的最后进行阐述。

衷心希望本书能够为大家的成功尽微薄之力！

村居孝美

目　录 | トレードの成功哲学

译者序

前言

第1章　NLP交易训练：学习股票交易赢家心理 / 1

  1.1　为什么个人投资者最终会失败 / 1

  1.2　5个步骤成为交易赢家 / 32

第2章　自我认识 / 47

  2.1　无意识的欲望是行动的核心 / 47

  2.2　了解自己作为交易者的全部现状 / 72

第3章　目标设定 / 96

  3.1　系统地整理交易赢家的思维方法 / 96

  3.2　确定理想的模式 / 117

第4章　问题解决及策略 / 124

  4.1　资金管理的心理学 / 124

4.2 找出问题点和解决策略 / 138
4.3 更深层次地挖掘信念 / 153

第5章　心理改善的技巧 / 170
5.1 解决策略的实际贯彻 / 170
5.2 营造环境 / 180
5.3 改变视角 / 186
5.4 改变记忆影响下的情绪 / 191
5.5 从根本上改正不良习惯 / 198
5.6 认识并消除偏见 / 202

第6章　事业计划 / 208
养成维护策略的计划和习惯 / 208

第7章　交易赢家访谈 / 223
7.1 拉里·威廉斯（个人投资家）/ 223
7.2 斯科特·拉姆齐（迪纳利资产管理公司代表）/ 235
7.3 肯·雅各扎克先生（KMJ资本公司代表）/ 246
7.4 克里斯托弗·斯坦顿（日出资本合伙公司）/ 254
7.5 马克·休赖斯（操盘手训练员）/ 269
7.6 齐藤正章（个人投资者）/ 289
7.7 访谈小结 / 306

后记 / 308
附录　关于系统型交易 / 311
参考文献 / 336

| 第1章 |

トレードの成功哲学

NLP交易训练：学习股票交易赢家心理

1.1 为什么个人投资者最终会失败

计算股票交易市场投资者的损失和收益的标准之一，就是"杠杆收益率"。

这是计算股票投资者在信用交易（用小额担保金从证券公司借入股票或资金进行买卖的一种手法）⊖中的潜在损失和收益的概念。原则上我们可以根据证券交易所每周三所发布的统计数据计算得出，同时，主要网络证券商也会自行公布整体客户数据。

用包括外国投资者和机构投资者在内的全部市场投资者计算出的收益率，与个人投资者利用较多的网络证券商所计算出的收益率相比，虽然数值本身会有一些差异，但是数据的推移变化大致相同。另外，比起对冲交易（原则上是规避所持现货股票的价格变动所带来风险的交易方法）和卖空交易（将借来的股票卖空，回手再买回来返还的手法）这样的融券卖出而言，个人投资者更倾向于融资

⊖ 类似中国内地的融资融券交易。——译者注

买入。因此，信用评级与股票收益率作为判断"个人投资者盈利多少"的标准被广泛使用。

比如说，当收益率低于 –20% 时，进行融资买入的个人投资者就有可能面临巨大的亏损。个人投资者极有可能被证券公司要求追加担保金，对于可用资金有限的个人投资者来说就不得不采取抛售。而抛售又会引起连锁反应，最终接近下跌行情的探底值，即所谓的"抛售高潮"。

另一方面，也有说法指出"收益率接近零的话，行情就该走向最高点了"。图 1-1 可以印证这句话。

图 1-1 杠杆收益率

在大部分的时间里收益率都在零以下变动。这也就是说"大多数个人投资者都盈利的话，行情的上升走势便会终止"以及"大多数个人投资者不会盈利"，这是前提条件。

这并不仅限于股票市场的信用交易。股票自不必说，在外汇以及期货市场也可以看到同样的情况。任何交易市场都是以"大多数个人投资者都是失败者"为前提在运作的。

那么，为什么大多数个人投资者都会遭遇失败呢？首先我们来具体看一下在交易中所遇到的典型失败案例，我们称之为"失败者模式"。如果能够具体分析出失败者的问题所在，之后大家就可以有效地把握自己当前的心理状态了。

（1）失败者通常认为只要知道交易秘诀就能简单盈利

说起股票交易，非赢即输，乍一看觉得简单至极，翻一下书店里的那些书，《×年之后你也将是亿万富翁》《马上就能赚钱的×××》，等等，让人觉得好像自己瞬间就能成为有钱人。产生这种想法并不奇怪。因此，刚入门道的人只要稍微赚点钱就非常容易洋洋自得，认为"前进的道路是一条笔直的金光大道"。但是如果盲目冒险的话，早晚会丢掉你全部的投入。

于是就会有人沉浸在一种幻想中，误认为"自己的损失只是由于不清楚交易的秘诀和信息，如果知道的话就能轻易赚大钱"。他们坚信赢家一定是拥有什么特别的秘密手法和信息。这些人会很轻易地相信信息，支付高额代价从投资咨询公司或信息公司购买小道消息、股票推荐，或购买一些徒有其表的交易系统、信息材料等，也因此陷入失败的恶性循环。

事实上，类似于《成功率95%的×××》或者《一年稳赚××日元的投资方法》等以某个特定技巧为核心的书籍、杂志以及培训班正呈现一种蔓延的趋势。这反过来也说明有相当多的投资者认为，"只要掌握了交易的技巧就能够稳赚不赔"。

经常有人咨询我，"这本书上写的交易方法如何？""如果成为投资顾问公司会员并购买一些潜力股的相关信息就能赚钱吗？"对此，曾经为我解答交易策略的老师这样告诉过我：

"实际上，很多与股票相关的书都是没炒过股票的人写的。"

刚开始炒股的时候我也难以辨别其中奥妙，但是随着经验的积累，明白了"这本书是没经验的人写的""这就是行情，只不过偶然碰上了而已""虽然在书里面介绍得如此简单，但这可是风险极大的交易方法"，等等，慢慢也就悟出了门道。

仅凭借小聪明、小伎俩就跑到股市这样的战场上来，就和没上过战场的人拿着沉重的机关枪打仗是一个道理。如果没有操纵技术和装备的能力和良好的心理状态，再精良的武器也无法有效发挥作用。但实际上几乎所有的个人投资者都没有意识到这个问题。

有些人深信只要听取经济学者或者分析专家的观点便能成功，只要从投资咨询公司那里打听到潜力股的话就能赚钱，但最终他们往往都会失败。仔细想想这也是必然。即使获取了信息，知道了潜力股，但如果买入的时间、涨幅点的判断等都不确定，一旦没有按照计划进行交易的话，势必会出现不知道如何应对和处理的状况。

比如有人告诉了你一些提示信号，但如果你自己不能理解其中的原理，心里就不会彻底相信，那么便会战战兢兢而无法持续交易，因为你势必害怕自己重要的资产会陷入任人摆布的局面（可用资金100万日元的人和1 000万日元的人，他们的获利目标和交易风险是不同的），这样也就不清楚心理上要如何面对。因此即使获得了提示信号，终归也难以按照所谓的规则去交易。

本来在投资的世界里就不存在百分百的事情，也没有任何东西是确定的。所以，即使头脑里认为自己明白这样的道理，但人们从小培养起来的"观念"也会让人在无意识中坚信，"一定有绝对正确的事物""一定有概率很大、绝对稳赢的交易方法和信息，只要按照这些方法和信息去操作就绝对会盈利"。

因此，要想在股票交易这个战场上求得生存，就必须要克服我们旧有的"观念"。

（2）失败者其实没有真正想过要成功

在我认识的人里，有人曾尝试了各种减肥方法但最终并未能成功瘦身。结论是，为了健康减肥，无论选择什么方法，只有清楚自己发胖的原因，调整心情，明确目标，然后去想象，"按照自己的身体状况，在有计划地减肥成功后自己能得到哪些好处？"只有在这样的前提下持之以恒并脚踏实地才能真正成功。

想想，虽然炒股和减肥一个是为了"增加"，一个是为了"减少"，其理想目标截然相反，但它们成功所必需的条件和因素却极其相似。

例如一个人对外宣言，"为减掉20公斤我将从今天开始滴酒不沾，不吃油腻食物。"但几个月下来体型完全没有变化。问了原因后才得知，原来他觉得"这个方法行不通，我要用更轻松简单的办法来减肥。"但事实就是他期待减肥成功所带来的喜悦，却输给了"想喝、想吃"等一时的快感。

交易失败的人亦是如此。虽然嘴上说着"我想赢"，但在潜意识里却很容易去追求享受那种残酷、激烈而刺激的风险所带来的快感，并为此而反复进行交易，而且这样的人出奇得多。

这类人没有认真对待交易，没有认真面对自己，也没有真心想要去学习能够在交易中获胜的策略和方法。即使学到了方法，他们也没有韧性在实践中持之以恒。

这样的人如果你问他，"为什么不认真学习，不持之以恒呢？"他们会异口同声地回答说：

"多麻烦啊，而且都不知道能否赚钱……"

我很惊讶，曾经有个听我讲课的人说过这样的话：

"我没想过要多认真地去学习交易技巧，只要每个月能赚上几万日元就够了。"

赢家会拼命磨炼技术和战术。而且赢家很清楚，资金管理和心理状态能够融为一体的策略方法越是精炼，交易的质量也就会越好。

另一方面，失败的人甚至都不知道自己已经陷入了失败的恶性循环。只一味想着钓到鱼，而不谦虚地去学习钓鱼的技术，钓鱼时也没有耐性坚守，这是他们失败的一个很大的原因。

（3）失败者努力的方向错了

有些人为了掌握"钓鱼的方法"，将日本经济新闻报或公司四季报的所有内容都进行仔细阅读，或反复研究电视上的经济新闻或网络上的小道消息，到处搜索潜力股，整日忙得不可开交。

但是个人投资者通过这种方法所获得的"二手信息"实际上在交易中并不具有持续创造收益的"优势"。因为这些信息都是公开的，也都完全体现在了行情里。

或者有些投资者在大学教授、经济学家"精确猜中了行情拐点"并解说了其中奥妙之后，就突发异想要去学习宏观经济学，也有些人兴致勃勃地想要学习那些甚至连作者本人都不见得明白的晦涩语言和公式。

但实际上这些往往要么就是高风险的投资方法，要么就是一般投资者在实践中根本无法运用的信息。

如果这只是个人兴趣的话，那另当别论。但遗憾的是，我亲眼见到周围有人特意花时间去拼命学习那些无用的东西，之后就开始挑战炒股并经历惨败。其结果就是，当可用资金减少时，这些人便会孤注一掷借钱炒股。为了赚回自己的损失，一天之内甚至买卖好几次，导致更大的亏损。

"自己果然没有炒股的才能。"有人因为这样的想法而放弃，也有人认为是"自己没有财运"。还有人甚至认为，"自己这么努力钻研都不成功，那么别人也不可能会成功。""赢家都是阴谋家。"

这些人大概认为股票交易就和大学考试一样，只要给出问题的答案便能取胜。但如果按照"教科书"来做就能成功的话，那么岂不是谁都可以毫不费力地获胜？

PER（市盈率）、PBR（市净率）这类股票评价指标，或者是利润表、资产负债表这类财务报表，以及就业统计、物价指数这类宏观经济指标、移动平均、推测学这类技术分析等，与单纯广泛涉猎这些教科书类的知识相比，寻找大多数人尚未发现的优势，研究如何在交易中灵活运用这些优势，才是更为重要的。

大多数失败者并不明白"究竟该学习什么，该怎样学""什么是能够让自己在交易中获胜的重要信息"，因而始终在朝着错误的方向努力。而重要的是，应该从战略角度，去辨别究竟什么才是能够成为自己战术的知识。

一味地胡乱学习各种知识，不管从金钱方面还是时间方面看，都是一种损失，而且会给交易带来不好的影响。哪怕已经通过有名大学或者证券推销员考试，也并不意味着就一定能在交易中取得成功。

（4）失败者缺少引领他们走向成功的领路人和指导者

积累资金有"挣钱""攒钱""盈利"这三种方法。比如说，拼命工作得到工资（挣钱），支出低于收入（攒钱）以及把一部分闲钱投到某项"事业"上，让钱生钱而产生盈利。

但是普通的日本人幼年时代自不必说，即使长大成人之后也并没有多少机会可以接受投资教育或企业家教育。因此很多人容易产生"盈利→投资→赌博→孤注一掷→危机→失败"这样的消极联想。在这样的环境中该向谁学习投资的技术和方法？可以说师从何门可以决定一切。

如果有人不告知你股票交易存在风险而一味误导你交易能够赚大钱，那么这个人就不是真正的投资者，而是寄生在投资者名下的"业务员"。又或者说，如果他一味告诉你不要赔本抛售，只要攥在手里总有一天必会上涨，那么首先就应该问问他自己是否通过这种方法获得过成功。

朋友以及周围的人亦是如此。只要你不是赢家，那么他们只有可能会在你的投资上创造阻碍，但绝不会伸出援手。经常有人会因为将那些不懂装懂的熟人的建议囫囵吞枣地照单全收而招致惨重损失。

我访问过国内外很多的交易赢家，他们大多都表示曾经遇到过可以称之为"领路人"或"指导者"的人。所谓的指导者，指的是在自己有可能朝着错误方向前进时，能够及时指出正确道路的人。只要是在持续进行交易，总会有迷惑苦恼的时候，当被这样的"黑暗"包围时，如果能够有领路人像一盏明灯给自己照亮前方的道路，那么不安便会消失，自己也能够再次回归沉着冷静。

当然，也并非说没有这样的领路或指导就行不通。也有一些人能够谦逊地从自己的失败中汲取经验，并形成自己独到的理论体系。

但最起码对于失败者来说，如果没有领路人或指导者的话，自己将无法逾越失败的困境。所以能遇到可以给自己的交易策略和交易哲学带来正确影响的领路人，将是一件非常宝贵的事情。

之后我还将会详细阐述到，要想在交易中取得成功，除交易方法之外，还必须将个人心理和资金管理合二为一进行一体化战略学习。而在这一点上，领路人或指导者是可以通过直接、间接的方式来进行传授的。

在投资大国美国，此类学习已然形成了一些周期较长的体系化课程，而提供此类课程的投资教育公司或交易训练公司比比皆是。每个投资者把从那里学到的东西应用到自己的交易实践中，并将它转化为自己独到的交易策略。但在日本，就我所知，很多投资学校所采取的都只是针对一些特定的交易方法进行短期的集中培训，能够进行系统而较长周期学习的投资学校基本没有。这也是导致很多投资者只对交易的手法感兴趣的重要原因之一。

实际上，我所谈的"技术与心理的一体化融合""交易心理学"等东西，有些人会认为这不过是一种自我暗示，根本不可信任，不仅没有用处反而会给人徒增不安。但如果他们一味顽固不化一如既往的话，真的又会取得好成绩吗？

（5）失败者对于金钱持有一种负面情绪

前面曾提到，在交易中陷入恶性循环的原因之一就是潜意识里会认为"金钱是万恶之源"。"能赚钱的都是恶人""赚钱是罪恶，我不能为赚钱而走邪路"，这些情感意识会在无意中给自己以暗示，阻碍自己在交易中获得收益。

同时如果一味认为"就是因为没有钱才一直辛苦"，那么就会对他人和自己的投资行为产生踌躇不安，甚至会回避和放弃对自身成长来说是有必要的投资。

有些人因为深信"在交易中所赚的钱是'不义之财'，是邪恶的钱"，所以在收益上涨之后开始出现大跌时，他们就会抱有"反正是不义之财，损失了也没什么"的想法，也更容易继续涉足风险更大的投资。这种"反正来得快去得快"的想法，往往很容易让人采取一些导致损失翻倍的行为。

基本上没有人会认识到自己的金钱观是如何深刻影响自己的交易行为的。而为了清楚认识自我金钱观的根源，有时甚至很有必要弄明白自己孩童时代的一些创伤，以及金钱对于自己的父母意味着什么等。

比如说，在我的咨询者里就有这样一位十分苦恼的女性投资者，在她小时候，父亲沉迷于赌博而四处向人借钱、遭人冷眼。因为有这样的经历，所以她有着一种强烈的信念，那就是"绝对不能没有钱""绝对不能用钱去赌博"。她对金钱的过分执着，导致她每天没日没夜地拼命工作，拒绝任何奢侈，一味努力攒钱。这种"绝对不能没有钱"的潜意识情感，会让她在交易中面对头寸出现潜在损失危机时，立刻采取赔本抛售的行为。即使事先已经决定好了止损点，但却会在那之前就赔本抛售，即所谓的"赔本斩仓"。

这种情况往往是，她在开始交易的同时就做好了止损点的交易设置，这种情况下她本可以拔掉电脑电源，换换心情做点家务。但即使打开吸尘器开始做家务，她那种"绝对不能损失钱"的强烈潜意识情感会再次占据她的头脑，令她坐立不安，不知不觉中又会坐回到电脑前，开始进行反复的斩仓交易。

这个问题最有效的解决方法，就是改善自己"绝对不能没有钱"的金钱观。因为导火索在于对自己父亲的怨恨情绪，所以只有回归过去，修正自己对父亲的情感意识。

因为负债，她很小便离开了父亲和母亲一起生活，和父亲非常疏远。但几年之后再见到父亲时她发现，原来自己的父亲很善良，反倒是母亲更严厉。而这也很可能是导致父亲出于逃避而沉溺于赌博的原因之一。她也由此终于从怨恨父亲的情感中慢慢走出来，开始拥有一种"接纳的心态"。她开始问我，"成功人士所持有的是什么样的一种金钱观呢？"

说起来，赢家是不会将自己的金钱观植入交易中去的。在第7章的访谈中，外汇交易大师肯通常只用"百分比"来谈论问题。因为话题中不涉及赚多少、亏多少这样具体体现金额的说法，所以也就没有将自己对金钱的感情因素植入到交易中。

当我在研习会上讲解通过日交易演习操练赚到大约4万日元利润的时候，有一位学员突然勃然大怒。因为他靠兼职营生，看到自己需要打好几天工才能赚到的钱，我却在这么短时间内就赚到后，他觉得这不容原谅。

因此，赢家和输家对于金钱的观念是完全不同的。

（6）失败者往往被眼前股价的变动所摆布而无法纵观全局

2008年的雷曼倒闭风波导致股价暴跌，也导致了众多投资者"资产只剩一半""所赚利润全部都打了水漂"。同时，2011年的日本东部大地震也同样导致股价暴跌，致使很多人同样遭遇"资产被一扫而光"。

但恕我直言，其实在这种时候出现亏损的大多数投资者，本来就注定会失败。失败者往往都爱说"这是次贷危机闹的……""这是活力门事件闹的……""这是日元升值闹的……""这是地震闹的……"，等等。他们总喜欢把原因归罪于其他，他们喜欢自欺欺人，也喜欢寻找一些能够相互安慰的同类人。但这样的人今后也将继续一味寻找各种客观理由，最终也必将成为失败者，退出交易市场。

不仅是股票市场，对短、中、长期等不同周期的各类投资而言，行情始终是由人（人气＝需求＋供给）来推动的。从几百年前开始，市场行情就是泡沫和泡沫崩溃的循环交替。价格也必然同样是暴涨和暴跌的交替。

大多数个人投资者开始做股票交易，都不是在股市进入最低潮的时候（包括自己在内的所有人都绝望的时候），而是在股市最兴旺的时候（包括自己在内的所有人都很乐观的时候）。因为处于不断上涨的好形势，因而不管市盈率或股东权益回报率实际状况如何，所有股票全都"好评如潮"。但如此不分好坏买一个是一个的话，又如何能以比买入价更高的价格将股票卖给别人呢？

如此持续一段时间后，上升趋势就会在某一个契机下开始衰退。比如2008年的雷曼风波，就是以前一年发生的次贷危机为契机爆发的。但要我说，其实根本无所谓什么契机。

洋洋自得不断投入资金的投资者往往会蒙受超出最初收益数倍的损失。即便如此，也会有人在自以为"差不多已经探底了"的时候，冒险进行了大手笔的逆向交易。但实际上，此时如果不能站在更加宏观的角度，审时度势地拿出能全身而退的对策，损失只会因为进一步的暴跌而更加惨重。

（7）失败者凭本能面对盈亏

1979年，美国普林斯顿大学教授丹尼尔·卡尼曼和斯坦福大学教授阿莫斯·特沃斯基通过多项实证研究发现了如下原则。

> "人们在面对等量的收益和损失时，往往会更加看重损失（比起收益，人们对损失更为敏感）。这个原则被称为'损失规避'。因此，当人们面对同等的收益与损失时，损失所带来的痛苦要大于收益所带来的满足感。"

这个被称为"前景理论"的原则很好地说明了如果人们按照本能（即损失规

避）来进行交易的话就会成为交易的失败者。卡尼曼教授因为这一发现获得了2002年的诺贝尔经济学奖（特沃斯基教授已于1996年去世）。

举例来说，用100万日元买了某只股票。当这只股票涨到110万日元的时候（图1-2的A处），人们的满足感就会急剧上升。由于极其高兴，可能会产生"有了这10万日元的话就能买××"的想法，于是便会急忙套利。

但是当股票从110万日元涨到120万日元，又从120万日元涨到130万日元的时候（图1-2的B处），人们所获得的喜悦感便会越来越淡，再不会出现像A处那样急剧上升的满足感。

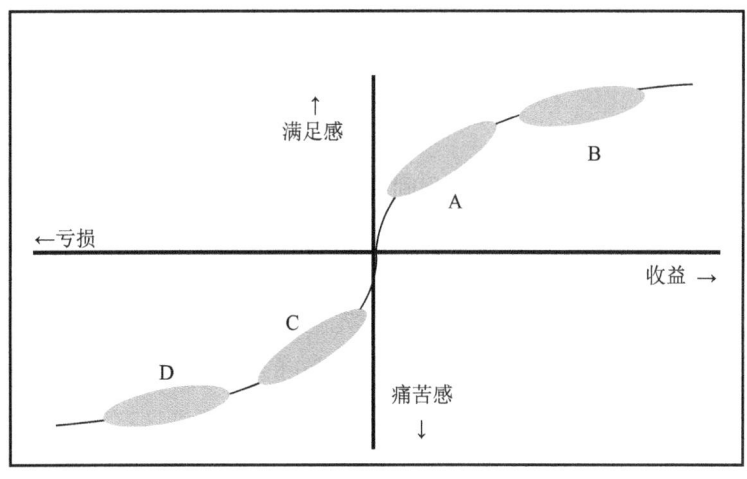

图1-2 前景理论

然而，当股票从120万日元跌到110万日元，再从110万日元跌到100万日元，尤其是再次回到了A处时，"都损失10万日元了！"这样的心情会变得非常强烈，满足感也会急转直下。

如果当股票从100万日元跌到90万日元的时候（图1-2的C处），由于损失而出现的愤怒、后悔、悲伤的情绪会急剧涌现。也正由于精神上的痛苦过于沉重剧烈，导致人们不愿意接受损失，所以很难做到赔本抛售。

但是当股票从 80 万日元跌到 70 万日元的时候（图 1-2 的 D 处）人们的感觉就有点麻痹了。"无所谓了，总有一天会涨回去的"，人们开始破罐子破摔。即使当股票从 80 万日元涨回到 90 万日元，人们的痛苦也不会消失。"不赚钱也无所谓了，只要这种痛苦的感觉能消失就够了，希望能涨回到 100 万日元别赔本就行"。人们被这样的想法所左右而不会赔本抛售，因而也就错过卖出股票的好时机，于是也就"被套牢"了。

像这种仅凭本能面对盈亏，一旦头寸赚到利润，投资者往往就会鼠目寸光急于套利。相反，如果出现亏损，投资者又会由于承受不了割肉的痛苦而踯躅不前，一步一步落入陷阱，最终错过出售的好时机，但又很想要摊平亏损，其结果就是损失越来越大。

盈利时只获得少量利润，而亏损则是损失大部分资金，这种悲惨的情况正是"损大利小"。

相反，不管采用何种途径，只要结果是"损小利大"就是赢家。为了将损大利小转变为损小利大，人们必须要排除自身潜在的损失规避倾向，从潜意识层面改善自己的心理状态，以采取合理行动。

（8）失败者凭直觉进行交易

因为工作性质的关系，我从个人投资者那里听到很多失败的教训和苦恼，特别是新手经常会问到如下这样的问题。

"买的股票不断下跌，资金都只剩下 1/4 了。""我听说外汇比股票更能赚钱，于是便倒手买了外汇，结果损失惨重。""因为一直犹豫要不要卖掉获利的头寸，结果就在我犹豫期间，股票下跌造成了巨大损失。""明明买的全都是绩优股，但却毫无获利。"

我在听到这些烦恼的时候总是会问对方同一个问题："您是出于什么样的考虑这样做的？"

——决定出手的理由是什么？止损价位点已经定好了吗？

已经大幅下跌，觉得也差不多该探底了，所以想如果在这个价位入手的话不久肯定会上涨……没想到会继续下跌，也没想过要割肉出售。

——您是在充分理解、接受股票和外汇交易的利弊前提下变换投资的吗？

不是。因为朋友说"外汇投入资金少但赚起来比较快"，我就禁不住改做外汇交易了。

——从开始入手时您就提前决定好了盈利目标和止损点吗？

不是，并没有提前决定。因为买了之后股价马上就上涨了，所以有点沾沾自喜就和大家炫耀赚钱了。但就在这时股票开始下跌，而等我注意到的时候已经跌到比我买入价格还要低的价位了。

——您是用什么标准来判断业绩是否良好？是否也从图表分析等别的角度进行过分析？

因为新闻上介绍说是新股很有人气……而且有名的分析师也推荐了这只股票，所以想应该不会下跌。也没看过价格走势图……

总之就像这样，大家的回答基本都是"没有，就是凭感觉……"没有明确的依据，全凭直觉在进行交易。拿股票来举例的话就是下面这种模式。

"呀,XYZ公司的股票上涨了。前不久报纸上好像报道过新产品热卖的消息,这只股票值得关注。"

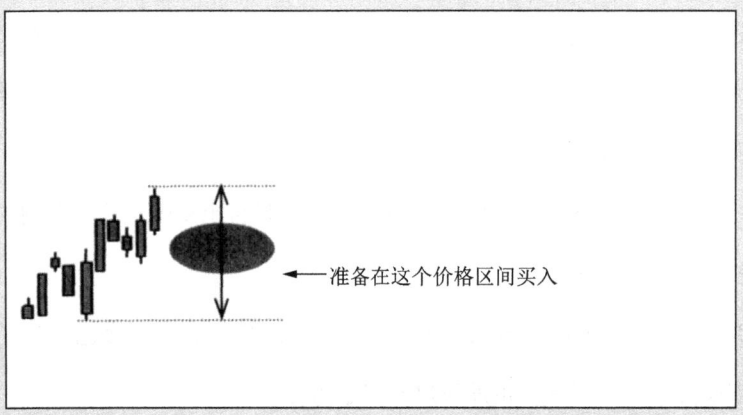

←准备在这个价格区间买入

"还在继续上涨。涨了这么多了,貌似要下跌了。在股价跌回一半时我就买入。"

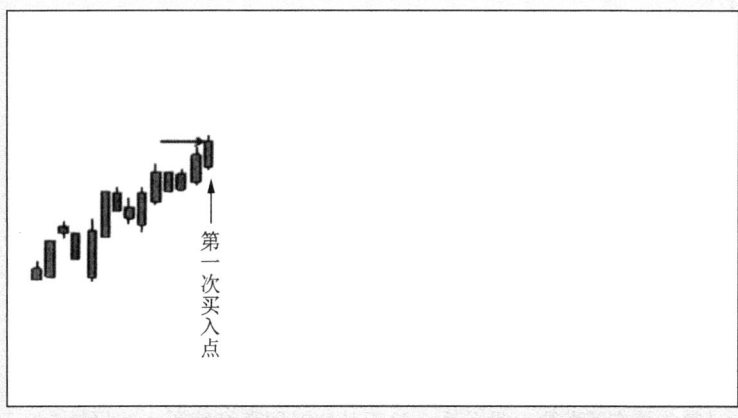

"糟啦!这不是又上涨了吗?再等下去的话就要错过好时机了。好,那就入手吧!"

→开始不由自主地认为"这个上涨趋势还会持续一段时间"。

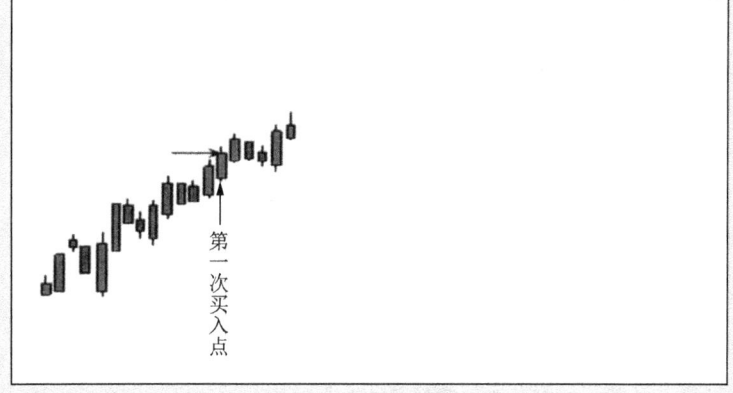

"太棒了!涨了!买入果然对了!"

→开始确信"这个上涨趋势应该会持续一段时间"。

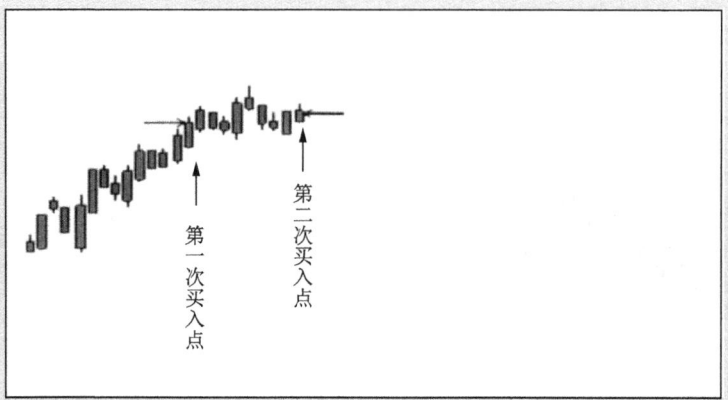

"股价稍有回落啊。没关系,这正是暂时回落继续买入的好机会!"

→因为确信"这个上涨趋势还会持续一段时间",所以判断股票只是一时的回落。

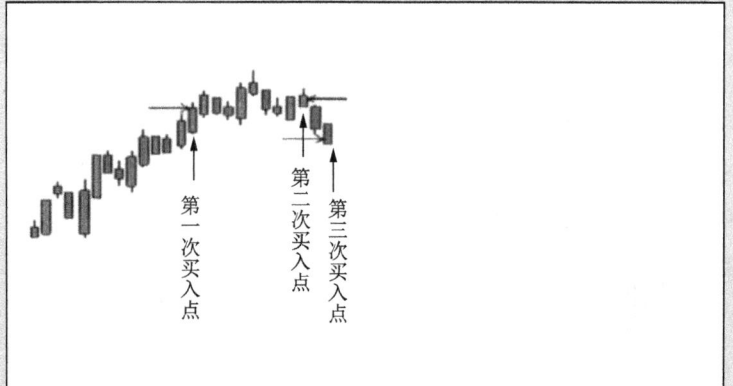

"啊,又跌了。没关系,继续买入!"

→因为深信"上涨趋势还会持续一段时间",所以只要能以比上次买入价还低的价位买入则一定能赚更多。

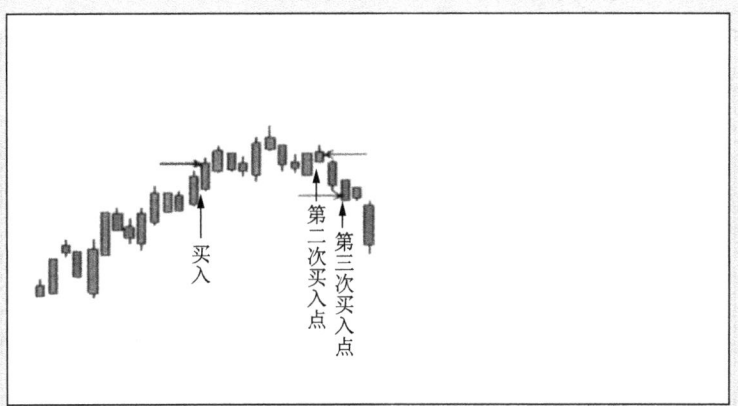

"糟了！暴跌……这么说来，在我第二次跟进之后，报纸上好像确实大肆报道过对手公司发布的新产品是'划时代'产品。总之，等价格反弹回来时就脱手吧。"

→开始注意到一直以来自己的深信不疑好像有些问题了。

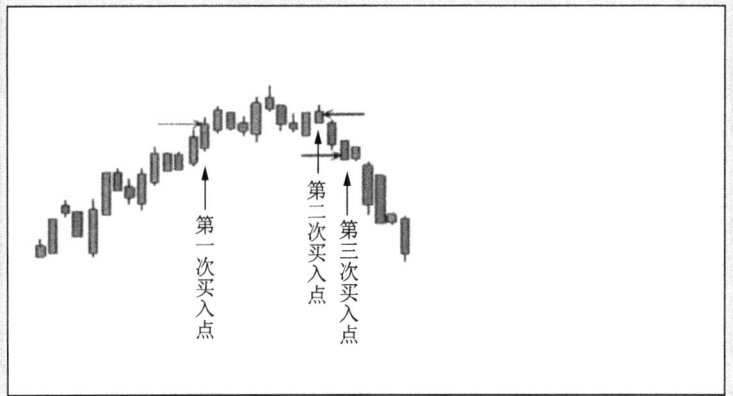

"真是不敢相信！居然继续下跌。但是，已经逼近上一次的底价了，这里如果再出现小幅波动的话，一定就是探底了。就此等待反弹机会吧。"

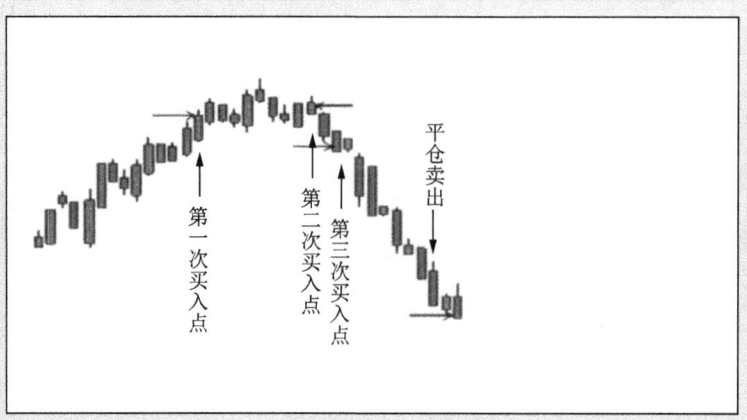

"啊！竟然还往下跌！都是因为媒体胡乱的报道。但这个势头实在是太猛，坚持不了了……全都抛掉吧……"

→不由自主地开始认为"下跌趋势可能会持续"。

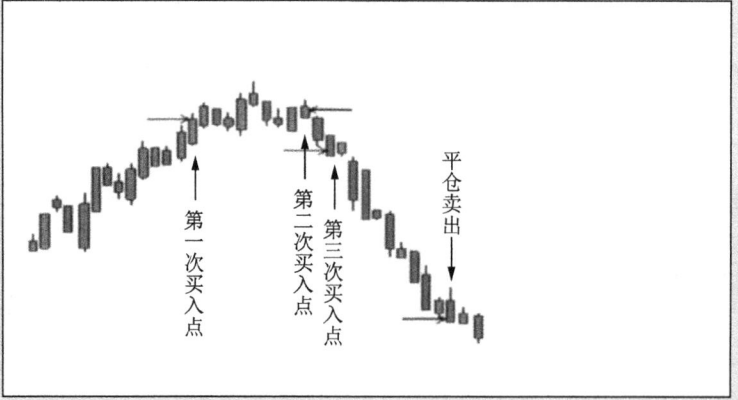

"还在下跌！果然抛对了！谢天谢地！"

→由此确信"下跌趋势依然还会继续"。

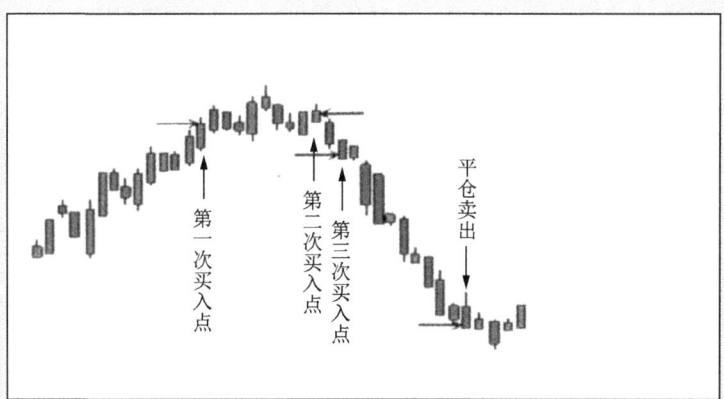

"唉？回升了……不，这只是一时的回升，很快会再次下跌的。"

→因为深信"下跌趋势还会继续"，所以断定这只是暂时的回升。

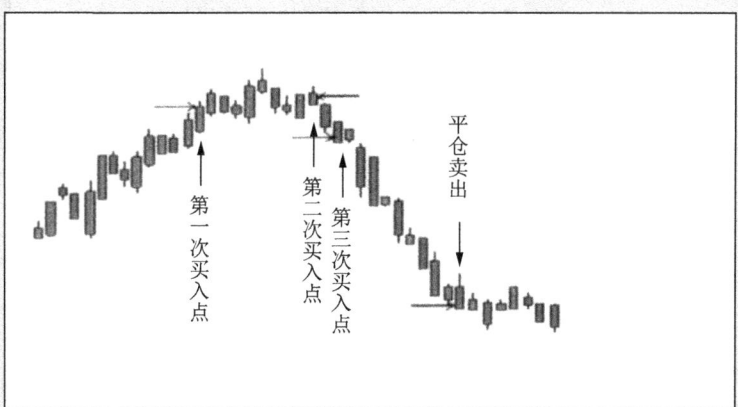

"果然，和我想的一样。"

→更加强烈地确信"下跌趋势还会继续"。坚信从现在开始股价绝对不会再上涨。

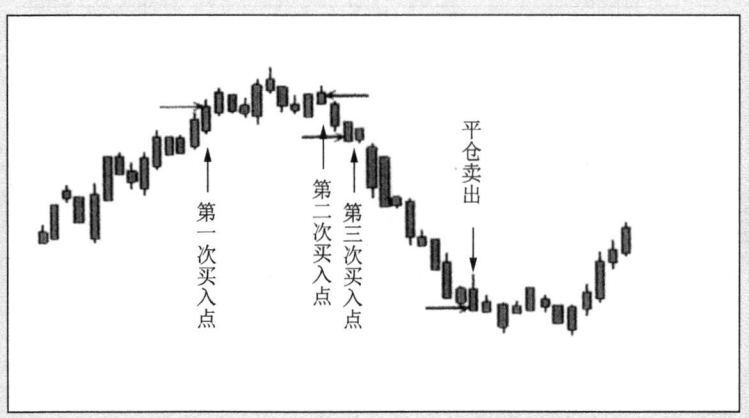

"什么！喂？喂？谁买进了？真是蠢货。居然被这种不痛不痒的上涨给骗了！"

→因为不愿意承认自己抛售股票的判断是错误的，所以还是难以抛弃"下跌趋势还会继续"的观点。

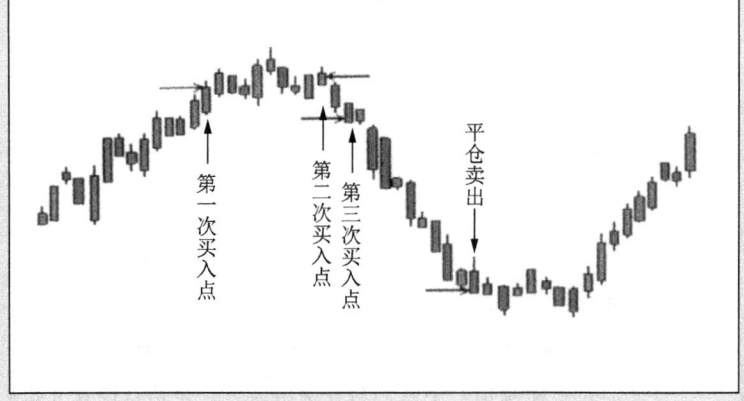

"所以说嘛，我早就知道会这样！"

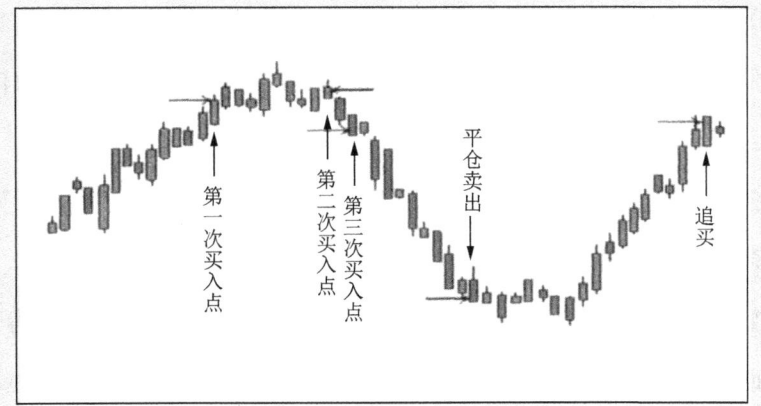

"没办法了,在这买入吧。这个价位比起上次买入的价位还要低一些……不过真是可恨,要是没有那条可恶的新闻报道的话……"

→再一次开始确信"上涨趋势将会持续"。

像这种不由自主全凭直觉,仅凭眼前消息便盲目相信的现象,我们称之为"赌徒的荒谬"。

如果股价持续上涨或下跌,人们通常在没有任何依据的情况下,也会产生一种心理,那就是"差不多该回落或反弹了吧"。然而当这样的势头"意外地"持续发展时,人们又会产生另一种错觉,"一段时间内这个势头肯定还会持续下去"。而当确定由于自己的深信不疑已导致失败时,就好像是为了弥补自己的过失一样,人们在瞬间自己便推翻了自己的判断。

但往往正是这个时候股票走势接近完结。在最高价位买入的头寸再次功亏一篑，而如果执着不放手的话，则只会蒙受更大损失。行情正是如此，将那些陷入赌徒的荒谬而无序乱窜的投资者们玩弄于股掌之间。

（9）失败者仅凭少量经验就下判断

人们总爱犯这样的错误，仅凭一点点经验就轻易下判断，对此，我们称之为"少数定律"。

举例来说，假设我们在旅行时突然想吃美味的拉面，于是我们来到了一条汇集20多家拉面店的著名的繁华街市。

在繁华街市的入口处有两家拉面店。A店里面有大约20人在排队等候，而B店里面只有5个人在排队等候。拐个弯就又有3家拉面店，但那3家基本都没有人在排队等候。

在这种情况下，虽然只看了5家拉面店，但大多数人都会返回到入口处的A店去排队。但如果剩下的15家拉面店里有多达5家店都各有50人在排队的话会怎样？又或者A店有人排队只是因为经营不善而雇用员工少所致的话，又会如何呢？但人们往往都是这样一种思维倾向，就是仅凭自己眼前看到的和自己少量的经验就妄下判断。同样的情况实际上亦发生在股票交易中。

比如在交易实践中尝试新的手法时，如果连续5次都失败了，大部分人就会认为"这个方法行不通"而放弃继续尝试。但其实我们应该站在更高的层面来看问题。

请看图1-3的验证结果。

假设交易方法的获胜率是60%，那么图表则展示连续失败的概率。

尽管期望值是6胜4败，是"能够盈利"的交易方法，但我们可以看到，10

连败的可能性有 0.1%，5 连败的可能性有 2.6%。换句话说，也就是 10 连败的概率是千分之一，5 连败的概率是千分之二十六。

连败次数（次）	发生概率（%）
1	100
2	39.6
3	16.2
4	6.5
5	2.6
6	1.1
7	0.4
8	0.1
9	0.1
10	0.1
11	0.0

图 1-3　胜率为 6 成时连续失败的可能性

在进行股票交易时，我们有必要事先测算可能连续亏损的次数以及最大跌幅（可用资金所能承受的最大亏损限度）。如果事先没有想好股价上涨或者下跌之后应该怎么做，或行动不谨慎，在不充分做好准备情况下就采取行动的话，那么很容易轻易放弃交易，或逐渐就变为靠直觉进行交易了。

交易赢家重视的不是小数法则，而是后面将要讲到的"**大数法则**"。

（10）失败者善于将自己的行为正当化

人们往往都"反感自己的行为遭到否定"。因为当"自己的行为"和"周围的信息"之间产生分歧时，人们便会感到很痛苦。为了逃避这种痛苦，人们往往会将自己的行为正当化。这种现象在交易失败者身上也常有体现。

比如按照自己目前的交易方法进行交易时，即使没成功，人们也很难承认是自己的方法错误。因此，即使是按照从赢家那里学习到的交易方法进行实践，如果连续几次都失败的话，人们便会断言"这个方法行不通！被骗了！"然后人们便会不由自主地在个人行为正当化理论模式下，哪怕是个失败的模式，也会再次用回自己的交易方法进行交易。

再举一个例子。对与自己期望相悖的信息，人们总会倾向于认为"净是一些不负责任的消息……基本上都不准确"而不愿听取。而对那些有利于自己的消息，即使是网络告示板上的匿名言论，人们也会认为"这和我想的一样啊！"从而顺理成章地深信不疑。

在股票交易的世界中，百发百中的交易方法本来就不存在，而一味执着于赚钱，也不可能理解行情变化。如果只是为了证明自己的推理或直觉的正确性而反复进行交易，那么只会让自己更容易陷入自我正当化的陷阱。

首先要将自己从"必须要赢""不能失败"这种咒语的束缚中解放出来。当自己能转换思维，认识到"虽然股价起起落落，但自己能盈利就行"这一点时，也就能看清真相了。就像从前一直遮挡视线的浓雾散去一样，我们也便能看清行情的实质了。

我们需要做的就是鼓起勇气冲破固有观念的束缚，从虚伪的世界中走出来。

（11）失败者为获胜率所左右

用过去几十年的数据来验证交易方法的优劣、分析交易方法的优势，这种方法我们称之为"回测"。通过回测可以计算出诸如损益总计、最大跌幅、最多连续涨停次数（连续跌停次数）等各项评价指标。其中个人投资者最为关注的指标是"获胜率"，即在全部交易中获胜次数所占的比率。

当你在书店看到标题为"获胜率9成的交易法！"这样的杂志时，你会马上想要拿过来读一读，这是人之常情。当然，把这个作为资料来研究也无可厚非。但实际上大多数的投资者都被获胜率所左右。

获胜率为9成，也就是说10次交易中有9次盈利。但这只代表盈利的"次数"，并不代表赢得的"利润"。比如说即使10次交易中有9次都盈利，每次都挣1万日元，但是仅1次就赔了10万日元的话，总计还是赔了1万日元。

通常炫耀获胜率为9成这种高获胜率交易方法，在出现偏差时的损失也极其大。特别是失败者有这样的倾向，当盈利的时候会马上喜形于色，想要加仓，而当赔钱的时候又会"不屈不挠地"坚持等待股价回复到最初的价格区间。但持有头寸的时间越长，这段时间内股价越容易发生变动，亏损的数额也会越大，这种事时有发生。同时也可能错过这段时间里的其他交易机会。

当然如果获胜率太低也同样是问题。因为在连续失败的情况下，交易者还在继续坚持着自己的交易方法。但反过来，我们也没必要拘泥于高获胜率。

比起获胜率，我更想要关注的是股票的"风险收益率"。详细内容将在第4章讨论，这里仅介绍其中的一个方面，"亏损和盈利的比率"（损益比率）。

损益比率，顾名思义就是计算亏损部分和盈利部分各自所占的百分比。比如"当盈利时，利润是1万日元；当亏损时，损失是1万日元"，那么这种交易方法的损益比率就是1比1。那么我们就按照这个损益比率来测算一下，到底获胜率是多少的时候才能盈利？

例如当损益比率为1比1时，1次亏损交易与1次盈利交易对抵，那么实际损益就是0。也就是说，按照损益比率1比1这样的规则进行交易时，如果获胜率超过5成那么就能获得利润。

那如果损益比率为2比1时又会如何呢？正如图1-4所示，与2次亏损交易相抵，只要有1次盈利交易，那么损益便为0。换言之，此交易方法的获胜率只要超过33%就能获得利润。

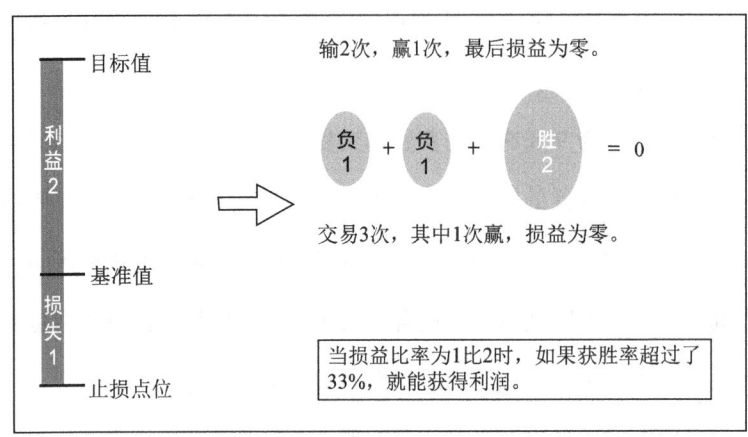

图 1-4 当损益比率为 1 比 2 时

当然，要长期维持这种 33 胜 67 败的交易，需要很强的自制力，所以对于有些人来说可能会比较困难。总之我在这里想要强调的是，即使是 5 成获胜率，只要收益大于亏损就能盈利，而且在反复的交易中利润便能累积下来。

实际上股票行情在现实中总在随意变化，因此，所谓的交易法则实际上是很少的。单纯依靠那些少之又少的法则，来追求近 100% 的获胜率创造收益基本就是无稽之谈。

但即使获胜率不高，只要收益大于亏损，就有盈利的可能性。在没有所谓"绝对"的股票交易世界里，我们不可能掌控胜负，但是在交易之初就设定好目标价位和止损点等指标的话，我们就有可能掌控损益比率。

（12）失败者被消极信念所束缚

为提高交易质量，我们有必要积累知识和经验。另一方面，我们也必须清楚地认识到，知识和经验有时候会起到反作用，也会给我们带来损失。

我们经常会听到"生手运气壮"这句话。这指的是没有多个选项和复杂的想法，并且获胜率近 5 成，从交易开始就偶然盈利的"5 成"投资者。

但是随着知识和经验积累越来越多，各种"固守观念"也会随之增多。我们也可以称之为"信念"。信念越多，人们便越难冷静地去判断。

如果能清楚地认识信念，并且信念也能在交易中发挥"积极"作用，则是非常好的事情。但问题就在于当信念发挥"消极"作用时，即使是完全不需要自主考量的"系统型交易"，信念有时也会起到反作用（系统型交易将在后面详细阐述）。

假设有这样的信念，"股票应该在上涨回调的时候买入。如果在下跌行情的突破点买入的话，不仅得不到多少收益，还有可能出现惊天的大损失。"一旦抱有这种信念，投资者就会用逆向投资（下跌时候买入，上涨时候卖出）理论来制订自己的交易规则。

但是大部分价格变动都是随机的，所以必然会出现不适于逆向投资的局面。因此即便是那种能谋求长远收益的交易方法也会有成绩不如人意之时，我们应该学会接受它的缺陷（见图 1-5）。

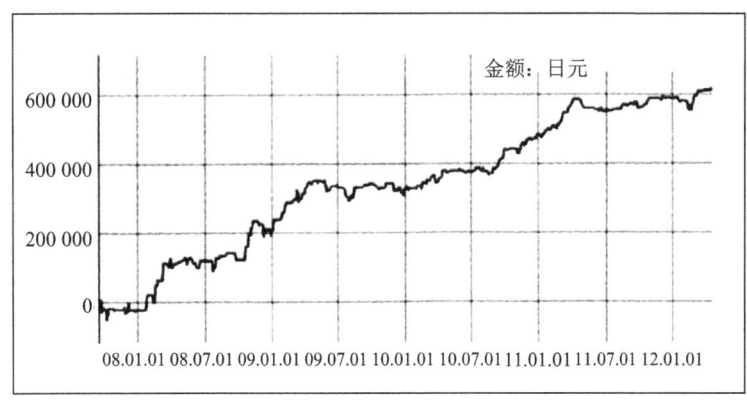

图 1-5　采用单一交易方法时的收益曲线

"在判断股票（或是行情变化速度）涨跌状况后，根据形势进行投资，当与

自己的判断相反时，再回补平仓不就好了。"如果以这种信念采用顺势投资手法的话又会如何呢？（见图1-6）

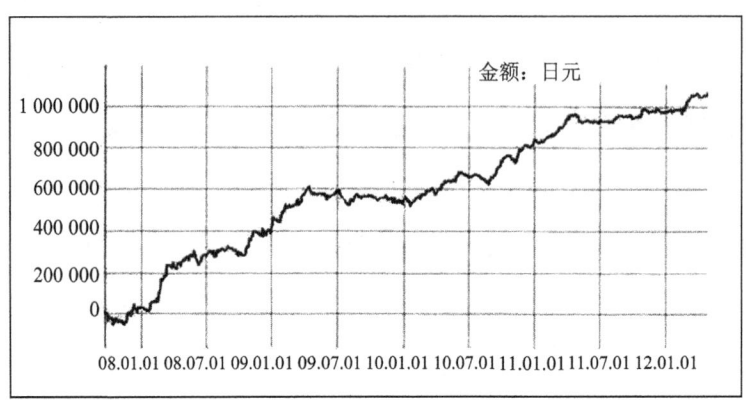

图1-6 采用多个交易方法组合时的收益曲线

与单一交易方法相比，收益曲线开始走势平稳。这种由不同信念组合而成的交易方法，即"股票投资组合"法可以弥补单一交易方法的缺陷，还能获得稳定走势。可以说这也是系统型交易的潜在可能性。

如果能在清楚认识到所持信念的基础之上，敢于借鉴其他信念支配下的交易方法，那么通过不同交易方法的组合，就能够打造出更为坚实的交易系统了。

随着股市行情和环境变化，信念的影响有可能从积极转变为消极。为了尽早注意到拐点变化，首先我们必须要清醒地认识到自己抱有什么样的信念。

但信念往往是无意识的存在。关于如何明确自己的信念，我会在第2章进行介绍。

说时容易做时难

总结一下到目前为止出现的失败者模式。

- 失败者通常认为只要知道交易秘诀就能简单盈利
- 失败者其实没有真正想过要成功
- 失败者努力的方向错了
- 失败者缺少引领他们走向成功的领路人或指导者
- 失败者对于金钱持有一种负面情绪
- 失败者往往被眼前的股价变动所摆布而无法纵观全局
- 失败者凭本能面对盈亏
- 失败者凭直觉进行交易
- 失败者仅凭少量经验就下判断
- 失败者善于将自己的行为正当化
- 失败者为获胜率所左右
- 失败者被消极信念所束缚

之所以会采取这种无计划、损失大、收益小的交易方式，归根结底是因为大多数交易失败者都一直明显地抱有"导致失败的心理"。在这里可以称之为"失败者心理"。

读完上述内容之后有没有似曾相识的感觉？如果有就说明你的心理可能符合失败者心理，而且极有可能你的心理层面有急需克服的问题。

那么下面的问题就是**"究竟该怎么做"**。读者中可能有"这种失败模式，我早就知道了"这样的人。

然而即使意识到了"自己也有失败者心理""失败者心理就是这样的"，但要转换为"谋求成功的心理""赢家心理"，并为此改变自己的行动却非易事。因为自己迄今为止培养起来的行为方式和思维框架都已经根深蒂固了。

一旦交易开始就被感情冲昏头脑，被股市行情随意摆布，从而始终采取同样的行动。即使在道理上明白失败者心理的人，也同样会出现如此情况。

事实上，即使交易经验非常丰富的人，大都有过一次如下所说的失败经历吧。

- 不知什么原因没能割肉，所以导致损失惨重。
- 有时无论如何都无法按照交易原则下单。
- 不知不觉中改变了当初设定的止损点。
- 如果一直不顺，便自暴自弃孤注一掷。

实际上，来我的学习会或学校咨询问题的个人投资者中，不少人虽然注意到了自己的问题是出在心理层面，但并没有意识到具体是出了什么问题。

而这也正是问题的关键所在。就像我在开篇提到的，本书第2章的目的就是弄清这种长期盘踞在心底的心理问题究竟是什么，以便采取措施完善机制，将自己的心理转变为赢家心理。

但是在进入这个步骤前，我还将就接下来要讲到的NLP交易训练的大致内容进行一些阐述。

1.2 5个步骤成为交易赢家

所谓赢家就是"久赚不赔"者。那么，久赚不赔的交易者与败阵下来的交易者之间到底有什么不同呢？

三位一体的交易策略

杰克·施瓦格（Jack D. Schwager）的著作《金融怪杰》中的访谈对象

之一——交易心理学专家范 K. 撒普（Van K. Tharp）博士在书中将"交易者成功要素"归纳为以下三个，且他认为三者缺一不可（撒普博士还将 NLP 概念引入指导方法中，成功培养出优秀的交易者。其著作《通向财务自由之路》及《超级交易员》，均出版于 Pan Rolling 出版社，都是公认的必读书籍）。

- 心理要素（个人心理）
- 自我管理要素（资金管理）
- 决策要素（交易方法）

这里所说的心理要素（个人心理）我暂且将其定为"赢家心理"和"精神调节能力"（分别将在第 3 章及第 5 章中介绍）。一位交易者，无论其经验多么丰富，多么热心钻研、手段高超，如果不能达到以一种"无意识的感情"境界进行交易，他的成功只能是暂时。另外，如果不能改善自己的精神境界，就会陷入不安或压力之中，其结果必将导致无效率的交易。

当然磨炼技术也十分重要，如积累知识和经验、使用恰当的交易方法及合理的资金管理等。交易方法详见附录，资金管理的基础将在第 4 章介绍。

但无论一个交易者技术如何优秀，如果心理素质根本不过关，就不可能使得技术和心理因素相辅相成，并灵活运用。只有培养赢家心理和精神调节能力，真正做到**心技一体**，即达到个人心理、资金管理与交易方法的"三位一体"，才能在交易中保持久赚不赔（见图 1-7）。

而打造上述**"三位一体的交易策略"**并保持可持续状态就是本书的终极目标所在。

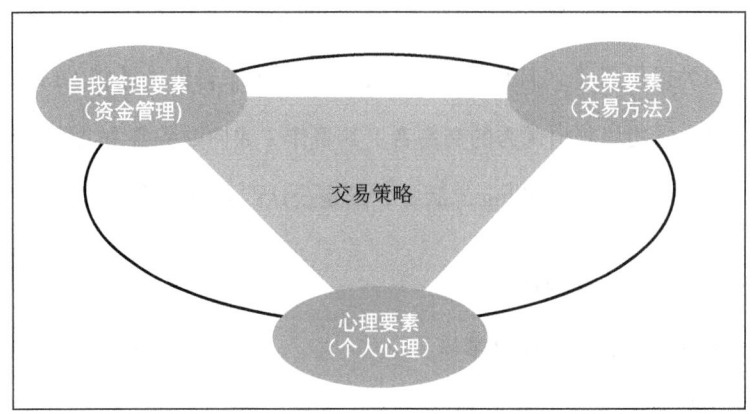

图 1-7　三位一体的交易策略

关于交易方法，为介绍我的个人模式，我采取了在附录中进行说明的方式。但为了更好展开后面的陈述，在此将简略叙述其中的部分基础观点。

交易方法

交易方法大致可以分为以下两种。

- 考量型交易
- 系统型交易

顾名思义，"考量型交易"即根据图表及当时的状况分析轻重得失，具体情况具体分析，做出买卖的最终判断。例如，是否尽快提高头寸金额，是否按照原定计划退出，是否稍做保持等，这些判断都要根据具体情况灵活应对。

即使是"相同的"价格波动模式也很少连细小波动都一模一样，因此灵活自如地进行"微调"是考量型交易的基本做法。

另一方面，"系统型交易"运用的是交易系统，该交易系统将交易规则（买入或退出条件）及资金管理完全数字化，目的是对价格或成交额等历史数据进行回测（back test）后的统计优势。交易要机械地遵循交易系统发出的信号，这也是系统型交易的基本原则。

虽说是"机械式地遵循"，但从行情监测到买进，既有完全按照电脑程序的全自动交易，也有在信号发出后交易者自己从交易公司（包括网络证券等中介公司或外汇保证金交易等交易公司）买进的情况。但无论何种方式，在每个交易时机中，完全排除主观判断是最根本的原则。

看一下第7章的采访就应该能明白，实际上无论何种交易方法下都有许多成功人士。因此我不否定任何一种方法或融会贯通两者的方法。

使用以上两种方法都可进行交易，我的观点是，对即将开始交易或交易初学者来说，最好是从系统型交易开始学。因为系统型交易能预先设想交易可能带来的风险或盈利，在心理方面会比较有优势，也不易陷入上面所说的"股票行情心理陷阱"中去。

因此本书所举案例大多也都是针对系统型交易。但是本书所介绍的心理学内容对考量型交易方法同样适用，这一点请读者放心。

当然，仅凭直觉随心所欲进行考量型交易的人，要么是一窍不通的外行，要么就是十足的天才。在考量型交易中，为避免被冲动的情感所左右，交易者应记录下预定计划或交易日志并反复研读，以此来决定微调幅度，设定一定的交易规则或严格的资金管理细则（头寸多少及交易频率等）。另外，系统型交易中基于历史数据的回测十分重要，所以系统型交易在不同股市也可能存在适合与不适合的情况。

但总的来说，考量型交易比系统型交易更容易使交易者一点点陷入股市心理陷阱中。这是因为系统型交易只需遵循事先构建好的交易系统的信号进行交易即可。

系统型交易有如下几个优点。

- 所有交易时机，包括退出策略等，全都事先预设确定好。
- 可以从回测中预测出交易规则的收益及损失风险。
- 更易验证并更易于实践多交易方法组合。

包括套利或止损，清算时股票的买进时机也可事先定好。系统型交易不需要考虑具体情况和外界因素（新闻或小道消息等），因此不受外界的影响。

另外系统型交易必须遵循回测原则，可以根据回测结果进行一定程度的风险预估。例如"若按这种交易方法继续交易，预计能盈利多少""发生亏损时可能会带来多少损失""亏损状态将持续多久"，等等。这样即使出现亏损，事先的心理准备也将大大降低心理打击程度，使交易者能更加顺利地调节情绪。同时，通过回测数据预测出的亏损额度，也比较容易估量在自己目前的资金量、自己所能够接受的亏损量（所能接受的损失风险）的前提下，持有多少头寸比较合适等，在"潜意识中形成的资金管理"也会较容易实施。关于这一点将在第4章详细说明。

另外如上所述，能够构建糅合多种交易方法的投资方式也是系统型交易的优点之一。因为系统型交易中只需遵循交易系统发出的信号，而无须考虑某个具体交易规则。

当然，系统型交易也并非十全十美，它有以下几个主要缺点。

- 存在过度拟合的风险。
- 需要花费大量时间判断交易系统及交易方法的优劣。

- 交易系统及交易方法只能由交易者自己主观选用。

首先为提高交易系统的完成度，系统型交易容易出现过度拟合（over fitting）现象。所谓过度拟合，是指为了在回测中得到更精确的结果而将系统数值强行关联在历史数据上的现象。

这时的测试数值并非期待再现交易系统优势，而是期待再现过去随机的"偶然"性，这是不现实的。显然，这样的数值也不能让交易者屡胜不败。

由于本书主题不涉及防止过度拟合的技术方法，在此就不赘述。详细内容请参照齐藤正章所著《系统型交易要诀》（Pan Rolling 出版社出版）。

系统型交易的另外一个缺点就是，为确定交易系统优势，需长时间持续进行交易系统的操作。这也意味着交易者需要主观定夺是否选用交易系统。

从长期视角来看系统型交易

实验次数越多，结果无限接近概率——这就是"**概数定律**"。对系统型交易者来说，理解概数定律并让它为自己的交易服务至关重要。

我们来举个抛硬币的例子。正面朝上的概率为 50%，但实际抛掷 10 次硬币中，正面朝上的次数可能是 9 次，可能是 4 次，也可能是 1 次。

那么抛掷 100 次又会怎样呢？正面朝上的次数可能为 65 次，也可能是 35 次。但是如果反复抛掷 100 次，正面出现 90 次或 10 次的概率就变小了。

那么抛掷 1 000 次结果又如何呢？正面朝上的次数可能是 600 次，可能是 400 次，可能是 524 次，也可能是 476 次。然而出现 900 次或者 100 次的情况却几乎不会发生。因此可以说，试验次数越多，则正面朝上的机会越接近其概率（50%）。

系统型交易同样是一种等待概率重现的操作模式。交易次数越多就越容易再现其概率。在回溯测试中，交易次数也十分重要。因为次数越少，其结果所隐含的偶然性就越大。

但是即使回溯测试结果良好，也不代表今后仍会出现同样的结果。如果实验开始时机不好，就有可能遭遇连续的失败。因此坚持长期测试，增加交易次数，利用概数定律来接近验证结果非常重要。

当然，市场行情瞬息万变，之前发现的优势，也可能会在未来完全消失。因而从长期来看，交易者无法判定实验结果一定接近已验证概率，但至少在短期内结果与已验证的概率能保持一致。当然，这样的一致也很难一直持续下去。

如果因测试结果不好而频繁变换交易系统的话，很可能会导致最终结果偏离理想轨道。也就是说，即使是那种表面看上去排除了人为主观性的系统型交易，也需要交易者在交易实践中树立坚定的"个人心理"状态。

为何选用NLP

我们在前面提到，撒普博士提出了"个人心理""资金管理""交易方法"三要素，而本书的最终目的即在于制定一个整合此三要素的、系统的交易策略和计划。为此，我们要利用的正是NLP。

NLP是神经语言程序学（neuro-linguistic programming）的英文缩写，也被称为"模式化科学"，也可称为"大脑的使用说明书"。

乍一听可能会觉得像是复杂的医学和脑科学。脑是让"心"运转的机器，而这里的"心"指的是情感。也就是说，如果懂得怎样操控大脑，就有可能创造情感、改变情感。

本书所探讨的就是如何利用NLP来发现那些阻碍交易者成为"交易胜者"

的消极情感，并同时将其转化为实现目标所需的积极心态。

20世纪70年代，美国加利福尼亚大学的理查德·班德勒和约翰·葛瑞德进行了一个模仿以下三位著名心理治疗师的研究，并由此开始了对NLP的探索。

- 催眠疗法的米尔顿·埃里克森
- 格式塔疗法的弗里茨·皮尔斯
- 家庭疗法的弗吉尼亚·萨特尔

尽管三人的治疗方法各不相同，埃里克森针对的是个人，皮尔斯针对的是工作组，萨特尔针对的是家庭，但三人都收获了戏剧性的成果。

通过分析发现，三人的治疗法在语言使用、语言之外的交流方式、潜意识的运用方法（如患者的潜意识思想、心理创伤的改善）方面都存在共通之处。之后他们将这些共通点系统化，努力使之成为任何人都能够实践的方法。这就是NLP的起源。

由于NLP在心理治疗上发挥了惊人的效果，因而在心理治疗师中间很快流传开来。现在，NLP吸收了语言学、心理学、人类工程学、精神生理学等学科理论，作为应用性学科已取得了很大的发展。它之所以被称为"应用性"学科，是因为NLP的沟通技巧，抑或这种引领自我达到理想状态（目标自我）的方法，不仅适用于心理疗法，还被广泛运用于教育指导（广义上包括各种指导）、政治、商业、体育等所有领域。

例如，美国前总统克林顿曾将NLP技术之一的"迎合对方视觉、听觉、感觉的表达与交流"巧妙地运用到了自己的演讲当中。

事实上克林顿原本并非一个擅长演讲的人，但学习NLP之后，他在演讲时，时而利用手势和图表进行解说，时而改变站立姿势，时而调整说话节奏，以一种易于听众接受的方式获得对方的信任，因而成为一名能统筹全场的优秀演说家。

另外指导克林顿的美国著名 NLP 大师安东尼·罗宾斯还对当时处于低迷期的网球运动员安德烈·阿加西进行过指导训练，让他成功夺回了世界第一的宝座。罗宾斯曾引导阿加西认识到"自己理想的心理状态"，并运用 NLP 的方法使阿加西朝着这种理想状态发展，并最终获得了巨大的成果。

那么本书将要介绍的就是将 NLP 应用于以改善交易业绩为目标的交易者训练中。

建模

首先要介绍 NLP 的基本概念"建模"，这自然也是 NLP 交易训练的基础。

所谓建模，**即将成功模式完全吸收，并进而转化为自己的东西**。

对日本人来说，这种模式其实自古便耳濡目染、深入人心了。例如柔道、剑道、书道、茶道、花道等，在这些"道"文化中，修行就是从弟子、学生对师傅和老师的做法、眼神、语言、动作特点等细微之处惟妙惟肖地模仿开始的。

"完全按照原型"惟妙惟肖地将自己"固定在模子"里，有人可能会觉得这样有些被动消极。但是，这些道文化中蕴含着"守·破·离"的思想。为了充分发挥自己个性的"破"，创造出具有自己特色的"离"，首先必须彻底模仿成功人士，即"守"，这是一个非常有效且极其重要的过程，古代的先贤们早已深晓这一道理。

在建模过程中，为了有效实现这种"彻底模仿"，首先需要详细分析原型人物的以下三种感觉。

<视觉>

- 交易赢家对交易持有什么样的信念？
- 他们以什么样的视点、焦点来看问题？

<听觉>

- 交易赢家通常吸收什么样的信息？
- 他们与自身都在进行什么样的对话？

<身体感觉>

- 交易赢家如何使用身体？
- 他们在交易中如何控制情感？

这样才能在具体想象着以上三种感觉的同时，以彻底成为原型模范人物为目标。

随着不断加深对赢家感觉的理解，目标意识也将会越来越具体、强化，也就越来越容易达成目标。因此最为有效的建模方法就是成为自己所憧憬的（和自己相适合）交易赢家的入室弟子，从早到晚跟在师傅身边磨炼。

但现实生活中有这种运气的人毕竟不多。为此，本书就是一个把交易赢家身上所具备的积极的共性总结为体系化的"成功模式"。各位读者可以从自己憧憬的（理想的）交易赢家的著书、访谈、DVD中获取信息并加以修正，不断巩固并确立自己的"理想模式＝理想情况"。

那么，为了让自己变身理想的形象（即彻底成为理想的交易赢家），应该采用何种方法呢？举个简单的例子，假设一名工薪阶层人士确立了"以交易谋生"的目标，而他的可用资金为100万日元。

第一个要点就是按照下面的视觉、听觉和身体感觉来想象"自己的现状"，并把该现状具体写出来。这个步骤我们称之为"输入"。

<视觉>

- 账户余额100万日元。

<听觉>

- 虽然有买的东西,但妻子在身边不停抱怨着"这个月的开销怎么办呀"。

<身体感觉>

- 由于每天加班,疲劳不断累积,身体很疲惫。

第二个要点就是,同样按照视觉、听觉和身体感觉来想象"目标实现时的状态",并把这种状态具体写出来。这个步骤我们称之为"输出"。

<视觉>

- 账户余额超过1亿日元。每个月都可以旅行,到旅游胜地欣赏美丽风景。

<听觉>

- 听到妻子和孩子感谢的话语,"爸爸好厉害!谢谢爸爸!"

<身体感觉>

- 每天都可以享受美食,去健身或者做做按摩,身心都很健康舒畅。

这个步骤完成之后,检查输入的状态(现状)和输出的状态(理想)之间的差距,例如"哪里不同""到底还缺什么"等,我们便都能通过视觉、听觉和身体感觉来具体感知。这个验证过程我们称之为"测试"。

通过测试我们会得到一些"领悟",即"我们要试图改变这些!"并为此采取具体行动,对此我们称之为"操作"。

即使操作过程不顺利,它也会成为下一次测试的有益信息。如此循环往复,测试→领悟→操作。

在这个循环往复的过程中，我们会发现自己的资源优势（仅属于自己的能力、人脉、个性等）并有效利用，逐步改变自己的行为，并一步步向目标迈进。我们将这种方法称之为"TOTE 模式 =test operate test exit model（测试、操作、测试、输出模式）"（见图 1-8）。

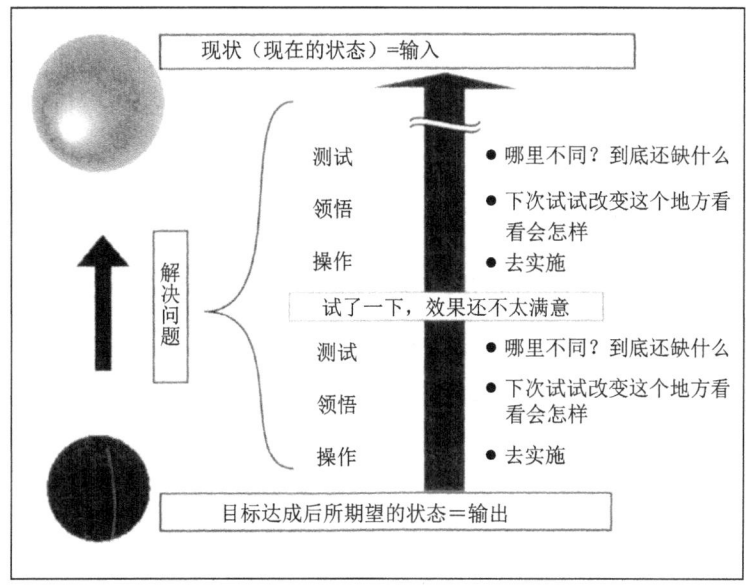

图 1-8　重复试行步骤

5个步骤流程

下面来介绍一下本书提到的建模流程。NLP 交易训练由以下 5 个步骤构成。

- 自我认识
- 目标设定
- 问题解决与策略
- 改善心理的技巧

- 事业计划

本书将分各章节进行解说。在进入各章解说之前，先简要介绍一下各个步骤。

（1）自我认识

第2章主要内容是把握自己的"现状"。这也是TOTE模式中的输入环节。

首先要客观地重新认识自己。通过客观地观察自己，才能够看清"真正的自己＝自己的内心"。

这个不是表面上的，而是深藏内心深处的"真实想法"，它在交易中强烈影响着交易者的情感和行为。同时此"真实想法"也和过去的经验（包含与交易无关的经验）、信念、环境等因素密不可分。

举个例，我曾问某个来咨询的人为什么要做这种损失大而收益小的交易时，我发现"绝不想失败"这种情感在其中发挥了作用。而这种情感来源于他幼年时期的痛苦经历，因为父亲异常严格，幼时每当他失败都会遭到父亲的严厉训斥。

深刻挖掘自己采取了错误行动的心理原因，坦诚接受自己未曾了解的自己的"真实内心"。只有这样才能制订出适合自己的策略，也才会形成一个相应的姿态。

最后，要客观地、现实地重新审视自己目前所处的环境（包括生活方式、资金、家庭等）。这在最终阶段制订符合自身环境的三位一体交易策略和计划时异常重要。

例如，尽管有一种交易方法能通过乐观有效的交易实现月收益10%的目标，但如果因为工作原因，难以顺利实施乐观有效的交易方法的话，就必须改变目标或环境。客观来说，这是理所当然也很通俗易懂的事，但往往当事者迷。

而在回答这些细致的问题的同时，我们也会日益明确在"目前"交易中自己所抱有的信念，明确自己身为一名交易者的主旨（理念和使命）。

（2）目标设定

接下来明确自己想要达到的"未来理想状态＝目标"。这里所讲的目标是与自己的性格、所处环境、自身情感相符的更为现实的目标。这相当于 TOTE 模式中的输出环节。

第 3 章将提出一套能作为目标设定的、与交易赢家共通的"成功模式"。这也是我在第 7 章访谈内容的基础上，将赢家所具备的要素进行了细致的分类整理后得出的结果。希望各位读者能基于此模式来设定自己的目标。

随后具体地设想自己的"理想状态"，将自己交易成功之后未来想要的生活清晰地记录下来，明确自己通过三位一体的交易策略想要达到的目标。

（3）问题解决与策略

第 4 章将举实例阐述如何解决现状和目标（理想）之间存在的问题。

首先对资金管理进行说明，这是在寻求问题点和解决方案时必不可少的管理知识。如果不具备"调整头寸"和"可接受风险损失"等相关知识，那么不管采用何种交易策略，都无法取得成功。

随后可以列一张需要解决的问题清单，并将问题逐一弄清楚，这是 TOTE 模式的测试环节。

接下来考虑"将这里修改一下如何"等解决方案，这是 TOTE 模式中的"领悟"环节。

在实施这个步骤的过程中就有可能注意到，其实有时问题的原因，就是出于自己的信念。在此将列举一些训练的案例，以介绍如何端正自己的信念，使之有益于一步步向乐观有效的交易方向靠近。

(4）改善心理的技巧

第 5 章将介绍一些有利于操作的改善心理的技巧。

任何研习会、书籍、DVD、教材都会指出，在交易中"心理控制"和"心理改善"很重要。但几乎都没有具体说明"如何改善"。本书将具体介绍一些改善心理因素的技巧。

（5）事业计划

制订能够具体推进实践解决方案的事业计划（business plan）。其次对维持 TOTE 模式和三位一体交易策略有用的关键要素及养成良好习惯的方法进行介绍。

| 第2章 |
トレードの成功哲学

自我认识

2.1 无意识的欲望是行动的核心

在 NLP 交易训练中，我们要明确自我现状（自己目前所处状态）和目标状态（适合自己的理想的交易者形象）之间的不同，并向着此目标去努力寻找一个关于改变什么、怎样改变的正确方法。因此，首先必须正确地认识到自己现在所处的位置（处于什么样的状态）。

虽然简单地将自己所处的状态称为"自我现状"，而且很多人看起来好像明白这个词的意思，但实际上他们并没有理解其中蕴含的真正意义，这就是所谓的人类。为什么会这样呢？原因有两个：一是在平常的生活中我们很少有机会能够客观地认识自己；二是与在接下来的章节中将要提到的人类心理构造问题相关。

本章节在对人类心理构造进行解说的基础上，对自我现状（包括现在持有的信念、采取的行动和所处的环境等）是怎样形成的这一问题（为什么会成为现在的自己），将进行更深入的探讨。因为只有将连自己都不甚了解的（隐藏的）自己弄明白，才能清楚地知道自己距离目标状态到底还有多远。

真正的动机

能够理解自己的"动机＝欲望"，这是实现自我认识的切入口。动机是行动的原动力。

我们很容易将有意识的、经过合乎逻辑的思考而产生的"表面动机"当作自己的动机。但实际上，由内心深处的感情自然而然产生的"真正的动机"才是我们所说的动机。产生这种真正的动机之后，人们才会进行合乎逻辑的思考。

比如说，很多人从海外旅游回来后，会非常迫切地想去学习英语，但实际上很少有人能够坚持下来。之所以坚持不下来，就是因为没有产生真正的动机。

在学习交易心理学的时候，我们一开始需要做的就是客观地重新找到自己真正的动机。这是因为在交易中遇到紧急状况时，只有真正的动机才是指导我们行动的原动力。而且情况越是紧急，真正的动机发挥的作用将会越大。真正的动机源于我们的内在心理过程。所以，就让我们一起来解读一下自己心理的内在部分，也就是"潜意识"的意义吧。

潜意识和真实的想法

人的心理存在两种意识，一种是自己能够意识到的"显意识"，另一种是自己意识不到的"潜意识"。

在显意识里，人们可以控制自己的感情，并且对于自己的思维和行动能够进行合乎逻辑的选择和理性的判断。

另一方面，所谓的潜意识则是指潜藏在显意识深处，像储存库一样的东西。过去经历的一些事情和当时的感受结合在一起，经过潜意识解释后形成一种记忆。然后这些记忆再被细分成数百万的种类，最终由潜意识保存起来。

保存在潜意识里的记忆是永远不会消失的，这些记忆不会去区分现实和想象，也不对当时怀有的感情进行批判和分析，它只是单纯地被储存起来而已。

显意识和潜意识经常被比喻成浮在海面的冰山。浮出水面的部分就是显意识。潜藏在水面之下的就是潜意识。我们内心大约90%的部分都属于潜意识（见图2-1）。

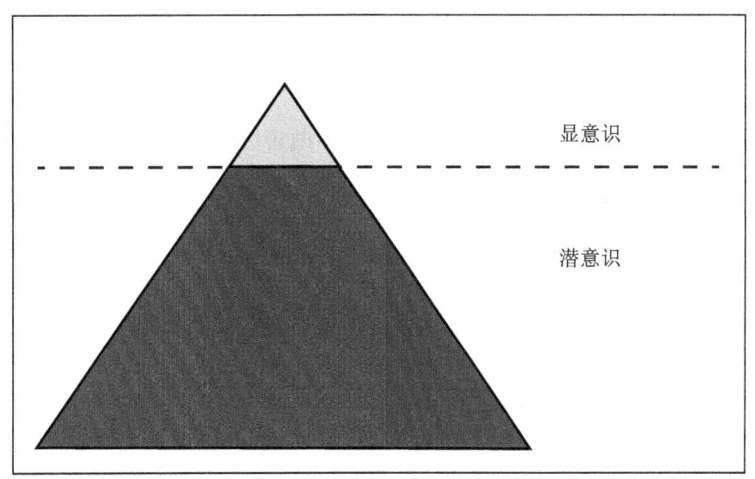

图2-1　潜意识和显意识

人无论是在清醒还是睡眠时，潜意识都会24小时发挥着作用。比如，睡眠期间心脏的跳动、呼吸、荷尔蒙的分泌以及新陈代谢等，维持这些身体机能不断运转的正是潜意识的力量。另外，直觉、灵感以及睡觉时所做的梦都是潜意识作用的结果。

所以潜意识从本质上来说有一种让人凭借直觉或是本能直接行动的力量。另外，潜意识的信息来源就是那些被保存的记忆。

一般来说，因为显意识处于表面，所以潜意识的力量就会受到限制，无法充分发挥作用。但是，当发生某些令显意识产生混乱的特殊事件时，显意识就会隐藏起来，换成潜意识发挥作用。这种状况有一个极为贴切的例子，就是"火灾中的超能力"（人们往往能够在紧要关头，突然爆发出超常力量）。

但是，在交易中经常会出现一些因为潜意识的作用而产生的负面结果。比如，投资家根据交易信号开始交易之后，股票行情却和预测完全不同，很多投资家会受到极大打击，认为"损失惨重"而阵脚大乱，陷入危机，从而"遵守交易规则或者交易信号"这种显意识就会隐藏起来。然后，"造成巨大损失的话太丢人""在交易中输掉的话很不甘心""害怕失败"等这类潜意识便开始发挥作用。所以很多投资者才会"违反交易规则，一直不抛售股票"。

"个中道理虽然明白，但就是做不到"，类似这样的经验大概谁都有吧。其实不仅仅是交易，在日常生活当中也会遇到类似的情况。如果发生这种情况时，建议大家写在日记里。这样做是为了找到一个切入点，让大家能够认识到自己的潜意识是怎样影响自己的行动的。

换句话说，理解由潜意识产生的"真正的动机"，也就是"真实的想法"，是实现自我认识的第一步。另外，这种真实的想法也有可能阻碍投资者在交易时做出理性的判断。

发掘真实想法的有效提问

如何能够发现自己潜意识中的真实想法呢？这就需要灵活运用"感情咨询提问"和"事实确认提问"这两种方法。

比如说，让我们来考虑一下"想去旅行"这种情况。如果是针对感情提问的话，会采用"你希望进行一种让心情发生何种变化的旅行""如果能去旅行的话，你会是什么心情呢"等这种整体性的提问方法。另一方面，如果对事实进行具体提问的话，通常会采用下面"5W2H"这种部分性的提问方法。

```
what（什么）
when（何时）
where（在哪，去哪）
who（谁，和谁，对于谁）
why（为什么）
how（怎样）
how many/much（多少钱，多少，怎样做）
```

例如"（具体来说）什么时候想去旅行呢""想和谁去旅行呢""怎样去旅行呢"等这样的问题。

我们把这样的提问方法称之为"上堆法"和"下切法"。チャンク（chunk）是"大块"的意思（见图2-2）。

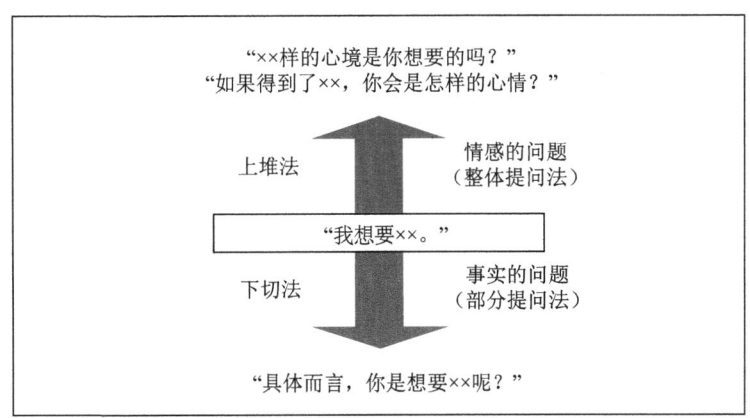

图 2-2　上堆法和下切法

比如，"我"这个信息，如果从大的方面来表达的话那就是"人""家庭""日本人""地球""宇宙"……这就是上堆法。反之，如果将"我"这个信息更加细分的话，则可以分为"头""手""足""内脏""头发""指甲"等这些更为细小的部分。这就是下切法。

通常，人们会使用将自我行为正当化或者歪曲、省略事实以及将自己的行为大众化等一些有利于自己的方法，对事物进行解释，并放在潜意识的记忆库里。（详细内容会在第 5 章解说）。所以，人们一般很难发觉自己的问题和真实的想法。

所以，通过下切法（具体的）提问，人们能够搞清楚自己的问题点和真实的想法。同时，通过上堆法（目的）提问，人们能够看清自己的真实想法对于交易的影响是积极的还是消极的，并且能够认识到今后改善的方向在哪里。

现在假设有人连基本的学习和验证都不去做，仅仅凭借直觉进行交易，并且不断地造成损失。这个人还固执地认为，"普通人根本不可能在股票交易中获胜，所以现在我才一直输，一直亏损。大家都这样，这是没办法的事。"这个人为了使自己的行为正当化而将这种情况大众化。如果反复做类似事情的话，这种想法、行动就会成为习惯，这种信念最终就会变成理所当然的了。

但是仔细想想的话，上述这个想法破绽百出。如果采取必然会失败的做法，那你到底为什么进行股票交易呢？为什么不学习能够在交易中盈利的方法呢？但是，他们本人却不以为然，大多都对自己的做法深信不疑。所以，当其他人指出"这样做比较好"的时候，他们大多会因为自己的信念被否定而生气。因此，通过下切法提问，能够诱导他们发现自己的真实想法以及其中确实存在的一些心理问题。另外，通过上堆法提问，能够诱导他们自发地比照目标改变自己的想法。

之后请读者回答的问题以及本书的指导案例中，我们都有意地使用了上堆法和下切法。如果读者能够在阅读时注意到这一点，那这种方法应该会在读者寻找自我问题点时发挥一定的作用。

6个感情欲望

"你的梦想是什么？你想要什么？"对于这个问题你会怎么回答呢？

"想要环球旅行""想要一所自己的房子""希望有更多的朋友""希望在工作上出人头地"……我想肯定会有各种各样不同的答案。那么，现在假设梦想成真了，你是否会心满意足地高呼"太好了，我终于实现了梦想，拥有了自己憧憬的未来"？

假如你曾经有一个"开着价格不菲的跑车，穿着奢侈品牌的衣服去参加晚宴"的梦想，并设想5年之后你拥有了一笔数额巨大的财富。再假设你购买了跑车和名牌衣服，朋友也邀请你参加晚宴。这样你的梦想算是实现了。

但是，存在着一个问题。你得到的巨额财富实际上是你通过霸占信息、故意将错误信息传达给别人、排挤朋友、只考虑自己的胜利、不惜被所有人憎恨而获得的。而且过去的朋友是没有办法才邀请你去参加晚宴，实际上没有一个人希望你来。这样即使你出席了晚宴，所有人也都会冷眼相待并完全无视你的存在。不只是这样，或许还有人会企图夺走你的财产。确实，你实现了你的梦想。但没有人会为你的成功而高兴。不仅如此，甚至有人对你恨之入骨。没有人喜欢你、认同你，而且有人随时都觊觎着你的财产。你甚至不知道目前这种安定的状态会持续多久。那么，即使是这样，你还能够发自内心感到高兴吗？还能够高呼"我实现了梦想"吗？

如果采用能够让他人也开心的方法实现自己的梦想,那结果又会是怎样的呢?或许能被朋友们真心称赞,成为他们羡慕的对象。或者在家乡被当成英雄,甚至为你建立了一座铜像。或许能够被朋友和家人尊敬,被认为是"优秀的人"从而度过自己的一生。或许能够和世界上的很多人成为朋友,并和他们建立相互信赖的关系。如果情况是这样的话,你会有什么样的感情呢?

是的,其实你"真正"想要的并不是跑车,也不是名牌服装或者是在晚宴上光彩耀人。你真正想要的是在得到这些东西时体会到的"感情"。你开着跑车,身穿名牌服装出席晚宴,实际上你是想从大家的口中听到"真好啊!好羡慕啊"这样的话。你想让大家尊重你,认为你是一个出色的人,从而得到一种被认可的感情。而正是这种"感情欲望"才是你真正想要、期望已久的东西。这其实就是你"真实的想法"。

开着跑车,穿着名牌,参加晚宴等,这些只不过是为了满足你真实想法的一种手段而已。也就是说,如果不能清楚地明白自己最终想要的是哪种感情的话,会导致自己使用错误的手段,从而得不到想要的结果。

那么,交易者通过"交易"这种手段,想要满足自己怎样的真实想法呢?交易者实际上有着多种多样的愿望。比如:"赚了钱,辞掉现在的工作。""想要避免大的损失。""破釜沉舟,在交易中取得胜利。""希望股价涨幅能够和自己预想的一样。""在交易中取得成功,让妻子认可自己作为男人的地位"。但是,归根结底总结一下这些愿望的话,可以将其分为下面6种"感情欲望"。

- 安稳的欲望=希望获得安心感
- 自由的欲望=希望获得刺激感
- 爱的欲望=希望获得爱和信赖

- 重要感的欲望=希望获得认同，成为有价值的存在
- 成长的欲望=希望超越现在的自己
- 贡献的欲望=希望能够有所贡献

先前提到的使阿加西选手复活的安东尼·罗宾斯将其称为"人类的六种需求"。人类所采取的行动基本上都是以上述 6 种欲望为核心的。比如，对于"赚了钱，辞掉现在的工作"这一愿望来说，可以再追根究底地提问"为什么赚了钱就想辞掉工作呢？""赚了钱，辞掉工作能得到什么呢？"这样，就能得到"赚到钱，想要从为生计而奔波的工作中解放出来"这样的真实想法。归根结底，其实被提问者追求的是一种"想要被解放出来＝自由"的愿望。

同样地，对"想要避免大的损失"这一愿望进行提问的话，根据回答可知其产生的根源在于"安稳"。"破釜沉舟，在交易中取得胜利"这一愿望产生的根源在于想要通过赌博性质的交易，满足自己刺激感的"自由"。此外，"希望股价涨幅能够和自己预想的一样"是想要满足"重要感"这一欲望，具体来说，就是想要证明自己的想法是正确的这一重要感。"在交易中取得成功，让妻子认可自己作为男人的地位"这一愿望的根源，在于想要得到妻子的爱从而满足自己"爱"的欲望。

人们经常会通过某一些行动得到某一些结果。之所以决定这些行动是因为做了某些选择。而这些选择需要一定的"标准"。那么，隐藏在这些标准之下的就是真正的动机、真实的想法和它们的核心部分"欲望"。目前自己的状态决定于过去自己曾经采取的行动。如果现在的自己并没有得到自己想要的人生的话，就不得不改变自己今后的做法了。那么，为了改变今后的人生，该怎么办呢？

那些交易赢家看起来好像很容易就取得了成功。但实际上即使是想要单纯地模仿他们的一些做法，也不是那么简单的。如果那么容易就能改变自己一直以来的做法的话，那你应该也就不会阅读本书了。要改变自己的做法，就必须改变自己的选择。要改变自己的选择，就需要改变自己的行为标准。同样，要改变标准，就必须改变自己的欲望。能驱动自己的真正力量正存在于欲望之中。

那么，你察觉到自己的欲望了吗？你有没有被自己的欲望所左右呢？首先让我们明确一下自己现在对交易的欲望。如果将这件事情弄明白，应该就能够客观地看待自己过去的做法了。

通过不断地重复一些基于自己欲望的行动，我们会自然而然地产生与之相应的信念。如果这种自我规范对于交易来说是消极的，会阻碍自己成长的话，那么无论你怎样磨炼自己交易方面的技术，也只是在进行着一些徒劳的努力罢了。自己在无意识的情况下，被这种错误的信念所左右，并采取与之相应的行动，那么不论过多久，失败的结局都不会改变的。相反地，如果改变自己，和赢家们采取相同的做法的话，交易状况应该立马就会发生改变。

为了在交易中取得成功，获得自己想要的人生，首先需要我们清楚自己在交易中的欲望。如果明确了这一点，应该就可以找到改变自己行动的方法了。

探求自己的欲望

很多人对"安稳""自由""爱"和"重要感"这四个欲望的追求特别强烈。普遍认为当满足这四个欲望之后，很多人才开始关注"成长""和"贡献"这两个欲望（见图2-3）。

那么首先我们来问一下自己，什么是"安稳""自由""爱"和"重要感"？在交易中，我们要怎么样满足这四个欲望呢？

```
┌─────────────────────────────────────────────┐
│              ┌─────────────────┐            │
│              │      贡献       │            │
│              │ 想把什么传授给别人│           │
│              └─────────────────┘            │
│              ┌─────────────────┐            │
│              │      成长       │            │
│              │  超越现在的自己  │            │
│              └─────────────────┘            │
│   ┌──────────────┐   ┌──────────────────┐   │
│   │     爱       │   │     重要感        │   │
│   │  希望被爱    │   │想得到他人认可,成为有价值的人│
│   │积极的:爱、牵挂│   │积极的:重要感      │   │
│   │消极的:排挤他人、│ │(独一无二、稀有价值)│   │
│   │习俗、迷信    │   │消极的:傲慢、孤独、支配│ │
│   └──────────────┘   └──────────────────┘   │
│   ┌──────────────┐   ┌──────────────────┐   │
│   │    安稳      │   │      自由         │   │
│   │ 想松口气     │   │  兴奋不安地期待    │   │
│   │积极的:安稳和舒适、│ │积极的:冒险和多样性、成就感│
│   │安全和自信    │   │消极的:不安、担心、无力感、无│
│   │消极的:无所作为、固执坚持、过度│ │价值观(破坏性的)│
│   │信任、过度保护(厌恶成长、变化)│ │                │
│   └──────────────┘   └──────────────────┘   │
└─────────────────────────────────────────────┘
```

图 2-3　6 个欲望

为了实现交易的成功（自己的理想），这四个欲望里既有"积极的满足方法"，也有"消极的满足方法"。

（1）安稳

安稳欲望的积极满足方法包括"安稳和舒适"以及"安全和自信"。也就是希望能够安心、能够安全的欲望。放在交易中来说的话，可以列举的方法有风险对冲、资金管理、平常心态、彻底的回测等。

另一方面，安稳欲望的消极满足方法包括"无所作为""固执坚持""过度信任""过度保护"等。因为无所作为、什么都不做的话，就不会发生变化，这样就能满足人们对于安稳的欲望。或者说对自己的做法以及想法深信不疑，不去倾听反对意见，一味地缩在自己制造的龟壳中，也不会发生变化。这两者可以说都是一种厌恶发生变化的情感。

过分相信自己，认为自己没问题，从而放松自己，或者是通过凡事都拜托别人，让自己获得一种安心感，认为自己什么也不用想就可以取得成功。这是一种厌恶成长的情感，这种情感可以说也是一种满足安稳欲望的消极方法。

（2）自由

自由欲望的积极满足方法包括"冒险和多样性"和"成就感"。所谓自由欲望换言之就是挑战新的未知领域，完成目标交易方法等，希望尝试超越自我极限的冒险欲望。

另一方面，消极的满足方法有"不安""担忧""无力感""无价值观"等。感觉到不安，换言之就是指内心感觉不安稳，总觉得心神不定。另外，担忧的话同样也会产生忐忑不安的情绪。无力感是指从责任感中解放出来的感觉。如果因为无价值观而采取某些破坏性行为（自暴自弃），就会获得一种刺激感。

（3）爱

对于爱的欲望，积极满足方法有"爱"和"牵挂"。就如字面意思一样，是一种希望被爱、被信赖的欲望。而且，这是一种希望被家人或者他人所喜爱、所信赖的一种被动的欲望，并不是自己主动喜爱、信赖什么（某个人）的意思。另一方面，消极的满足方法有"排挤他人""习俗"和"迷信"。比如，通过欺凌（排挤他人）这种方法来加深和同伴之间的联系，通过和大家遵守一样的习俗，举行一样的仪式等来获得认同感。通过携带护身符，使得自己被某个人守护的愿望得到满足（迷信），这也是一种消极的满足方法。

（4）重要感

重要感欲望的积极满足方法是指能够让自己感受到"自己是特殊的存在，自己的价值能够得到他人的认可"或者"自己是一个出色的人"。换言之，就是指"独一无二""稀有价值"。

另一方面，重要感的消极满足方法是指任性，不听取别人的意见，一味地坚持自己的想法，让对方认识到自己是与其他人（平常人）不同的。通过孤立，自己可以获得某种意义上的"与众不同"的特别感。换言之就是指"傲慢""孤独""支配"。

自己主动去满足欲望以及被他人满足欲望

对于积极的满足方法和消极的满足方法，又可以各自分为自己主动去满足以及被他人满足两种。例如，即使是安稳欲望的消极满足方法，也有主动和被动之分。主动是指自己可能通过"浏览报纸，网络上的信息"来满足自我；被动是指获得他人的"支持和认可，认为自己的立场、做法是正确的"。让我们对此进行区别并记录下来。

（5）成长和（6）贡献

介绍了上述四个欲望以后，关于剩下的两个欲望，"成长"和"贡献"，本书则试着从自我主动满足和由他人被动满足的角度来介绍。成长欲望是指自己的技术升级、人的自我成长和知识技术的获得等。贡献欲望是指利益的返还、人才培养和慈善捐款等。比如，"希望把自己成功的秘诀传授给还未成功的人"，这种想法就来源于贡献欲望。

接下来请回答下一页的问题，尝试着发现一下自己在交易中的欲望吧。请花费一些时间诚实地回顾一下自己之前的做法和经验。在此过程中可能会因为问题太多，或者因发现自己"不成熟"的地方而产生厌恶的情绪。但是，为了自己着想，还请您认真作答。

为了以后的操作能够提高效率，请您务必回答在每个问题的下方。

探索欲望

（1）安稳的欲望

请写出自己在交易中，采取的能够让自己感到安心的行为。

——为了在交易中满足自己"安稳舒适，安全自信"的欲望，你主动采取了哪些措施？

——在交易中，通过他人满足了自己"安稳舒适，安全自信"的欲望的方法有哪些？

——在交易中，自己采取了哪些方法容易让自己"搁置问题，钻牛角尖，过度信任，过度保护"？

——在交易中，他人采取了哪些方法容易让自己"搁置问题，钻牛角尖，过度信任，过度保护"？

（2）自由的欲望

请写出自己在交易中采取的能够让自己感到忐忑、兴奋的行为。

——为了在交易中满足自己"冒险和多样性，成就感"的欲望，你主动采取了哪些措施？

——在交易中，通过他人从而能够满足自己"冒险和多样性，成就感"等欲望的方法有哪些？

——在交易中，你采取了哪些做法从而导致自己对于问题常感到"不安，担忧，无力感，无价值观"？

——在交易中，哪些做法是受到他人影响从而致使自己对于问题常感到"不安，担忧，无力感，无价值观"？

（3）爱的欲望

请写出自己在交易中能够让自己感受到爱（牵挂）的行为。

——为了能够在交易中满足自己"爱，牵挂"的欲望，你主动采取了哪些措施？

——交易中，通过他人从而满足了自己"爱，牵挂"的欲望的方法有哪些？

——交易中，你采取了哪些做法从而能导致自己常"排挤他人，习俗，迷信"？

——交易中，哪些做法是受到他人影响从而致使自己常"排挤他人，习俗，迷信"？

（4）重要感的欲望

请写出在交易中自己采取的想要被认同的行为。

——为了在交易中满足自己"重要感"的欲望，你主动采取了哪些措施？

——交易中，通过他人从而满足了自己"重要感"的欲望的方法有哪些？

——交易中，你采取了哪些做法从而导致自己容易"傲慢，孤独，支配"？

——交易中，哪些做法是受到他人影响从而致使自己容易"傲慢，孤独，支配"？

（5）成长的欲望

请写出自己在交易中能够让自己感受到成长的行为。

——为了在交易中感受到"成长"，你主动采取了哪些措施？

——交易中，通过他人从而使自己感受到了"成长"的方法有哪些？

（6）贡献欲望

请写出自己在交易中能够感受到贡献的行为。

——为了在交易中感受到"贡献"，你主动采取了哪些措施？

——交易中，通过他人从而使得自己感受到了"贡献"的措施有哪些？

典型的交易失败者的回答

各位读者，关于探求自己欲望的调查结果怎么样呢？仅仅凭借这几个问题也许并不能让各位得到满意的答案。

在这里，我来介绍一些典型的回答案例。不过，这些都是我从之前碰见的"令人非常遗憾"的投资家们的回答中总结而得出来的。

实际上，如果我们要想在交易中取得成功，就必须要注意到**消极的做法在交易中所起到的作用**，这一点请大家一定要注意。有很多回答者虽然他的本意是想回答交易中自己采取了哪些"积极"的做法，但实际上这些只不过是为了满足另外一种欲望的消极做法。在专栏内，还有括号内都是我个人的一些看法，请大家边看边给予指正。

（1）安稳的欲望

——为了在交易中满足自己寻求"安稳舒适，安全自信"的欲望，你主动采取了哪些措施？

- 每天早晨一定会看日本经济报纸和收看关于日本的一些经济新闻，会把这些当作交易中的判断依据。

> →根本不管这些信息和股票行情是否有关系。能看一眼这些新闻的话会觉得放心、安心（根本不想去做更深入的研究）。这其实就是刚才所说到的"钻牛角尖"或者"搁置"这一消极的现象。或者说是不看这些信息的话就会令人不安，所以，会通过浏览这些信息得到一种"过度保护"的感觉。

——在交易中，通过他人满足了自己"安稳舒适，安全自信"的欲望的方法有哪些？

- 为了相信自己的做法是正确的，努力去寻找能够支持自己做法的新闻报道。

> →即使是在不得不止损的情况下，也一味地去找寻一些称"今后股价应该会上涨"之类的新闻报道，并且对此深信不疑。可以把这种想法归为：对于自己已经决定了的事情，不想进行改变，从而满足自己安稳欲望的消极想法。或者说是满足自己重要感欲望的消极想法（傲慢，支配）。

——在交易中，自己采取了哪些方法容易让自己出现"搁置问题，钻牛角尖，过度信任，过度保护"？

- 否定他人的交易方法、交易风格等（搁置）。
- 认为总有一天价格会上涨，所以在股票交易中几乎不去止损（不接受自己已经遭受巨大损失这一沉痛的现实）。

——在交易中，他人采取了哪些方法会容易让自己"搁置问题，钻牛角尖，过度信任，过度保护"？

- 将一部分资金投入到数个网络上评价很高的外汇自动交易项目中（过度保护）。

(2) 自由的欲望

——为了在交易中满足自己"冒险和多样性，成就感"的欲望，你主动采取了哪些措施？

- 无视交易规则和交易信号，凭借直觉做判断。

→可以将此做法归结为"明知道它是正确的却偏要无视它"这种满足自由欲望的消极方法（无价值观）。

- 将其作为"赌一把，玩一玩"的资金，有自己单独的一个户头。

→将交易看成跟赌博一样的行为，单纯的只是抱着玩一玩的心理（满足自己的自由欲望），并且为其单独开一个户头。他认为只要不持有过多的股数或者只参与模拟交易的话就不会出现大问题。但是，他从一开始就使用和自己的户头一样多的股数参与交易，结果就导致了无法区分把它当作赌博的户头和自己的户头，最终造成无法挽回的后果。如果不是利用股票交易，而是通过一个别的什么方法能够满足这一欲望的话就好了。

——在交易中，通过他人从而能够满足自己"冒险和多样性，成就感"等欲望的方法有哪些？

- 价格波动正如自己预期的那样。

　　→这样的回答经常会被认为是满足自己的成就感和自由欲望的积极方法，其实不然，这应该是自己追求重要感欲望的消极方法（傲慢，支配）。

- 获得的收益越多，会觉得越高兴，就会想参与更大规模的股票交易。

　　→这也是"明知道它是正确的却偏要无视它（不想去考虑）"这一满足自由欲望的消极方法（无价值观）。

——在交易中，你采取了哪些措施从而导致自己对于问题常感到"不安，担忧，无力感，无价值观"？

- 按照股票交易规则进行交易，孤注一掷却损失惨重。于是自暴自弃，利用剩余的资金将杠杆原理发挥到最大限度，准备一决胜负。这种时候的心理就变成了"无所谓了，全部赔了也好，真是受够了这种每天都担惊受怕的日子了。"（无价值观）

——在交易中，哪些做法是受到他人影响从而致使自己对于问题常感到"不安，担忧，无力感，无价值观"？

- 没有人能预测价格会怎样波动，其本身就是很不稳定的，而股票交易就是在这样的环境下进行的。

(3) 爱的欲望

——为了在交易中满足自己"爱，牵挂"的欲望，你主动采取了哪些措施？

- 参加股票交易交流会，从而进行信息的交换。

> →实际上，前去参加此类交流会的人只是到处打听能够迅速赚钱的交易规则，或者一些在网上一搜索就能立刻明白的事情。这归根结底应该是属于满足安稳欲望的消极方法（搁置）。

——交易中，通过他人从而满足了自己"爱，牵挂"的欲望的方法有哪些？

- 从自己股票交易的朋友那里获取对自己想法和信念的支持。

→实际上,这只是两人的互相安慰罢了。如果两人能够相互促进,共同成长的话,或许这会是积极的方法。但如果仅仅只是为了给自己的失败找借口,那这就属于"不想改变自己的想法"这一满足安稳欲望的消极方法了(搁置)。

- 听到一些天才投资家的故事之后,会勇气倍增。

→如果听后能涌现出勇气、干劲(成长)的话,这是积极的方法。但是,如果自己什么都不做(不努力),只是单纯靠听一听那些天才投资家的经验或者仅仅去参加一下研习会(只是和那些人有些联系),这也只能算是满足安稳欲望的消极方法(搁置)。

- 参加研习会。

→如果只是反复去听内容相同的研习会的话,这也和上一个一样,同属于满足安稳欲望的消极方法(搁置)。

——交易中,你采取了哪些做法从而导致自己常"排挤他人,习俗,迷信"?

- 在博客上抨击导致自己遭受到惨重损失的一些新闻和证券分析专家(大多数情况下其真正原因根本不在此)。

- 去神社祷告。

- 每天在神龛前祈祷。

- 带有3的日子是赚不到钱的这种迷信说法。

——交易中,哪些做法是受到他人影响从而致使自己常"排挤他人,习俗,迷信"?

- 当股票交易伙伴能对于我所写的一些恶意中伤的话产生共鸣时。

- 会认为博客上排名位置靠前的证券分析家的一些评论比较可信。

(4)重要感的欲望

——为了在交易中满足自己"重要感"的欲望,你主动采取了哪些方法?

- 为了保持一定的紧张感,将巨额的资金投入股票交易中。

→如果只是为了保持适度的紧张感,那么这种作为满足自由欲望的积极方法是有效的。但是,如果背离了资金管理这一原则,就直接属于满足自由欲望的消极方法了(无价值观)。或者,如果投入巨额资金的目的只是在于向别人炫耀的话,那就属于消极方法(傲慢)。

- 虽然不是什么值得炫耀的事情,但因自己投资股票而损失的钱就够买一座房子了。

→损失了如此巨大的资金这件事的背后,其实真正是想表达"我非常有钱,即使是损失了这么多钱也没有关系"这个意思。想得到别人的认同,这极有可能是满足重要感欲望的消极方法(傲慢)。如果从现在开始努力学习股票交易,让自己成长起来的话,还不算太晚,但如果这成为了自己不想成长的借口,那就属于消极的了。

——交易中,通过他人从而满足了自己"重要感"的欲望的方法有哪些?

- 在研习会、交流会上,如果说出关于自己已有多年的投资经验以及在泡沫经济时期,通过股票交易赚到了一大笔钱后又大量亏损这样的事迹,会被周围的人称赞"真厉害啊"。

→这点和上一点相同,属于满足重要感欲望的消极方法。

- 喜欢给股票交易经验少的人讲自己过去的一些事情以及关于股票行情的一些知识。尤其是,当用自己的股票行情观点来讲述一些投资家们的传奇故事时,他们会非常高兴,并且这些没有什么经验的投资家会希望我能传授一下交易成功的秘诀。
- 将自己交易成功的事迹发表在博客上,会得到他人的一些表达羡慕之情的评论。

> →如果是想通过贡献以及教授他人用这样的方式来使自己得以成长的话，这属于积极的方法。但是，如果不是想激励自己成长，仅仅只是想让他人认同自己过去所获得的荣誉的话，那么这就属于傲慢的消极方法。

——交易中，你采取了哪些做法从而导致自己容易"傲慢、孤独、支配"？

- 偶尔凭借直觉，采取一些与交易规则不同的方法进行股票交易。

——交易中，哪些做法是受到他人影响从而致使自己容易"傲慢、孤独、支配"？

- 当自己的直觉非常准确，在交易中获得收益的时候。

（5）成长的欲望

——为了在交易中感受到"成长"，你主动采取了哪些措施？

- 参加研习会。

> →研习会的内容都不同，有的可以产生积极的作用。有的则不会，而大多数的研习会会误导人们，让他们产生一种"只要……就可以"的错误想法，从而导致听众不去努力（认为不努力也没有关系）。这是一种满足安心欲望的消极方法。

- 在网络上得到很多关于股票交易的信息。

→这会导致人们以为只要扩充自己的知识或者只要参加研习会,就能掌握股票交易的方法。如果没有一种旨在探寻自身优势的目的意识,那么这就和上一点一样,是一种满足安心欲望的消极方法。

——交易中,通过他人从而使得自己感受到"成长"的方法有哪些?

- 向股票交易的新手们传授知识,告诉他们这个方法行不通,分析不对的原因或者告诉他们那个人在耍花招等。

→如果是有根据的建议的话,属于满足贡献的积极方法。但是,如果没有根据,只是将自己的失败一味地归咎于某个人,通过排斥某个人来获得其他人的认同,这就属于满足爱的需求的消极方法。另外,如果是指挥和控制对方或者蔑视对方的话,这也属于消极的方法。

(6)贡献的欲望

——为了在交易中感受到"贡献",你主动采取了哪些措施?

- 和朋友肆无忌惮地使用交易赚到的钱。

→如果是认真地考虑了类似"这一整年大约会获得这些收益,那么……"等这样的资金管理问题以外的花费,可以称作贡献。但如果完全无视资金的管理,仅仅只是挥霍赚到的钱,这就属于满足自由欲望的消极方法(无价值观)。

——交易中，通过他人从而使得自己感受到了"贡献"的方法有哪些？

- 在交易中遭受损失的时候，会认为正是因为自己的损失才会有人能赚到钱。

> →可以认为这是一种不想改变自己（不认为自己犯了错），满足安稳欲望的消极方法。或者说是将自己的想法正当化的一种满足自己重要感欲望（傲慢）和满足自己爱的欲望的消极方法（迷信）。

就像我们之前所说的那样，一般情况下，成长和贡献的欲望只有在其他4个欲望都被满足之后才会被考虑。股票交易的失败者一般不会涉及这两个欲望。

但是为了提升自己的水平，有意识的人会首先考虑这两个欲望也是一种可行的方法。关于这一点我们之后会进行介绍。

2.2 了解自己作为交易者的全部现状

人类从过去的经验中建立自己的"价值观"。所谓价值观就是**评价事物的一个标准**。

同时，根据这一标准就会产生出"信念"。这里所说的信念是指，**自己内心深处坚信**，也就是"深信不疑"的东西。换言之就是"……应该是……""所谓……是……"。

不管有没有根据，经验越是丰富，持有的信念也会不断增强。交易经验丰富的人通常都会有很多交易方面的信念。

自己的亲身经验会产生出非常强烈的信念。"如果股票便宜的时候买进的话，总有一天价格会上涨""出现黄金交叉时买入""2月和8月股票价格会下降""突破某个价位之后，股价会快速上升""因为是周五所以价格会下降"，等等。不论它正确与否，人类的潜意识总会把自己所经历的事情认知为自己的"经验原则"。

但是，值得注意的是，我们从亲身经验中得到的信念，有时会对交易产生积极作用，但有时也会产生消极作用。之前非常正确有效的信念也会随着股票行情的变化，有时会变成"坏习惯"，产生负面作用。我经常碰到某些人因为太过于拘泥于自己的信念，该止损的时候却犹豫不决，结果造成股票被套牢。

因为信念是"人类潜意识里坚定的想法"，所以，大多数情况下，人们是无法察觉自己的信念的。比如，我们向持有"在股票交易中不应该出现损失"这样想法的人，询问下面这个问题："你是否觉得你在股票交易只能获利，不应该出现损失呢？"大多数的人会回答："不，在交易中，我们应该看到包含损失在内的整体损益。"但是，这只不过是每个人都知道的"常识"而已，在现实中，无法及时止损的投资家却还有很多。

在这种情况下，人们无法察觉到自己其实有"交易中不应该出现损失"这种想法，所以才会出现"明明心里都非常明白，但就是无法及时止损"这样的情况。

我们经常会说"用有色眼镜看世界"。所谓的信念也就是指这种有色眼镜。带着装有蓝色镜片的眼镜看世界，世界就如同是蓝色的。如果一直带着这个蓝色眼镜的话，最终会忘记自己是戴着眼镜的，甚至会觉得自己现在看到的蓝色的世界就是"真实"的世界。

信念对于交易来说是积极的还是消极的

现在我们来做一个假设。你刚刚开始参与股票交易，当你认为某只股票很便宜从而决定买进时，股票走势非常好，价格不断上涨，给你带来了巨大收益。当这只股票价格下跌时，你判断这是最低价，然后决定再次买进。过后这只股票价格再次上涨，你又获得了不小收益。就这样，你不停地重复着这一过程，并且都获得了收益。

刚开始的时候你会想，"也许只是碰巧觉得很便宜就买进了，没想到价格会不断上涨，运气实在是太好了！"也会抱有"难道在股票价格低的时候买进，一段时间之后，价格就会上涨吗"这样的疑问。但是，随着你不断经历低价买进股票，之后价格会上升这样的交易情况，你的想法就会慢慢发生改变，开始相信"在股票价格低的时候买进，之后的价格一定会上涨"。也就是说，你建立了自己的信念。

我们再继续假设之后的股票价格上涨趋势将停止，然后开始下降。那么之前建立的信念就开始产生负面效应了。即使内心希望自己能够赶紧止损，但是因为在自己的潜意识里，一直有"在价格最低点的时候买进股票，之后的价格就一定会上涨"这样的想法，所以迟迟不能下定决心来止损。

由过去的经验而产生的信念肯定也曾发挥过积极的作用，但是，这一信念今后也能继续发挥其积极作用吗？需要认识到自己在交易中不自觉地产生一些信念，并常常重新审视这些信念是非常重要的。

如果察觉到自己持有的某些信念已阻碍自己走向成功的话，那么就请立即摒弃它，重新建立一个能够促使自己在未来取得成功的新信念。因为只有这样做，你才能改变现状，同样才能改变你的未来。

神经系统检查

认识到自己对股票交易持有什么样的理念，如果是起消极作用的话，就必须对其进行修正。因此，让我们利用一个叫"神经系统"的模式，来认识一下自己的现状吧。

这是一种体系化的手段，是由以研发出 NLP 而著称的罗伯特·迪尔茨提出的。在神经系统中，人类的意识以及学习水平由低级到高级划分成了 6 个层次（阶段），分别是环境→行为→能力→信念·价值观→自我认知·任务→精神。

高层次的变化会影响到低层次（的状况），为其带来巨大的变化。另一方面，有时低层次的变化也会给高层次（的状况）带来影响，但这并不是绝对的。

本书根据这一神经系统的划分方法，将股票交易中人的认识以及学习水平分成如图 2-4 所示的 5 个阶段。

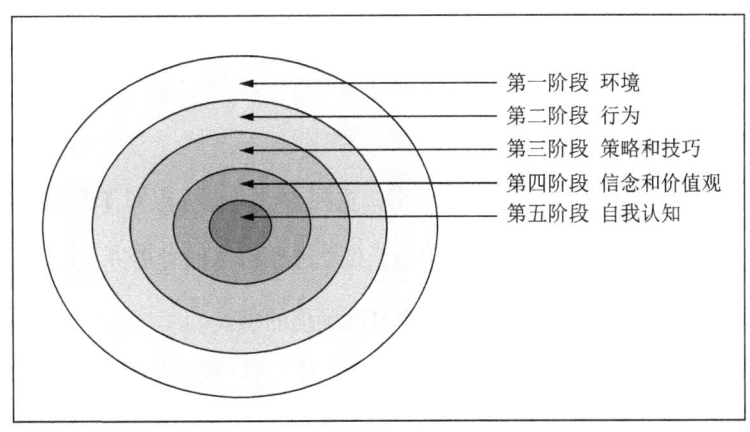

图 2-4　交易者的神经系统检查

（1）环境

第一阶段的"环境"是指自己以及周围的场所、时间和人。"能够随时确认股票的行情吗？""是否因为工作的关系无法及时确认股票行情呢？""家里有人反对吗？"等，通过这些问题来确认自己交易时现处于一个什么样的环境之中。是职业交易者吗？除了股票交易还做其他的工作吗？自己是一位父亲还是一位母亲？是家庭主妇（家庭主夫）还是身兼其他工作？兴趣是什么等这些也都属于环境问题。

（2）行为

第二阶段的"行为"是指自己选择什么，是否将其付诸行动。客观地看待自己每天的行为并对此进行判断。比如，当交易不是很顺利的时候，是冷静地重新审视交易系统呢，还是感情用事、着急上火，做出违背规则的交易，抑或是忍受不了损失从而对股票交易产生畏惧呢？

（3）策略和技巧

第三阶段的"策略和技巧"是指，第二阶段的行为选择后，为了践行这一选择，自己的思维策略和操作技巧。确认自己在股票交易中是个能有多大作为的人。

（4）信念和价值观

第四阶段的"信念和价值观"是指，重视自己。这一点对于采取实际行动，发挥自己的能力都是非常重要的。例如，像"股票价格低时买进，很快股价就会上涨"这一想法一样，就是指在交易中自己确信的事。

（5）自我认知

最后第五阶段的"自我认知"是定义生活方法的一种中心概念。即探索自己在交易中拥有怎样的"主题""理念"以及"使命"。

接下来，本书中列举了一些问题，这些问题是分别针对上述这5个阶段采用上堆法提出来的，让我们一起回答一下。通过回答这些问题，我们就能清楚地了解自己的现状，并且能注意到今后自己需要进一步改善的地方。

问题从第一阶段的"环境"开始，依次为"行为""策略和技巧""信念和价值观""自我认知"。在高水平的层面上，应该可以窥测到内心深处的意识，并且感受到内心最深处的真正的自己。

普遍认为高级水平的意识·学习水平发生变化的话，会影响到低级水平，并且可能会产生巨大的变化。比如，如果能从第三阶段的问题中了解到自己现在所拥有的能力，那么就能明白今后自己想要获得的能力。如果能掌握这一新能力，那么一直以来的行为和环境也会相应地发生变化。

关于第四阶段的"信念和价值观"，让我们通过下面的问题来一起探求一下它的真正含义。

——你期待每年有百分之几的回报？
——为此，你能接受多大程度的风险？
——能够接受的跌幅的最大范围是？

很多交易者容易只对一个目标有概念，那就是要赚多少钱。但是，交易者也有必要弄清楚自己能够允许的亏损额之类的具体的风险以及金钱理念。

通过"什么样的交易方法以及时间段最适合自己"这样的问题来分析自己，明确包括风险管理和资金管理在内的细节问题，确立一个能使你树立符合自己的实际交易风格的目标，这是在交易中获得收益的基础。

但是，在实际回答有关自我认知的问题时，很多人认为问题太多、太深奥，令人头疼，或者答不出问题，觉得"这些问题不适合自己"而深受打击，在这里就放弃了。

如果不愿意直视现状，不愿意回答问题，不明白这些问题的意义就直接跳过去，认为"有必要做到这一步吗"而感到不高兴的话，那就表示你缺乏知识，或者存在着心理方面的问题。

请读者回答下面的问题，一起来认识一下自己的现状。

答题表可以从先前给出的链接中下载。

在没有得到令人满意的答案之前最好不要贸然地开始股票交易。如果没有充分的理解问题和答案的意义，没有做好开始交易的心理准备的话，就不可能形成一个适合自己的交易风格。

通过神经系统检查认识自己目前的状态

第一阶段 环境

——你是职业交易者？还是兼职交易者？

——除了交易之外，还从事其他的工作吗？

——可用资金是多少？

——在可用资金中，可接受的损失比例是多少？

——一年所需的生活费是多少？

——生活费是否需要依赖你在交易中得到的利润来进行贴补？

——（如果需要的话）一年在交易中获得多少利润才能够满足你的生活费？

——如果生活费不够该怎么办？

——你是否曾边工作边进行交易？

——（如果有的话）在一天的工作中，你有几个小时能够专心进行股票交易？

——（如果没有的话）你一天有几个小时能够专心地研究股票交易策略？

第二阶段 行为

——你现在是否在学习股票交易？或者，过去是否曾经学过有关于股票交易的知识？

——（如果正在学习的话）你正在学习什么？（如果曾经学过的话）你学过什么？

——你能单独一个人进行交易吗？还是更喜欢在一个有人或者有很多人的环境中进行交易？

——你是否容易受到周围人的影响？

——（如果容易受到影响）容易受到什么样的好的（坏的）影响？受到影响后你会变成什么样？

——在交易中是否有过因其他事而精力分散的经历？

——（如果有精力分散的经历）如果交易中精力被分散了，你会采取什么样的行动？

——（如果有精力分散的经历）你认为是否需要一个能让人在精力分散的情况下仍然可以继续进行交易的方法？

——你采取什么样的行动让自己能够充满干劲，精力充沛，有一个积极的心态？

——你采取什么样的行动避免让自己出现一些消极的想法？

——为了让自己将否定的消极心态转化为积极心态，鼓起干劲，你采取了什么措施？

——为了不让自己犯错误，你会注意哪些事情？

第三阶段　策略和技巧

——能够灵活熟练地使用电脑吗？能够在网络上自己下单吗？

——（如果不能的话）你认为有必要学习一下吗？或者是请家人帮助？

——为建立自己的交易方法，经常需要验证和研究。你是否能使用Excel等软件以及程序来自己进行验证和研究？

——（如果不能的话）你要怎样得到已经验证・研究过的交易方法？（例：雇用会使用程序的人，学习使用程序，购入已经验证的系统，接受能够提供交易方法的公司的服务等。）

——关于数学以及统计学你知道多少？

——拥有多少关于交易的知识？请从股票行情的变化机制（需求决定价格）和股票行情的因素、技术层面、指数知识、资金管理等方面回答。

"关于交易策略"

——在哪个市场进行交易？（例如，日本股票市场或者日本期货市场等。）

——在哪个交易时间段交易？是一天中进行多次的日内交易吗？是需要一到几天才平仓的波段交易？还是需要几天以上更长时间的长线交易？又或是混合采用这几种时间段呢？

——怎样做出开始交易的判断？

——开始交易的时机是？

——什么样的情况下中断交易（暂时观察一下状况）？

——交易中所做的判断使用了什么标准吗？是的话，使用什么样的标准进行股票交易？

——怎样确定利润？

——以什么为基准来确定止损点。

——怎样决定平均单位风险？

——怎样决定平均每次交易的风险？

——怎样决定可用资金整体的风险？

——怎样进行资金管理？

——是否分散投资？

——交易策略是否按照预期那样顺利进行？以什么为标准进行判断？（例：预计回报最高为×％，最低为×％，平均为×％。预计最大跌幅为0，一旦跌幅超过了这个范围，是否有应急手段来寻找问题所在，并阻止事态继续恶化，等等。）

——你了解当交易方法很好地发挥作用以及没有发挥相应的作用时的回报和跌幅的范围吗？你知道趋势以及变动幅度是怎样产生影响的吗？

——以你现在的交易技巧，能够仅凭借股票交易来获得满足生活所需之外的利润吗？能够增加自己的可用资金吗？

——你有关于自己今后股票交易的学习计划吗？

——考虑一下自己的特点，你认为今后自己还需要哪些知识和技巧？有没有必须做到和必须解决的事情？

——你认为需要多久才能形成一个适合自己的交易方法？需要多久才能建立一个解决自己心理问题和统筹自己交易工作的计划？

第四阶段 信念和价值观

——在你至今为止采取的和股票交易相关的行动中，你曾做了怎样的选择，得到了什么样的经验？

——你在日常的交易中常常能够感觉到的心情是？

——你在交易过程中是否有过一些莫名的兴奋或者冲动呢？

——你是否无法放下一些个人问题以及家人和工作问题？过去是否有过痛苦的交易经验？

——你是否曾有时常涌现出恐惧感、愤怒感等这样的感情上的问题？

——交易时出现的自身体验过的感情中，你认为哪些是很重要的？

——交易时出现的自身体验过的感情中，哪些是你想尽力避开的？

——当形成自己的交易方法时，从心理层面来看你的优点和缺点是什么？

——怎样在交易中分别满足这6个欲望（安稳、自由、爱、重要感、成长、贡献）？满足这些欲望能得到什么？

——上述欲望，在你心目中的优先顺序是？

——在日常的交易中，你持有的信念是？

——你以什么理论来进行股票交易？比如，交易中循环往复出现利润和损失，你反复进行这样的交易一点点地积累着自己的财富。你认为是这样实际的交易适合自己？还是高风险高回报的交易更适合自己？或者有90%胜算的交易方法更适合自己？

——假设现在存在一个胜算为50%（胜负可能性一样大），且利润是损失的几倍这样好的交易方法。但是，这种交易方法有可能会出现连续8次交易都以失败告终的情况。即使是不断失败，你也能接受这种方法吗？

——为了改善自己的方法论，你能接受现有方法以外的建议吗？

"关于收益和损失的可接受范围"

——希望一年中得到百分之几的收益？

——为此，你能接受的可用资金的风险程度是？

——可接受的最大跌幅是？

——怎样看待风险？持有怎样的信念？

第五阶段　自我认知

——你作为交易者的目的是？进行股票交易是为了得到什么？

——你理想中的交易者是谁？

深刻认识自己后才能明白今后应该做什么

通过神经系统检查这个方法，大家对自己的现状有了清醒的认识了吗？通过耐心认真地回答每一个问题，大家应该能清楚地看到为了建立三位一体的交易策略，自己还有哪些不足之处，明白今后自己应该做些什么。

在这里，我将为大家举一个真实的例子，介绍一下神经系统检查是怎样运用于NLP交易训练的。这是一位45岁的普通工薪阶层的男性，尼克先生（化名）的交易训练例子。

在训练中，我们请参与者重新审视自己的感情以及过去所做的选择，让他能够看清自己内心持有的信念和价值观，并促使他们自己察觉到根本问题。有时候，这个根本问题不仅仅只是过去的交易经验，也可能是他们私生活中的遥远的过去的回忆。有时，甚至连他们自己都忘了曾有这么一件事。或许，也可能这个根本问题就来自于他们不想记起的某些事情之中。

这一阶段的重点仍落在"寻找"上，还没有深入到"察觉"这一点。但是，尼克先生在交易中存在的问题的线索体现在下面几个地方。我分别将其标注了波浪线。

——在开始训练之前，我想问一个问题。尼克先生，您为什么想要接受这次训练呢？

我曾经在股票交易中惨败，并且我知道是我自身的理念和行为导致了交易的失败。我下定决心要成为交易赢家，不再做一个交易失败者，所以想要模仿交易赢家，改变自己的信念。为此我参加了训练。

——具体来说，您有什么样的交易经验呢？

我没有遵守股票交易既定的交易规则和规律，而是凭借自己的想法和直觉行动，结果造成了巨大的损失。之后得知股票交易赢家的信念以及行为和我截然相反，我深切地认识到，我失败的原因在于我的信念。所以我认为，为了东山再起就必须得改变我的信念。

——您希望在训练结束后自己能达到一个怎样的状态？

我希望能够改变自己之前的观念，拥有和交易赢家一样的信念，并且能够对此深信不疑，不会出现反复。

探索动机

——尼克先生，作为一位交易者，您在成功后希望得到什么呢？请说一下您为什么想要在交易中取得成功？

因为我想过上不必为了生活费而辛苦工作的日子。

——那么，如果能过上那样的生活，对您来说有什么好处呢？

如果能够不用为了生活而辛苦工作，那我就能将时间用来做自己喜欢的事情。可以专心干自己感兴趣的事，或者可出外长期旅行等。可以比较自由，有大量时间。

——就像您所说的那样，如果可以做自己喜欢的事情，可以自由支配时间的话，这对您来说又有什么好处呢？

我希望能做一些帮助别人、能被他人感激的事情。如果可以过上不用担心生活费的优裕生活，我就可以从事类似这样的活动了。

——如果您过上了能经常帮助别人，为他人做贡献的生活，您内心会是怎样的一种感觉呢？

唔，会有种解脱感，感觉很自由，很兴奋。此外也能获得优越感和他人的感谢。

——那我们来总结一下，尼克先生您之所以想要在股票交易中取得成功，是因为您认为股票交易可以让您获得自由感、兴奋感和优越感之类的感觉，并且不用辛苦工作也能过上优裕的生活。

是这样的。

神经系统检查①环境

——尼克先生您现在是一边工作一边参与股票交易，那么您是做什么工作的呢？

我是在电力相关公司工作的一名普通的工薪阶层人员。所以，有固定的工作时间。

——您有多少可用资金？

因为之前交易失败了，现在大概有100万日元。

——这其中您能接受的亏损额是？

大约是一半，50万日元左右。

——那么，具体需要多少生活费才能实现您理想中的生活？假设您拥有多少财产才能不必为了生活而工作呢？

我觉得最低每年得有700万日元才可以。

——从尼克先生的理想来看的话，每年要从交易的利润中拿出700万日元当作生活费。这样的话，实际上您的股票交易每年需要赚取多少利润才行呢？

啊，我认为每年得从交易中赚取1 500万日元才行。

——那么以现在尼克先生您的能力，在交易中每年赚取1 500万日元这一点是可能的吗？

我没有这个信心。

——如果靠股票交易无法提供生活费的话该怎么办？

如果那样，只能是控制支出，去工作。

——您现在一天中有多少时间可以用来进行交易？

平均起来的话，大约1个小时。

——您希望在什么时候之前达到通过股票交易赚取一年700万日元生活费的梦想呢？

我希望在大约8年之后（53岁）前达成。

神经系统检查②行为

——尼克先生您是觉得一个人进行股票交易也没问题，还是觉得有伙伴比较好？

自己一个人也没问题。

——你觉得自己是否容易受到周围人的影响？

曾经被"看样子可以赚钱"这样的话所蒙骗。但是，因为对自己的买卖策略很有自信，所以即使嘴上说接受了他人的建议，也不会轻易改变自己的想法。

——也就是说您虽然不会被"看样子不会赚"这样的话影响，但会被"看起来会赚"类似的话所引诱吗？

是的。如果是"看样子会赚"这样的话，即使没有根据我也会受到影响。

——受到影响的话您会怎么样呢？

我会立即改变自己考虑的交易策略（交易规则）。

——那么，您是否有过在交易中精力分散，无法集中交易的情况？

工作的时候就无法集中精神参与股票交易。还有，在交易出现了巨大损失的时候，就会考虑太多。

——那种时候，您会怎么做呢？

会将工作放在第一位，所以有时候即使基于交易规则的开始信号出现，也无法下单。而且，如果出现了巨大损失，就会感到不安，不会将股票平仓，过度在意股票价格。

——那么，即使在那种精力分散的状况中，你也认为要有能够交易的主意吗？

因为这是应该去解决的问题，我认为有必要。

神经系统检测③策略和技巧

——建立交易策略需要经常地验证和研究。您有使用Excel以及程序来自己进行验证和研究的能力吗？

我有一定的知识储备和自信。但是，没有抓住以往股票价格的特征，并将其融合到交易策略中的高水平的能力。

——那么，您怎样解决这一问题呢？

接受指导，提高自己的验证能力很有必要。

——您认为自己有多少关于技术分析、交易规则、资金管理以及系统型交易等方面的知识？

在图表的基本读法、股票行情变动要素等方面，我是门外汉看书自学的水平。关于资金管理这一方面恐怕不是很了解。

——您现在在哪个市场进行交易？

现在只在日经225期货市场。

——您想在多长期限内进行交易？还是想组合多个时间段？

我没有时间来进行一天多次的股票交易。因为我的工作对于暂时离开（去厕所以及休息）的限制比较小，所以一天数次的交易是可能的。但是也有因为开会或者工作的关系，无法在特定的时间内进行交易的时候。考虑到自己的状况，我认为头寸交易和波段交易比较适合自己。

——您有类似在行情突然爆发时进行趋势跟踪这样比较擅长的交易方法吗？

没有。

——您下单的时机是？

根据自己制定的交易规则的信号来下单。

——以什么标准来确定开始的止损点？

以"如果比规定值下降×%的话"为标准。

——利润的确定方法会根据逆挂单、追踪止损、技术因素等进行调整吗？或是根据目标值？

我使用根据开盘和收盘清账的方法或者是做反手交易（SAR）。

——怎样进行资金管理？

在实际操作中，将可接受损失风险定为可用资金的30%。

——以什么为标准来判断交易是否按照计划进行？

之前很少从定量角度去考虑，只要觉得赚钱就可以，不能出现损失。即使是出现损失，也总认为根据大数原则，总有一天股票会达到预期的回报率。所以并没有经常检查和修正交易系统。

——您知道现在的交易计划顺利时和不顺时的期望值以及回报和跌幅的范围吗？此外，股票行情的趋势以及变动（波动性）的幅度会产生什么样的影响这一点您了解吗？

因为我在遵守大数法则的前提下，过度相信交易系统，所以没考虑过这些问题。对于期望值偏离到怎样的程度会让交易计划产生错误这件事，我也不具备判断的知识。

——根据您自己的特点，您觉得在开始交易之前有什么应该掌握的，或者必须要做到的，以及必须解决的东西？

我认为改变信念、形成规律、提高自制力是有必要的。

神经系统检查④信念和价值观

——（积极的稳定欲望）为了了解尼克先生对于交易的信念，在此想要针对欲望这一问题进行一下询问。您是怎样获得"安稳舒适""安全自信"的感觉的？

使用验证软件，形成自己的交易方法。虽然认为风险管理和分散投资对于满足安稳欲望来说是非常必要的，但实际上是不可能的。

——（消极的稳定欲望）为了能得到"即使什么都不做也没有问题""下定决心""什么也不做也被保护"这样类似的感觉，您在交易中采取了哪些行动？

即使有潜在亏损，也期待着股票价格肯定会回升，所以就不去止损，就这样放置不管。此外，在上述的情况下，只看一些符合自己想法的新闻报道，好让自己安心。还有，利用基本指标、图表分析等来预测股票价格的波动也会让自己安心。另外，迷信等，相信一些没有根据的东西也让自己安心。

——（积极的自由欲望）您怎样从交易中得到兴奋感和激动感？

用多种模式研究交易规则，通过构建自己的交易系统来满足。

——（消极的自由欲望）为了避免"不安感、担忧""无力感""无价值观"，你采取了什么方法？

有时会偏执地坚信交易的胜算很高，偏离由风险管理决定的股数，孤注一掷投入大笔头寸。有时会自暴自弃，无视交易规则，单纯凭借直觉来进行交易或者平仓。

——原来如此。具体来说什么样的情况下，您会投入大笔头寸或者打破交易规则呢？

当交易持续取得胜利，头寸的潜在亏损不断膨胀的时候。我期待能够拿回更多钱，就维持头寸的现状。或者通过增加头寸获得更多股数。

——（积极的爱的欲望）在交易中为了感受到爱和牵挂，您采取了哪些措施？

阅读脸谱网（Facebook）中交易导师和交易伙伴之间的留言帖子，或者针对交易状况和朋友进行信息交换等。

——（消极的爱的欲望）您是否采取过一些排斥他人的行为？是否曾相信过一些习俗和迷信的东西？

不公开自己的交易状况，不与交易导师商讨等。另外还会介意一些迷信什么的。

——（积极的重要感欲望）为了得到"我真是一个出色的人"这种感觉，您采取了哪些措施？

思考交易逻辑，并传授给他人。

——（消极的重要感欲望）您是否曾做过一些事情来满足自己的傲慢、孤独以及支配欲？

有过相信自己而不去和交易导师商讨的情况。另外，背离交易规则，使用自己的规则来进行交易，以满足自己的骄傲。

——（成长的欲望）为了满足自己想要学习知识、磨炼技术的欲望，您采取了哪些做法？

建立自己的交易规则，为了提高交易规则的精准度而潜心研究。另外还有根据交易成绩来调整股数。还有通过政治经济新闻来预测股票行情的大走向。

——（贡献的欲望）为了满足自己想要做些什么来帮助谁的欲望，您采取了哪些行动？

将建立交易规则的方法告诉他人。

——既然已经确认完欲望的问题，那么就一起来探讨下信念这一问题。首先是关于交易方法论的问题。从尼克先生的立场来看，是交易中循环出现利润和损失从而慢慢积累自己的财富适合您？还是高风险、高回报的交易更适合您？或者说，有90%胜算的交易更适合您？

之前我一直采用的是期望获得高回报的高风险交易方式，但是，经历过失败后，我觉得有必要改变这样的方法论。现在我开始在心理层面考虑重复胜负来慢慢地累积财富这一交易方法了。

——假设存在一个胜算为50%（胜负可能性一样大），但利润是损失的几倍的这样的优秀交易系统。但是在这种交易系统里有可能会连续8次交易失败。在不断失败的情况下，您也能接受吗？

说实话，我觉得内心会很动摇。如果是之前的我的话，会采取即使出现交易信号也不行动，改变时机、股数等这样的偏离交易规则的行为。但是，正是因为采取了上述的行动才导致了现在的失败，所以我已经下定决心接受这样的交易系统。

——关于回报和风险我想问您几个问题。您希望一年得到可用资金的百分之几的回报？

100%。我希望可用资金能够翻倍。

——为此，你一年能接受的可用资金的损失是多少？

30%。

——当可用资金亏损多少时中断交易？

可用资金的50%。

——平均每次交易愿意承担的风险是？

大约是资金的5%。

"探索情感因素"

——那么接下来问您一些关于情感因素的问题。您在日常的交易中经常能感觉到什么样的情感因素的影响？

刚开始进行系统型交易的时候是按照交易规则进行的，所以情感起伏不是很大。但是，当系统状态恶化之后，就开始频繁地出现不安，觉得用错误的方法得到了错误的自信、焦虑、恐惧等消极的情绪。

——在交易过程中，是否莫名地兴奋、冲动等这样的情况在增加呢？

是的。特别是一天出现了大的亏损时，心情会有很大的波动。

——您应该感觉到，出现愤怒以及恐惧这样的状况是一个问题了吧？

没有。我几乎没有感到过愤怒。只是当股票价格波动方向和自己预想的有很大出入，会有种"难道会持续这样恶化下去吗"的恐惧感。

——您认为出现这些感情的原因是什么？是个人问题，家庭和工作上的问题？还是过去的令人痛苦的交易经验呢？

因为之前有系统状况恶化造成亏损的经验，所以每当系统放出这样的信号时，就会有"是不是还会亏损"的不安。

此外，因为有过利用无视风险管理的加仓手段带来好结果的经历，所以会抱有"用这种方法的话就能够挽回局面，没有问题"的错误的自信。

但是，持续这种错误的资金管理的话，会让潜在亏损达到一个不能接受的额度，这样的经验反而引起了更大的不安。就会涌现出想找一个依靠的感情。因为害怕出现更大的亏损，以至于当其他系统出现交易信号时也变得犹豫不决。

——当建立自己的交易方法时，从心理层面来看，尼克先生您的优点和缺点是什么？

对于风险的心理承受度比较大是我的优点。虽然有时也会感到恐惧害怕，但总体来说还是比较平稳的。

缺点是十分拘泥于自己的想法（钻牛角尖）。

——前面的问题中您曾提到过改善方法论是有必要的。那关于改善方法论这一问题，您能接受迄今为止的方法论以外的一些普通的方法论模式吗？能接受别人提出的"你应该怎么改变"这样的建议吗？

可以接受。

——关于自制力（自我管理能力），你觉得自己的优点和缺点是什么？

我觉得我的自制力不是很强，有时会拘泥于自己的想法（钻牛角尖），不遵守交易规律。

"探索信念和规则"

——在交易时出现的感情中，你认为哪些是很重要的呢（积极的信念）？

对将来的期待感和安心感。

——那么，相比之下您认为这两个中哪个更加重要？

我认为是对将来的期待感。

——当发生什么样的事情时能感受到期待感呢？

获得了比预期还要高的利润的时候，以及虽然出现了亏损但资产还是在稳定增加的时候。

——那么，与之相反，您无论如何也想要避免的感情是（消极的信念）？

是生气和恐惧感。

——相比之下，您认为这两个中哪个更加严重？

恐惧感。

——当发生什么事情时能感受到恐惧感呢（消极的自我规则）？

当股票波动方向和自己预想的有很大出入，并且不能止损而导致潜在亏损更大的时候。

神经系统检查⑤自我认知

——尼克先生您作为一名交易者的目的是什么？进行股票交易是为了得到什么？

是为了让生活从工作中被解放出来，能够去达成一些自己原本想做的事情（帮助他人，被他人感谢会让自己很开心）。

——最后，尼克先生您想成为一名怎样的交易者？你理想中的交易者形象是怎样的？

掌握可以稳定安全地赚取利润的交易策略，冷静地继续股票交易。

读者参考这个指导例子，试着重新审视自己的回答。正确认识自己，这件事虽然看起来很简单，但其实是非常深奥的学问。请大家闭上眼睛，静下心来重新审视一下真正的自己吧。

| 第3章 |

トレードの成功哲学

目标设定

3.1 系统地整理交易赢家的思维方法

通过第 2 章的自我认识，相信大家应该察觉到自己在交易中的问题所在了。为了让大家能够更清楚地认识到自己的问题，更明确自己的目标，本章将会提供一些交易的"成功案例"。

通过与交易赢家们交谈，我重新认识到，环境和价值观的不同，会导致人们采取的行动和策略有所不同，但是在基本的思维方法层面，交易赢家们有着很多共通之处。我按照神经系统检查的 5 个阶段分别进行了整理。另外，为了让大家能够明确将来的目标，我按照意识水平从高到低的顺序来进行排序，并在后面附上了自己的评论。

我希望读者们结合自己的实际情况对这些成功范例进行增减修正，最终确立适合自己的目标（理想的交易者形象）。另外，希望读者们将从自己喜欢的交易者的著作以及访谈中得到的灵感添加到（下面内容）相符的内容（问题）里。

通过以下问题，让我们明确设定自己将来的目标吧。只有明确自己的目标，才能找到实现目标的途径。

交易赢家的自我认识（第五阶段）

——您理想中的交易者形象是？

- 一生都能够从股票市场获得稳定的利润（无关乎金额的大小）。
- 无论发生什么都能坚持交易。
- 有着稳定的回报。
- 持续、稳定地获得收入，而不是短期内获取高额利润。
- 全年整体上不会出现亏损的交易者。
- 能够持续获得利润并了解股市的交易者。
- 以自己独特的风格进行交易的交易者。

→通过以上几点我们了解到：交易赢家的目标不是短期内获得高额利润，而是稳定的收益率以及在股市的长期发展。

——您认为作为交易者的终身理念应该是？

- 研究曲线拟合⊖。
- 挑战满足顾客需求这一领域并取得成功。
- 让自己快乐。

⊖ 曲线拟合：实际工作中，变量间未必都有线性关系，如服药后血药浓度与时间的关系、疾病疗效与疗程长短的关系、毒物剂量与致死率的关系等常呈曲线关系。曲线拟合（curve fitting）是指选择适当的曲线类型来拟合观测数据，并用拟合的曲线方程分析两变量间的关系。——译者注

交易赢家的信念和价值观（第四阶段）

——到目前为止，您在股票交易中做过什么样的选择，获得了什么样的经验？

- 比起自己的直觉，我更注重数据（证据），因而使交易系统化，获得更多的利润。
- 通过向他人提供信息而使自己变得能够更加慎重地研究很多事情，自己的交易策略也能够得到提高。
- 因为有稳定的利润，所以心绪不会有太大波动。
- 限定投入某一股票品种的资金，并且将跌幅设定为过去的2倍，以此来控制可用资金的变动，让自己安心。
- 扩大股票品种，分散交易，比起要求回报更注重控制风险。以此来缩小可用资金的变动。
- 调整高风险、高回报的系统，通过减小股票价格下跌幅度，实现低风险、高回报的投资。
- 我曾经一度失去了包括赚到的钱在内的几乎所有可用资金，但经历了那次失败之后，我对股票交易产生了更大的兴趣。因为我想要成为仅占10%的交易赢家中的一员。最后我变得更加喜爱股票交易。
- 我读了自己所向往的交易者的书籍，并努力去理解其中的意思。虽然当时没有立刻明白其中的含义，但10年之后，这就成了自己的习惯性思维。
- 相信有能够在股票交易领域取得成功的人，我觉得"自己向他看齐，努力学习，一定会成功"。

> →上述这些给自己打气的案例和我选择的案例有着共通之处。那就是"比起回报的大小，更注重稳定"以及失败乃成功之母的积极心态。也就是说，他们认为只要不断成长，前方就有可期待的回报。

——在日常的交易中，您经常感觉到的情感有哪些？

- 遵守自己定下的准则规范。
- 随时对头寸㊀做好进行止损的心理准备。

——在交易期间感受到的情感中，您认为重要的是？

- 尊重规则，做好防止下单㊁错误的检查确认工作。

——在交易期间感受到的情感中，您认为哪些必须避免？

- 下单时的恐惧心理（警戒心理）。
- 厌恶亏损。
- 交易失败的悔恨。
- 损失钱财。

㊀ 头寸：头寸指投资者拥有或借用的资金数量。头寸是一种市场约定，承诺买卖外汇合约的最初部位，买进外汇合约者是多头，处于盼涨部位；卖出外汇合约为空头，处于盼跌部位。——译者注
㊁ 下单：客户传达指令。客户可以通过书面、电话或中国证监会规定的其他方式进行下单。——译者注

——在交易中为了让自己充满干劲以及有一个积极的心态，您采取了哪些措施？（在交易中您采取了哪些措施来获取正能量？）

- 生理学（身体状态，行动，姿势等）
  - 马拉松
  - 格斗㊀比赛
  - 散步
  - 做饭
- 关注点（将自己的注意力转移到哪些事情上）
  - 对名次和成绩有自己的目标。
  - 决定通过股票行情来验证。
- 语言（话语以及解释，相信语言的各种可能性，对任何事都抱以享受的态度）
  - 把自己的目标告诉别人，以此激励自己。
  - 向家人讲述自己交易的目的和理由。但必须有理有据。

——为了避免出现消极的情绪，您采取了哪些措施？

- 不去让自己觉得某些情绪是消极的。
- 读书，理解其中的内容，了解交易方法，综合考虑与自己资金量相符的风险回报比例。会出现消极情绪是因为自己的学习还不够，没有形成自己的交易风格。
- 不断自我反省，诸如有没有做到自我规范、有没有进行正确的风险管理

㊀ 格斗：格斗（搏击）是一项古老的技能。说它是技能，是因为它的目的和绝大多数运动的宗旨相左。不管格斗有多少种功效，健身也好，防身也好，它的根本目的，就是最快、最狠、最有效地击毙对手。——译者注

等。如果能坚持这样做的话，是不会出现消极情绪的。
- 即使出现损失也不要慌乱。
- 反复参与交易，让自己适应、熟练。最终会克服自己的恐惧心理。

> →从上面我们了解到交易赢家为了实现自我管理，养成活用信念的习惯。同时不断学习，慢慢积累经验，让自己不断成长。

——为了让自己从消极状态恢复到充满干劲的积极状态，您采取了什么措施？

- 通过做其他的事情转移注意力，等待这一段时间过去。
- 专心投入到体育运动或者自己感兴趣的事情当中。
- 反复验证自己失败的交易案例和交易方法，直到自己明白失败的原因。
- 从失败中也能学到经验，尽量让自己有这种乐观的心态。
- 俯首站立。
- 回归原点。
- 关上房门，独立思考。之后，全部忘记。再与家人共度一段时光。
- 触摸手腕等，找一些能让自己内心觉得舒畅的方法。

> →在生理学、关注点、语言这三者当中，控制感情最有效果的当属生理学。通过以上内容，我们了解到交易赢家有意识地灵活运用体育运动改变情绪这一技巧。关于产生情绪的技巧将在第5章进行讲解。

"无意识的自问"

——在进行交易的时候，您有没有不知不觉向自己提问的情况？具体是什么样的问题？

- 交易策略有没有应该修改的地方？
- 有没有应该添加的规则？
- （告诉自己）忘记金额，这不过是场游戏而已。

"需求"

——这6个需求（安稳、自由、爱、重要感、成长、贡献）当中，哪个处于优先地位？

① 成长

② 安稳

③ 自由

——您怎样满足自己的成长需求？您最终得到了什么？

- 了解自己交易策略的弱点，找到今后应该改进的地方，通过这样的做法，会有种获得新发现的喜悦感。

→ 由此我们可以知道交易赢家在交易中追求的并不是获得多少利润，而是通过（在交易中）改变自己来让自己得以成长。

——您怎样满足自己对于安全的需求？您最终得到了什么？

- 随着可用资金的增加，通过降低风险（百分比）的资金管理方法，可以切实增加安全感。
- 通过和妻子（丈夫）交谈来满足自己精神层面的安全需求，让自己可以冷静地参与交易。
- 通过风险管理，持续比较稳健的股票交易。

→通过风险管理以及交谈等方法，可以在顺利控制情感的同时，满足自己对于安稳的需求。这种方法可以促使自己能够不断地挑战新的股票交易。

——您怎样满足自己对于自由的需求？您最终得到了什么？

- 以玩耍的心态来验证股票交易，很多问题会迎刃而解。

→如果认为验证交易是困难、麻烦的话，那么自己的交易生涯也会变得让自己厌恶。但是如果认为验证交易是愉悦的、可以获得新发现，找到"宝物"让人充满期待的话，那交易就会变得非常有趣。

"总结"
——在日常的交易中您最强有力的信念是什么？

- 制定一个更加精炼的交易策略。
- 自己制定的交易方法在发挥着作用。
- 重要的是自我规范。

- 交易系统不会停止。
- 自我规范和风险管理。即使发生纠纷，有这两点就可以解决。
- 股票交易是商业经营。要时常考虑成本问题。
- 股票市场常常蕴藏机会。
- 要获取稳定的利润。
- 投资家需要不断地学习。

> →从以上信念中我们可以得知交易赢家的秘诀就在于制定包括自我规范、交易方法、风险管理和成本在内的交易策略，并且不断地使这一策略更加精炼。而且这些信念都是不可或缺的。

——哪些是实现自己理想交易风格必不可少的？

- 有热情。
- 探求心（好奇心）。
- 绝对服从交易系统。
- 对自己的交易方法有信心。
- 不断学习的态度。
- 从细小的地方开始。
- 制订交易计划和检验单，时常进行确认。
- 积极汲取经验教训的态度。
- 无论交易是顺利还是不顺利，交易过程都要同等对待。
- 交易是一种工作，学习时间越长越好。

- 自己是否觉得幸福。
- 享受胜利。
- 持之以恒的信念。
- 无须和他人比较，尽自己最大努力就好。

→上述内容给我们提供了具体的资源。记述了怎样让交易方法这一武器成为自己的囊中之物。

——为了成为一名理想的交易者，要舍弃哪些信念？

- 只追求一时的结果，没有远见。
- 将炒股资金和日常使用的钱挂钩。
- 将股票交易看得过于简单（不去自我学习）。
- 仅仅学习一点知识就立即开始交易。

→很多交易失败者的失败就是由上述这些信念造成的吧。如果有上述这样的信念出现的话，应该多加注意，因为这有可能会导致自己交易惨败。

"关于交易策略"
——以怎样的方针进行交易？

- 在反复获得利润和出现亏损的过程中，慢慢积累财富。
- 比起胜算的大小和收益的多少，更注重尽量减小盈亏曲线的波动。

- 根据交易系统指示下单。
- 如果是短期交易的话，以短期内价格涨落幅度为基准考虑可接受的损失风险和头寸。
- 在中长期交易中使用追踪止损㊀。
- 了解不同的市场是怎样相互关联的。
- 抓住机会，等待机会。
- 小赌赚大钱。
- 以基本指标㊁把握交易趋势，以交易技巧预测交易时机。

——个人投资家在完成自己的交易策略时需要注意什么？

- 因为可用资金数额较小，所以要在可以清楚地展现较大价格波动的市场中寻找较大的波动幅度。
- 如果没有机会的话，不要徒劳地开始交易。
- 如果进行了错误的交易，为了避免更大损失，暂时不要再参与交易。
- 即使持续出现亏损也不要慌乱。要抱有即使数月都持续出现损失，说不定第二天就会全部赚回来的想法。
- 需要大量保证金的日内交易㊂如果出现大的损失的话，挽回的时间较少，极容易造成大的亏损。

㊀ 追踪止损：追踪止损是金融投资研究者加百力提出的一种操作手法。其含义是：在现货黄金、外汇保证金、期货等高杠杆、T+0交易中通过手动或交易机器人追踪当前价格走势，自动修改成交单的止损条件，达到不断锁定利润规避风险的目的。——译者注

㊁ 基本指标：显示一国经济状态的基础性指标，有增长率、失业率、物价上涨率、失业率、国际收支等。——译者注

㊂ 日内交易：日内交易是一种交易模式，英文名字是daytrade，主要是指持仓时间短，不留过夜头寸的交易方式。日内交易捕捉入市后能够马上脱离入市成本的交易机会，入市之后如果不能马上获利，就准备迅速离场。因为这种交易方式的持仓时间短，所以承受的市场波动的风险较低。——译者注

→上述方针非常重要。要在全部理解之后再进行交易。你是否明白自己的需求、信念和交易策略是否一致？正是这具有一贯性的交易策略，能够让我们在股票市场这个大海中实现最安全有效的航行。这是今后参与交易的人应特别注意的一点。交易这项业务并不像工资那样每个月定期会给我们定额的钱。希望大家能够明白，你现在参与的是和你之前在社会上学到的截然不同的游戏。

——您希望一年获得多少利润？

- 每年40%。
- 每年10%~20%。
- 关键不是利润目标，而是怎样管理风险。
- 预估利润是很困难的，准确地预估损失是第一位的。利润本身会自动调节。
- 股票市场行情有好有差，在此前提下预测，利润基本为每年的6%以上。

——您能接受的每年的风险范围是？

- 可接受的最大跌幅是20%，如果再大就无法接受了。
- 一年可用资金的10%。
- 尽可能地将风险设定得小一些。
- 根据不同的交易设定不同的风险。

→个人投资者和对冲基金㊀的风险回报目标多少是存在差异的。但是，以长远的目光来设定目标的视点是相同的。此外，比起回报更加注重风险（这一点也是相同的）。

——对于每次交易，您能接受的风险范围是？

- 每次交易投入的最大资金为"可用资金的1/18"和"100万日元"这两者中数额较小的一个。
- 可用资金不多的情况下，要做好冒较大风险的心理准备来参与交易。

——您关于风险的信念是？

- 在考虑盈亏比例的基础上，思考自己可以接受的损失范围。
- 在加仓㊁时重要的是不要将风险扩大成原先的2倍，一半左右就可以。
- 如果想要通过交易赚到一辆新车的钱，就会出现大约同样金额的损失。在交易时如果考虑日常生活所需的钱，就会对交易产生影响。
- 即使出现损失也不要惊慌。
- 资金管理中最重要的是头寸管理。

→就像学习滑雪先从掌握摔倒方法开始，学习柔道先从掌握不受伤倒地法开始一样，交易最重要的就是准确把握风险。没有充分掌握风险就开始交易，这无疑是自杀行为。

㊀ 对冲基金：以高收益为目的的基金之一，以股票、债券、外汇等多种浮动商品为投资对象，边进行买空与卖空等边投机性运用而获得高利润的基金。——译者注

㊁ 加仓：加仓是指因持续看好某只股票，而在该股票上涨的过程中继续追加买入的行为。——译者注

——在形成自己的交易方法时，从心理层面来看您的优点是？

- 在交易时不是选择方便自己的方法，而是能够客观地分析数据。这一点可以说是我的优点。

——在改善自己的交易方法时，您能够接受自己交易方法以外的其他方法吗？

- 如果是客观、正确的方法的话，能够接受。
- 如果有一位不断地评价、分析交易者成功案例，并且常常帮助自己回归原点的交易指导员在身边的话，那么自己的人生也会发生改变。

→很多的交易失败的人只听一些有利于自己的或者听起来顺耳的方法。但是，交易赢家却不被自己的感情左右，他们做好准备随时去接纳那些经过了客观分析的好方法。

交易赢家的战略和技巧（第三阶段）

——你有自己验证和研究交易系统的能力吗？

- 完全可以。
- 非常了解自己的交易系统和交易规则，而且能够系统地判断其承担着哪些风险因素。

→必须以拥有能够自己验证、研究交易方法的能力作为前提。即使不会使用计划表，仅仅使用验证软件就能自己进行系统验证，并且能够判断向哪

> 个基金投资比较好。但是，如果完全不懂这些技巧的话，是不可能成为交易赢家的。

——你知道多少关于交易的知识？

- 关于交易所必需的知识，几乎全部都知道。

——你认为哪些知识和技巧对于交易来说是不可或缺的？

- 有必要用分析技术去判断价格。
- 了解价格波动的幅度。打算投资组合时，考虑存在着多大的波段这一点是非常重要的。
- 根据头寸不同，感情也会发生变化。然而突破这层感情的壁垒是必需的。
- 清楚现在的交易市场和过去是大相径庭的。金融危机之后，各个市场的相互联系加强，需要综合考虑。
- 有能力进行多个交易。
- 了解市场的关联性。
- 不管今后走上什么样的道路，套利是了解市场关联性必须学习的知识。

> →需要我们掌握的不仅仅是交易逻辑，还有对于自己的交易来说必不可少的市场关联性、市场和系统分散等综合性思考方法，以及波动性、头寸管理、感情控制等最起码的知识和技巧。

交易赢家的行动（第二阶段）

——你是怎样学习交易的？

- 最初是兴趣使然，在演讲会和研习会上学习了股票交易，也学习了经济和自动交易。如果有想问的问题会直接去问。
- 熟读自己敬佩的交易者的著作，努力去理解其中的意义。

——你认为怎样学习交易比较好？

- 从技术和心理两方面来学习交易的基本知识，并且学会有关交易软件的使用方法。从模拟交易开始（5~8周），如果感觉有赚钱的可能性，再进行交易实践。这个时候需要我们做的就是思考并记录自己是如何分析股票行情的，以及为什么会选择这只股票进行交易。
- 经常读图表，必须形成自己对市场行情的判断。
- 首先要读书。
- 记录交易日志，自己写下的东西比任何书籍都要好。
- 不要凭借感觉和推测进行交易，要磨炼自己的技术。
- 书籍方面，关于资金管理方面的书是最好的。在学习交易方法之前先要学习资金管理。

→希望大家不要以被动的心态来读书和参加研习会以及演讲会。学习态度不同，结果会有很大差别。不是请谁来帮助自己做什么，而是自己主动去搜集信息，并将其利用到自己的交易策略中。只有不断地一边测试、实践，

> 一边研究，才会促使自己成长。但是，要注意尽量避免那些只靠讲盈利故事来刺激我们感情的研习会和书籍。在投资的世界中，从结果上来说，学习管理风险的方法比学习盈利的方法更容易让人获得回报。请不要忘记正是因为有风险管理这一基础，才有盈利方法这一说。

——你在哪一个时间段进行交易？

- 波段和趋势跟踪相结合。
- 不进行刷单交易这类超短期交易。在速度方面，没有人赢得过电脑。
- 趋势跟踪是主体。

——如何判断什么时候使用新的交易方法，什么时候开始市场交易？

- 重复进行回测，把握收益性多少，以什么样的交易规则参与市场到哪种程度，对可用资金整体又会产生多大的影响等相关信息，在考虑到这些之后，先进行小数额的交易。

——你在什么样的时机下会下单？

- 限价或靠近限价。
- 3个不同种类的交易规则组合自动放出交易信号。
- 即使是在股票行情看似要发生变化的情况下，如果收益目标是10%，而损失风险是20%的话，也不会下单。

——什么情况下会中止交易？

- 基本指标不好的话，即使出现技术性操作信号也不会进行交易。
- 因为有的交易规则存在着自身并不会给出任何技术指示的情况，所以交易系统本身不会停止。不靠感觉来决定中断交易的时机，而是由交易系统来进行判断。
- 当股票行情波动性低的时候。
- 中断交易之后，根据不同情况判断是否再开始交易。

——交易中主要看哪些指标？

- 波动性、市场动量、随机性、斐波那契定律、移动平均（MA）等。
- 把200MA、55MA、10MA的交叉点作为其中的一个信号，为了推出未来的价格水平，可使用斐波那契定律。
- 在外汇交易中，斐波那契定律是有效的。
- 根据股票市场不同，技术指标的重点也不同。
- 趋势线、支撑线、压力线等基础指标。

→不同的市场其指标也会不同，这一点值得注意。但是我认为，与机械地组合使用多个振动指标相比，统计指标更多被用来作为参考。

——你怎样确定是否获益？

- 用×天的平均移动乖离率达到了×%以上等价格波动作为判断基准。
- 而偏离预期值×%这样的基准不具有客观性，所以不使用。

——以什么为基准进行止损？

- 逆势投资的话，到期即止；顺势投资的话，当趋势发生逆转时进行止损。
- 根据风险回报决定。
- 通过技术分析来计算出合适的点位。
- 根据市场情况而定。

——平均一次交易的风险为？

- 0.25%~1%。
- 交易的头寸大的话，或者说预期的交易次数多的话，就会缩小止损幅度。

——怎样决定风险管理？

- 风险回报达到3比1以上。
- 头寸占可用资金的比例通常为4%~6%，最大也只是9%~11%。
- 在多个市场进行交易时，交易系统的风险合计最大限度为1.5%。

——怎样决定头寸？

- 采用可用资金的1/18或者100万日元两者中较小的一个。
- 根据价格和股票行情的波动性来决定。
- 在实际的交易中头寸大约是资金的10%~30%，比例较高的时候要注意止损点。
- 统计判断交易系统的风险。
- 决定自己预期的风险回报比例，并且通过预想的价格波动来进行计算。

- 尽量将交易的损失控制在2%以下。
- 尽量减少赌注。

——有进行分散投资吗？

- 在世界75个市场中进行交易。
- 即使是同一个交易规则，也有多个时间段。
- 通过多个交易规则建立自己的交易方法。

——怎样判断交易策略是否按照计划顺利进行？

- 每隔一年会重新进行回测，如果资产曲线的倾斜度（角度）较之前恶化的话，那么就寻找其原因。
- 不随意改变交易规则。
- 记录盈亏结果以此来进行判断。这个系统的利润为×%，损失为×%，或者因为股票行情没什么变化所以不盈不亏等，综合考虑这些因素来做判断。

——有为自己制订关于交易的学习计划吗？

- 为了在交易中获得胜利，尽可能多地学习有关股票行情的知识。
- 交易单位，每股会出现多少盈亏等，理解这些市场的基本规则。
- 建立自己的交易方法（交易规则），不单纯凭借感情进行交易。
- 刚开始或许会觉得越是多学知识交易越是不顺利，但是如果不努力学习的话，永远达不到自己的目标。

> →得鱼不如得渔，请注意这一点。前提是不要妄想"相信他，请他来帮我在交易中赚钱"。没有人会甘愿为你赚钱。但是，令人欣慰的是，如果选择正确的人的话，可以请他通过书、讲座等形式来传授一些交易方法。只要别混淆学习计划的目的，那就有可能获得自己期望的结果。

——为了不犯错误，你采取的措施是什么？

- 错误是普遍存在的。没有人知道哪个交易会赚钱，哪个交易会亏损。但是，只要做的事情是正确的，对于风险的预测也应该是正确的。
- 坚持自我规范。
- 应该好好地学习交易的基础知识，即使很熟练了，一旦自身交易节奏出现混乱就应该回到基础知识，再次学习巩固。
- 人总会重复犯同样的错误，所以需要有相应的对策。
- 当股票行情出现奇怪的波动，自己的交易方法不发挥作用时，不要贸然行事，一时冲动。
- 制定预防对策。不仅要提前考虑好什么时候开始交易，也要考虑好怎样结束交易。
- 将自己每天的交易记录下来。记下并每天回顾自己的亏损，是一件非常痛苦的事情，但是这一点非常重要。
- 要时常以悲观的态度来看待头寸。

交易赢家的环境（第一阶段）

——可允许的可用资金风险是？或者可接受的可用资金损失额是？

- 一般来说，存入交易用的户头的钱基本上都是风险资金。

——你需要每月从交易资金中拿出生活所需的资金吗？

- 实际上不需要。每当交易出现利润时，相应金额会从风险资金中被剔除，这就等于是每个月都在往外取钱。

3.2 确定理想的模式

一旦设定了自己理想的交易者形象之后，请大家从视觉、听觉、感觉等方面来想象一下自己达成目标后的状态，这就是自己将来想要成为的"理想模式"。

理想模式越是具体，那么它的现实感就越强烈。应该朝哪个方向继续自己三位一体的交易策略呢？拥有一个具体的理想会让方向性变得明确。

为了让自己的理想模式变得更加清晰具体，首先我们需要明确自己现在所处的环境。

理想的交易环境

所谓的交易环境不仅仅是指日常生活中的压力和身体健康问题，还包括性格、环境、感情问题、家庭以及人际关系问题。如果上述这些问题处理不得当的话，人的精神就会变得不稳定，无法集中精力进行交易，甚至会无视交易规则而盲目进行交易。这样就会让股票交易停滞不前。

为了维持自己最好的交易水平，经营一个能够让自己保持健康心理状态的环境是必不可少的。为了明确自己理想中的交易环境是怎样的，首先让我们调查一下自己过去和现在所处的环境。

通过正确地把握自己过去和现在所处的环境，自己将来理想的环境的样貌也会慢慢浮现出来。比如，当我们了解到，宽敞的空间比狭小的空间更利于自己不感情用事，集中精力进行交易的话，那么就能够找到为自己创造一个尽可能宽敞的空间的方法。

最好请一个非常了解自己的人，以第三者的角度来帮助自己检查。因为很多人无法清晰地把握自己的状态。

关于过去（即刚开始进行交易时。对于无交易经验的人，则是指开始交易之前）以及现在的环境，请分别用10个等级来评判下面的问题。我们假设不久之后实现的理想环境为"10"。如果过去所处环境的等级为4，现在的等级为6的话，那么我们需要改善什么，或者说应该怎样做才能达到10呢？请记录下为了达到等级10而必须采取的措施和方法。

首先来确认一下"总体环境"。

精神健康方面

- 有自尊心吗？
- 参加一些令人感到充实的活动（社交、兴趣活动等）吗？
- 过去的问题得到解决了吗？
- 有很大的苦恼吗？

身体健康方面

- 有依赖性行为（酒精、毒品、药物等）吗？
- 有慢性病症（疼痛、压力、失眠等）吗？

- 有严重的疾病吗?

感情方面

- 有消极情绪（恐惧、愤怒、不安、欲望强烈、寂寞）吗?
- 有抑郁的症状吗?
- 有爱人和被爱的能力吗?
- 有消极妄想的毛病吗?

经济方面

- 有维持日常生活的稳定收入吗?
- 可用资金是你的全部剩余资产吗?

生活环境方面

- 居住空间整洁吗?
- 所处环境是否有噪音、恶臭、阴暗等问题?
- 所处环境是否允许你能够和大自然接触?

人际关系方面

- 和邻居以及同事的人际关系是否良好?
- 和家人是否有足够多的联系?
- 是否处于一个能适度和人接触的环境?

性格方面

- 具备灵活性吗?
- 是否性急、懒惰?
- 是否有过撒谎、背叛、欺凌等行为?

接下来让我们对"交易环境"进行确认。

- 是否能够熟练地使用经纪商的下单方法和工具?
- 是否充分理解指标和操盘方法等?
- 是否熟练掌握交易规则的构建及其组合的技巧?
- 对于最大跌幅、股数设定、风险分配等的理解程度如何?是否付诸行动?
- 是否能够不受巨额损失、连败/连胜、价格暴跌、行情状况的影响,冷静地进行交易?

通过这样重新审视自己所处的环境,就能清楚地认识到自己将来想要成为怎样的人,能在交易中取得成功的理想模式,同时也能够更加容易描绘出一个具体的形象。

描绘出自己的理想情况

通过明确自己的理想情况,就能确定自己三位一体的交易策略和今后前进的方向,同时也能看到自己存在的一些问题。

我们人类的大脑原本就拥有"目的性"这样一种性质。我们自己或许没有意识到,其实我们的大脑为了达到目的,不断地收集信息,不断地思考并下达指令让我们采取行动。

而且，大脑还有一种机能，那就是如果我们准确地设定好自己现在的位置和将要到达的目的地的话，大脑会自动地发挥指导作用引领我们。也就是说，如果我们努力成为我们的理想形象的话，我们的言行会自然地发生改变。但是，请大家尽量现实而具体地来想象自己的理想情况。如果理想情况不是很清晰的话，多会出现下面这样的情况。那就是原本我们打算设定自己的理想情况，但过程中碰见的一些为了实现理想而需要解决的问题，却代替成为我们的理想模式。比如，假设我们设定的理想情况是"在交易中赚取1亿日元"。但是，有很多人即使参加很多的研习会，读各种各样的书，努力地掌握知识和技巧，每天都记录交易日志，甚至时常重新审视自己，也无法接近自己预期的理想情况。

　　有可能你会认为是因为自己"学习不刻苦，知识还不够""运气比较差"。但是，其实是因为自己原本设定的理想情况由起初的"在交易中赚取1亿日元"变成了"（为了赚钱）而学习"。

　　从那些多次参加同样内容研习会的人身上可以看到上述的一些征兆。也就是我们所说的混淆了目的和手段这一情况。为了避免这一"陷阱"，首先我们要做的是从视觉、听觉、感觉等方面来想象一下自己达成目标后的状态，并且要尽量现实地、具体地去感知。比如，如果目标是"通过交易过上富裕的生活"，那么就要想象一下自己交易成功后过上了什么样的富裕生活，可以看到、听到、感受到什么等，去充分感受且享受这一想象。

　　关于自己的理想情况，我们甚至要去想象早上起床后干什么、在一个什么样的房间/空间中，和谁一起吃着什么样的饭菜，和谁一起怎样度过一段时间，和谁一起获得怎样的快乐，睡前要做什么等这样的具体的事情。当然，也要想象参与股票交易的自己在一个什么样的环境中，以怎样的精神状态进行着怎样的股票交易。当想象足够具体的时候，我们再试着将其慢慢地写下来。即使不是条理清晰的文章也没有关系。分条地写下自己想象的内容就可以了。

但是，在写的时候有一点需要我们注意。那就是不要使用"不得不做……"这样具有"否定"意义的表达，而是使用"要做……"这样的词句。

为什么要这样做呢？这是因为理解否定性文字的是显意识，我们的潜意识无法理解一些非常细小的部分。不仅如此，有时我们的潜意识还会产生一些截然相反的想法。比如，如果是"不要吸烟""必须禁烟"这样的否定表达的话，我们的潜意识不仅不会这样做，反而让我们想吸烟。

另一方面，通过使用肯定性文字，我们就能够想象到自己的未来，并且以一种开朗的心情去理解它。比如，如果是"请禁烟""禁烟有利于身体健康"这样的肯定表达的话，我们就能想象到自己光明的未来，同时心情也会很振奋。

这些知识对于日常的交流来说也是非常有效的。与其让公司的部下说"我不得不做……"，不如让他们说"我要做……（如果成功的话，会有这样的好奖励）"，这样他们应该会更有干劲。另外，与其对妻子（丈夫）说"你不能搞外遇"（有可能还会产生反作用），还不如说"希望你只在乎我"更有效果。

交易也是一样的。比如，在描绘自己的理想情况时，不要使用类似于"不要在交易中出现损失""必须摆脱目前这种无职业、无收入的状态"等否定表达，而是使用"稳定地积累利润""将交易中的收入当作生活的基础，做一些志愿活动"等这样的肯定表达。

写完之后，让我们来一起总结一下自己的理想情况吧，而且我们要回过头来看一下理想情况和现在的自己有何差别。理想情况的形象越是现实的话，那么他和现在的自己的差距也就更容易被潜意识所接受，这样大脑的指导、引领作用也更易得到发挥。同时，我们也能实际感觉到自己正在逐渐地接近理想情况。

想象某些体验和实际体验时我们的大脑使用的是同一条神经通路。所以，对于大脑来说，通过模拟进行想象和实际体验是一回事。而且，这样的想象对于充分发挥大脑的指导、引领作用来说是非常重要的。

| 第4章 |

トレードの成功哲学

问题解决及策略

4.1 资金管理的心理学

在第 2 章及第 3 章中，我们分别介绍了如何对自身的现实情况进行深层次分析，以及如何将自己的理想具体化，接下来我们将探讨阻挡在两者之间的问题点和解决策略。

然而，在此之前，我们必须掌握一些从个人心理角度分析的技术层面的知识。这是因为要制定理想的三位一体交易策略，不仅要改善个人心理，还需要不断调整和完善，让买卖手段、资金管理和个人心理融为一体。

具体说来，实现三者的融合应明确一些细节问题，比如"在一年内以怎样的交易规则进行多大规模的交易，持仓多少天""能接受多大程度的风险，希望获得多少收益"，等等。

只是若要将这些问题一一说明，花再多的篇幅也写不完，所以这里仅对交易者必须具备的常识进行说明，即**资金管理**，尤其是"**风险管理**"。

风险管理是生存的关键

资金管理也包括头寸管理的相关内容,如在头寸盈利时继续追加买入的"**加仓**"行为,以及对一定程度的行情波动进行预估,并据此有计划地摊平亏损,即"**分期买卖**"行为等。可以说这些都是积极实用的资金管理方法,能让交易赢家在市场上进一步大展身手。

但是在此之前,交易者首先应确立最根本的一个概念,即**通过控制亏损风险以防止可用资金崩溃的"风险管理"意识**。

对于新手和交易失败者,可以毫不夸张地说,风险管理 = 资金管理。无论交易者创造出的交易方法有多出色,若未制定出风险管理规则,便很有可能以最坏的结果告终。资金管理在很大程度上左右着交易方法最终的成果,更是实现理想交易的关键所在。

而实际上,对风险管理理解得越深刻,就越能发现当前交易策略中的潜在问题和解决策略。举例来说,当根据投资目标和交易方法的回溯测试(回测)结果计算出的亏损风险与自我心理所能接受的损失额存在巨大偏差时,交易者就会思考下一步该怎么做。

接下来我们来考虑如何才能实现资金管理和个人心理的融合,只有使二者融为一体,才有可能制定更强有力的解决策略以及交易策略。

期望值

首先我们对资金管理的关键词之一"**期望值**"进行说明。

一般来说,提到"出色的交易方法"我们会联想到胜率较高的方法。但正如第 1 章中所论述的那样,无论交易方法其胜率多高,如果损益比率不尽人意的话就没有使用价值。

在此，本书将出色的交易方法定义为"期望值较高的手段"。这里所说的期望值，是指以某种交易规则多次进行交易时，一笔交易所投入的资金预计能够收回的平均损益额（金额）。

以抽签为例，假设在 100 支签中包含以下几种中奖签。

> 1等：10 000日元×2支
> 2等：5 000日元×5支
> 3等：1 000日元×10支

抽签人从中抽取一支签时，其期待获得的奖金额可以用以下公式计算。

$$10\,000\,日元 \times \frac{2}{100}\,支 + 5\,000\,日元 \times \frac{5}{100}\,支 + 1\,000\,日元 \times \frac{10}{100}\,支 = 550\,日元$$

即在抽 100 次签时，每支签预计能获得的平均奖金额（期望值）为 550 日元。当然，实际中奖时获得的金额可能是 1 万日元、5 000 日元或者 1 000 日元其中之一，因此准确来说，这个例子中的平均奖金额是指"抽 100 次签时的平均期望中奖金额"。

如果给签定价，每支签的价格低于 550 日元，估计很多人都愿意买入 100 支。当然，价格越便宜越好。这是因为每支签预计产生的亏损，即平均亏损额越低于 550 日元，"期望值就越会增加"。

头寸规模

我在研习会上说明资金管理的重要性时，一般会让听众用卡片来做游戏，规则如下。

- 卡片共计10张，分为"10倍""-5倍""-1倍"三种，每种卡片张数如下。

  10倍：2张

  -5倍：1张

  -1倍：7张

- 将卡片打乱放入不透明的袋子里。
- 假设一次游戏的可用资金为300万日元。
- 每股需要的资金定为3万日元，玩家决定好买入多少股后，抽取1张卡片。
- 根据抽出卡片上的倍数得出损益额。例如，投资3股（9万日元），抽出"-1"的卡片，就表示亏损9万日元。
- 将抽出的卡片放回袋中，打乱，再抽取1张。
- 将上述步骤反复进行30次，游戏结束。

玩家进行3个回合的游戏，并且在每轮游戏中都要达成下面列举的"投资目标"。

> 第1轮游戏的投资目标"尽可能多赚"
>
> 第2轮游戏的投资目标"资金翻倍"
>
> 第3轮游戏的投资目标"保本"

玩家须根据不同的目标摸索出适当的策略，以实现投资目标。

我们将每轮游戏的战况记录到图4-1中。

买卖规则					总资金		￥3 000 000
序次	股数	投资金额	抽取的卡片		收益	亏损	总资金
1				倍			
2				倍			
3				倍			
4				倍			
5				倍			
6				倍			
7				倍			
8				倍			
9				倍			
10				倍			
11				倍			
12				倍			
13				倍			
14				倍			
15				倍			
16				倍			
17				倍			
18				倍			
19				倍			
20				倍			
21				倍			
22				倍			
23				倍			
24				倍			
25				倍			
26				倍			
27				倍			
28				倍			
29				倍			
30				倍			

结果	投资总金额	胜的次数	负的次数	胜率	收益总额	亏损总额	最终总资金额

图 4-1　头寸规模游戏计算卡

在研习会上，游戏出现了各种各样的结果。有人积极进行投资，最后使资产增至 1 亿日元，也有人还未进行到 30 次就已经破产。还有人一股一股谨慎投资，最终获得 300 万日元左右的资金。

此外，为了让该卡片游戏更具策略性，我制作了 Excel 表格。该表格可以从以下链接下载，供读者参考：http://www.reed-jp.com/contents/works/。

通过这个游戏，玩家可以切实感受到投资的股数会极大地影响游戏结果。而这里所说的"投资的股数"在股票交易中被称为"头寸规模"。

上述游戏的期望值如下所示。

① 10 倍卡片的期望值 10 倍 × 2 ÷ 10 张 = +2.0 倍

② -5 倍卡片的期望值 -5 倍 × 1 ÷ 10 张 = -0.5 倍

③ -1 倍卡片的期望值 -1 倍 × 7 ÷ 10 张 = -0.7 倍

合计期望值（① + ② + ③）：+0.8 倍

也就是说，在该游戏中投资一次预计能获得 0.8 倍的收益。在期望值为正数的条件下，如果玩家仍未使可用资金增加，有可能是因为玩家在游戏中只盯着收益，而未考虑每次投资时投入多少头寸比较合适。

对于期望值为正的交易而言，头寸规模是影响交易结果的关键。也就是说，决定一笔交易中资金的投入额，是交易策略中最基本的要点。

此外，通过以上游戏，我们亦能深切感受到投资目标会左右头寸的规模。如果玩家的目标为"尽可能多赚"，却按照"保本"策略来决定头寸规模，这样会使目标难以达成。同样，在"保本"目标的基础上却实行"资金翻倍"的策略，这种做法也是无法获得理想结果的。

综上所述，明确自己期望的投资目标是交易的先决条件。在此基础上再根据目标，考虑与其相"适应"的头寸规模。

头寸规模的方程式

资金管理和个人心理一样，一般都容易被人忽视。然而事实上，资金管理范围非常广泛，仅围绕头寸规模的测算规则，就有凯利公式（Kelly Formula）和最佳 f 值（optimal f）等各种理论（关于这些规则的概要，请参照中原骏的《跟魔术师学习外汇交易》，Pan Rolling 出版社出版）。

在此，笔者将石桥龙设计的"CPR"模式作为最基本的案例来进行介绍。该计算模式简单明了，值得学习。

> C——现金
>
> （每一笔交易中投入多少风险资金？）
>
> P——头寸规模
>
> （购买多少个单位？）
>
> R——风险
>
> （每一个单位投入多少风险资金？）

其中，R 中的"1 个单位"是指最小交易单位。例如，某种股票的最小交易单位为 1 000 股的话，那么 1 000 股就是 1 个单位。期货 1 手为 1 个单位，1 万货币单位的外汇，1 万货币则为 1 个单位。

杠杆交易中，R 为止损幅度 × 倍率。例如，若美元兑日元的止损幅度为 50 点（pips）的话，则 R 为 5 000 日元（=0.5 日元 ×1 万货币）。

CPR 模式中，如果三个量中有两个量可以确定，则可计算出另外一个量。

$$C = R \times P \text{（现金}=\text{风险}\times\text{头寸规模）}$$

$$P = C \div R \text{（头寸规模}=\text{现金}\div\text{风险）}$$

$$R = C \div P \text{（风险}=\text{现金}\div\text{头寸规模）}$$

举例来说，假设投资者在每笔交易中可以接受的风险为可用资金的 2% 以内，那么，如果可用资金为 500 万日元，则每笔交易可投入的最高金额为 10 万日元。此时，若每单位可接受的风险金额为 5 000 日元，则头寸规模最大值计算如下。

$$100\ 000\text{日元} \div 5\ 000\text{日元} = 20\text{个单位}$$

这种情况下，每次交易中最高可持有 20 个单位的头寸。

通过这个例子可以发现，头寸规模的决定因素，不仅在于个人的投资目标、交易方法，还包括其自身可接受的亏损风险（包括每笔交易中可接受的亏损风险和每单位可接受的亏损风险两种）。换言之，通过对比达成个人投资目标所需要的头寸规模和个人可接受的亏损风险的大小，投资者才会明白"理想和现实间的差距"。

举例来说，如果投资者希望"在不增加资金投入的前提下，将 500 万日元的可用资金在 10 年内增至 1 亿日元"，大致计算可知，投资者需选择一个能以 35% 的年利率进行投资的交易方法。那么要确保每年都能实现该水平的收益，投资者选择的交易方法需承受多大程度的可接受亏损风险呢？而投资者本人又能否接受该风险呢？

当然在这种情况下，如果可用资金增加，想获得35%的收益（复利）就必须扩大头寸规模。大致计算可知，这意味着7年后，投资者将操纵超过4 000万日元的可用资金、以35%的收益率进行投资。当一次交易中操纵的资金额度增大时，投资者需考虑，自己能否提升个人的承受能力（以及交易方法对风险的承受程度），以在相应程度的亏损风险前站稳脚跟。因此，随着可用资金规模的扩大，投资者有时也需考虑降低收益。

风险收益率

"针对固定的可接受亏损风险，应以多少收益（回报）作为目标？"——这个问题就是我们所说的"风险收益率"。一般情况下，用于表示风险收益率的指标有第1章中介绍的"损益比率"，和刚才提到的"期望值"以及"获利因子"。其中，"获利因子"是指某个交易系统获得的总收益除以总损失所得的值。如果所得数值小于1，则表示该交易系统的收支出现赤字。

在此先介绍"风险倍数"这一标准。该指标着眼于"损益相对于可接受风险的倍数"。前面介绍的范 K.撒普博士所著的《超级交易员》中也提到"风险倍数"，并将其命名为"R 倍数"。

如果交易方法确定了"止损的资金额度"等因素，即限定了"最初风险"，便可计算出相对于最初风险能获得多少收益。如果交易方法仅设置了回补平仓的规则而未设定最初风险，则应以过去的平均损失代替可接受风险值。

而在系统型交易中，可以通过回溯测试计算出各笔交易的风险倍数。如果其平均值（期望风险倍数）为负，则说明该买卖手段"亏多赢少"，也就是说从一开始这个战术就是失败的。

例如，如果某一交易方法将每单位的可接受风险损失设定为1万日元，那么当出现以下损益情况（每单位）时，期望风险倍数为多少呢？

第一次 -8 000日元

第二次 -2 000日元

第三次 +20 000日元

第四次 -10 000日元

第五次 +15 000日元

首先，计算出每次交易的风险倍数。

第一次 -8 000日元÷10 000日元＝-0.8倍

第二次 -2 000日元÷10 000日元＝-0.2倍

第三次 +20 000日元÷10 000日元＝2.0倍

第四次 -10 000日元÷10 000日元＝-1.0倍

第五次 +15 000日元÷10 000日元＝1.5倍

然后计算出所有交易的风险倍数的平均值。

[（-0.8倍）+（-0.2倍）+（2.0倍）+（-1.0倍）+（1.5倍）]÷5笔交易＝0.3倍

由上可知，以该方法进行交易时，每笔交易所预期的、每单位可接受风险损失即 10 000 日元相对的期望风险倍数为 0.3 倍，期望收益为 3 000 日元（=1 万日元 × 0.3 倍）。

根据这个期望风险倍数，可以大致估算出达成目标收益（投资目标）所需的交易次数及头寸规模，以及需要的可接受亏损风险规模等量化数值。

最大跌幅

前文叙述了决定头寸规模时的两个要点，即每笔交易的可接受亏损风险及每单位的可接受亏损风险。然而，交易的可接受风险损失中还有一个必须要把握的因素，这就是"可用资金整体的可接受风险损失"。

现实中百战百胜的交易方法是不存在的。通常交易都是有赢有输，两者不断交错反复。并且无论多么出色的交易方法都会出现失误，从而导致可用资金的减少。

上述可用资金的缩减额度被称为"跌幅"。它表示从资产曲线（显示可用资金额变化情况的曲线）达到最高值开始，直至该最高值再次被刷新，这一期间内资金的减少幅度。其中最大减少幅度被称为"最大跌幅"（见图 4-2）。

初学者和交易失败者往往会不自觉地持乐观态度，认为交易最后平均下来都会有收益，而不会立足于现实，考虑跌幅、跌幅变化频度以及最大跌幅这些因素。只要回溯测试结果显示资金曲线整体为上升趋势，能够确保自己最后能盈利，这些投资者就会松一口气，认为"暂时跌一点也无所谓，最后肯定能赚一笔"。

也有投资者过度关注收益，为了获得更多盈利而扩大头寸规模。然而，头寸规模越大，风险也就随之变大。换言之，可以说现实亏损额很容易就超出投资者心中可接受的亏损界限。

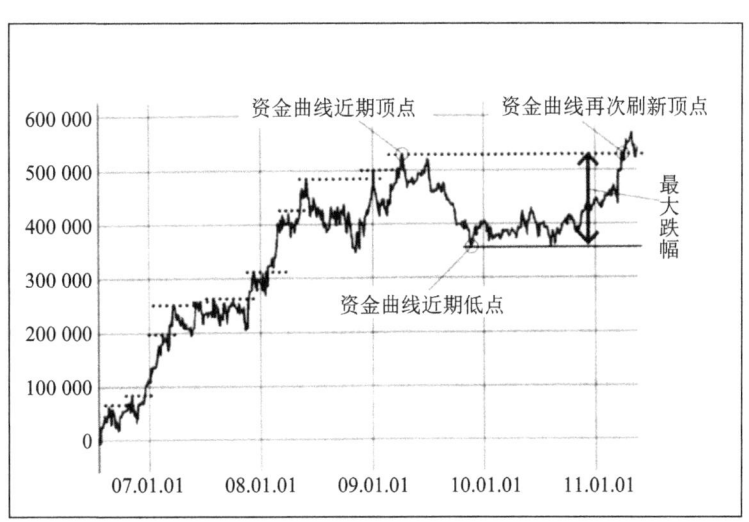

图 4-2　最大跌幅

然而一旦跌幅变为现实，这些投资者会比常人更真切地体会到其带来的恐慌。因此，一旦投资者陷入这种状况，就会惊慌失措，并产生负面情绪，甚至违反交易规则，逐渐陷入亏损的泥潭中无法脱身。

实际上，我主持的研习会的听众中，一开始也有人拍着胸脯说："哪怕可用资金缩水到一半也不怕。"然而当在现实交易中累累受挫时，这些当初信誓旦旦的投资者也无法再面对跌幅，甚至无法再冷静下来学习。可以说，这些投资者并不能承受得起下跌。

而且谁也不能保证今后最大跌幅纪录不会继续刷新。此外，通过回溯测试计算出的跌幅，也仅仅是回补平仓后确定的损益情况，有可能并没有考虑到未平仓头寸所包含的潜在亏损（暂时的损益）。因此，我个人认为投资者应将跌幅预估为"最大跌幅 × 约 2 倍"。

投资者可以试着以回溯测试法测算出的跌幅为参考，运用次感元（第 5 章会说明）身临其境地设想当最大跌幅被刷新，或最大跌幅 ×2 倍的情况成为现实时的情景。同时投资者可以思考：怎样控制交易过程中的盈亏才不会使可用资金减少呢？在这种情况下，多大程度的可接受亏损风险（可接受跌幅）才能使交易继续进行？如果事先做好这样的准备，在上述状况实际发生时，投资者心理上的负担会减轻许多。

此外，在运用回溯测试法测算最大跌幅值及趋势时，投资者须将检验期限设定为数年，并用复利方式进行计算。由于回溯测试法注重对交易方法整体再现性的分析，因此一般以单利方式进行计算。但单利方式计算常常会忽略可用资金增加后的跌幅。

此外，在遭遇最大跌幅时，除资金额度外，"时间的长短"也很重要。投资者须根据回溯测试结果弄清楚，在可用资金回收前，自己需在多长时间内承受多大程度的心理打击，即"最长回收期限"，这些都需要投资者提前进行考虑。

也就是说，投资者要在潜意识里自问并且考虑如下问题："在交易结果遥遥无期的情况下，自己是否有能力维持头寸规模""自己会不会因没有结果而焦躁不安，在交易过程中半途而废"，等等。

采用新方法须先热身

上文列举了决定头寸规模的可接受亏损风险三要素，即"每单位的可接受亏损风险（止损幅度）""每笔交易中的可接受亏损风险""可用资金整体的可接受风险损失（可接受最大跌幅）"，并论述了投资者要以回溯测试结果和风险收益为参考，根据个人情况具体思考"以这样的头寸规模进行投资需要承受多大的心理打击"这一问题。这是因为从心理层面分析资金管理可以提高交易策略实现的可能性。

当然，无论如何要做到心中有数，一般来说实际的损失和跌幅给投资者带来的心理打击都只会更大。根据我的经验，一旦开始实际交易，很多投资者都会因头寸规模过大而无法承受价值的变动。

针对这个问题，我任教的日经225股指期货交易学校推出一个全新的交易方法，建议那些迫不及待要"试水"实际交易的学员，"先买1单位日经225小型期货热热身"。投资者要一直热身，直到能在潜意识层面接受每单位的可接受损失及可用资金整体的可接受风险损失为止。

一个单位的期货交易的损失不会给投资者带来重创。然而通过亲身体验实际交易，投资者能够较为冷静地感受到实际发生的资金增减所引起的感情起伏，与想象中的情绪变化有多大程度的不同。

只有通过真实体验后才能明白埋藏在自己潜意识里的情绪。体验了跌幅和接连失败，再实际感受收益和风险，投资者才能渐渐认识到自我情感的起伏。

如果意识到理想的头寸规模和自己的情绪之间存在差距，投资者需要基于自己的能力，重新评估头寸规模和投资目标来填补这一差距。在此之前，投资者要一直进行热身练习。

然而，也有投资者花工夫掌握了交易方法，并积极地去实践，但因为结果不如人意而大失所望；也有的认为自己已经合理预估了可接受风险损失，迫不及待地按照投资目标设置头寸规模开始交易。很遗憾，这些人迟早都会遭受挫折。

投资者如果不能抑制住迫不及待开始正式交易的冲动，就无法承受跌幅和连续失败的打击，在今后的交易中也有可能无法控制情绪，最后甚至失控。投资者如果连这种程度的情绪也无法驾驭，交易结果可想而知。

当然，这不仅仅限于初学者。即便是有经验的老手，在市场上初次实践新交易方法时，也都应持续进行热身，直到感觉交易方法和个人心理达到一致为止。

4.2 找出问题点和解决策略

接下来我们将探讨问题点及其解决策略。这一部分通过对比个人的现状和目标（理想模式），来检测错误和不同之处。

例如，由于交易很容易满足人们"想轻松赚钱"的消极欲望，因此可以说交易很难和主张"通过努力学习，在规避风险、获得收益等方面感受到自己的进步，从而实现个人价值的自由"这种成为赢家的欲求挂上钩。为了使二者接轨，就应弄清问题的症结所在。

随后考虑改善方法（发觉），并将这一方法运用于三位一体的交易策略加以实践（operate）。该 TOTE（test-operate-test-exit，测试 - 操作 - 测试 - 输出）过程重复次数越多，则越有可能实现目标（理想模式）。下面进行详细说明。

制作问题解决表

首先，将第 2 章"神经系统检查"中得出的个人现状及第 3 章中以成功典范为基础制作的目标（理想模式）按各提问逐一进行对比，从中择出差距较大的项目（或感觉应改善的项目）。然后针对各提问制作如图 4-3 的问题解决表。

接下来对比现状栏和目标栏，自我反省"哪里存在不足"，并具体归纳为达成目标还存在的问题点及其解决方法（见图 4-4）。本方法需要投资者针对每个问题制作问题解决文件，因此非常考验投资者的耐心。但另一方面，这份"资料"将成为投资者的宝贵财富，能使投资者在交易道路上更上一层楼；同时又是"路标"，能长期训练投资者在无意识的情况下掌握交易赢家思维方式和行动的"本质"。

<提问>

构建交易系统经常需要检测、研究。你是否能操作Excel和软件,拥有独立检测、研究的能力?

<现状>

虽具备一定程度的知识和信心,但仍欠缺较高水平的能力,如把握过去股价的特点,并将其运用于交易系统中的能力。

<目标>

充分了解自己的交易系统及交易规则,并且能用统计方法判断其中存在的风险因素。

图 4-3　在问题解决表(前半张表)中填入提问和目标

<问题点>

前文中的某种程度的知识,是指技术分析的基础知识,自信则意味着投资者相信自己已理解了建立在知识基础上的现有系统。

只是现在使用的系统并非自己原创,而是他人传授的。因此,尚不具备将符合行情特点的策略运用至交易系统的能力。

独立检测、研究需要掌握相应的技能,并付出大量时间。然而,人们现在心理上仍存在一种希望从别人那里获得金点子(坐享其成)从而省时省力的想法。

图 4-4　在问题解决表(后半张表)写出问题点和解决策略

<解决策略>

首先，在一周内找几天，利用这几天下班到就寝之间的时间制作系统，将其作为自己的"兴趣"。（使用测试软件）一点点积累知识和经验，并体会努力后收获丰硕成果的乐趣。

要参加定期召开的学习会，并培养自己向他人说明所设计的系统的优缺点的能力。如果发现了新的想法，应进行细致调查，并考虑能否将新点子应用于自己的系统中，如果可行则积极引入。

在进行系统的研究时，常会出现怕麻烦、急功近利、不耐烦的心态，所以应充分利用和改善心态调整方法（如换框法）。

图 4-4 （续）

写出问题点和解决策略的要点

遗憾的是在现实条件下，一针见血地正确锁定自己的问题点和解决策略非常不易。如果事情如此简单，谁都能一劳永逸。一般情况下，投资者必须反复进行尝试（TOTE）（当然，该过程本身对于提高投资者交易水平来说也非常宝贵）。

作为交易指导，我认为这个职业最重要的任务之一就是指出问题，让学员们意识到哪些地方需要改善（然而，也有的导师会把自己的主观意识和想法强加给学员，因此要慎重选择导师）。

如果身边没有值得信赖的指导员、老师或同学，投资者可以从家人或朋友等熟人那里获取意见，倾听他人客观的看法。投资者在独立锁定问题点和解决策略时，自我反省的深度和细致程度非常重要。因为答案越具体，就越能对自己期望的目标以及达成此目标需采取的行动有清楚的认识。

自我反省时可使用上述的5W2H法。但是，在自我反省"为什么"这类问题时要格外加以注意，因为这类问题属于"问题诱导型"提问。

所谓问题诱导型是指针对交易进展不顺的原因发出的疑问。例如下列提问都属于"问题诱导型"。

- 为什么总是失败？
- 为什么没能遵守交易规则？
- 是什么原因导致了这样的结果？

然而仅提出这样的疑问是无法从根本上解决问题的。如果自我反省仅仅局限于单纯追究原因，那么到最后投资者只会找出一大堆辩解的借口。这样是很难改变现实状况的。

对于自我责任感较强、能够冷静分析解决问题的投资者来说，这种问题诱导型提问方式有可能会发挥有效作用。然而大多数情况下，人们往往会将关注焦点局限于"没有成功"这一点，而无法理性地分析原因。这样一来，很多人最终会以"这次的失败只是碰巧而已……""如果手上的可用资金再多点就能按规则行事了……"等借口来搪塞。

要想找出问题点并设计出解决策略，真正有效的是"解决诱导型"提问方式。这种方式着眼于方法论，即"立志成为交易赢家应该怎么做"。请参考以下问题。

- 要达成这个目标应该做哪些努力？
- 要按照规则进行交易需要做怎样的行动？
- 对于这次经验有何心得？

然后再充分调动自己的五种感官，具体想象达成目标后的自己以及自己理想的交易成功情形。

- 如何才能体会到达到目标？
- 达成目标后会发生怎样令人惊喜的事情？
- 达成目标后自己会发生怎样的改变？

投资者可以进行各种想象，比如：如果能够实现梦想，自己会有怎样的改变呢？物质层面会获得怎样的收益呢？精神层面又会有怎样的改观呢？

如果投资者通过想象已经描绘出自己理想中的形象，则需要将这个形象进一步深化。有条件的投资者可以通过播放舒缓的音乐，营造一个轻松、舒适的环境来加深想象。

这种积极的提问方式充分利用了大脑功能，可以诱导投资者自然而然地发现达成目标所面临的问题点，并找到解决问题的策略。

问题解决表的具体范例

下面的问题解决表是尼克先生（第2章中介绍过）在我的指导下制作而成的，希望能够给读者提供一定的参考（见图4-5～图4-8）。

<提问>

在判断交易是否在按原计划进行时，应以什么因素为判断标准？

<现状>

一直以来都未曾定量地考虑过该问题，仅以是否盈利作为标准，盈利则OK，未盈利则予以否定。然而即使否定，也没有经常检测或修改系统，只会自我安慰："按照大数法则收益率总会靠近目标值。"

问题点是什么？

<目标>

- 每年进行一次回溯测试，如果资产曲线的倾斜度与之前相比有所缓和，思考其原因。
- 不随意更改交易规则。
- 记录损益情况并进行判断。该系统实现了百分之多少的收益、带来了百分之多少的亏损，或者因行情停滞无得无失等，综合考虑各种因素并判断。

图 4-5　问题解决表范例①

<问题点>

没有考虑整体损益的变动，仅根据眼前的损益进行判断。只着眼于损益的额度，而未从收益和亏损占全体资产百分比这样的数据层面来考虑。

之所以会有"照大数法则收益率总会靠近目标值"这样的心态，根本原因是不愿花精力，怕麻烦。从更深层面来说，是因为存在期望"天上掉馅饼"、想快速获利的侥幸心理。

此外，在"经常检测和修改系统"方面，虽然学习了失败时"要根据行情修改、完善系统"的知识，也记在脑海里，但不具备深入研究不同逻辑对不同状况的有效性或非有效性的能力，也不知道针对系统修改的分析考虑需要花多长时间。

对"经常"也无明确定义，只要眼前出现亏损，立马改为几周修改一次。

<解决策略>

在频繁修改系统之前，应慎重分析系统的情况。

应在收益状况欠佳的时候仔细分析原因，认真对系统进行修改和完善，而不是被眼前的盈亏所摆布，频繁更改系统。认真记录下损益状况，详细分析、判断各交易规则损益状况的百分比，并在此基础上对系统进行修改和丰富。

此外，在交易计划实行方面，不仅要考虑损益状况，还要基于各因素进行综合性判断，如交易是否按规则进行，对于交易身心状态是否健康合理（是否有消极情绪），是否经常花时间对新系统进行检测和研究，等等。

图 4-5 （续）

<提问>

是否了解当前交易计划顺利进行时及计划受挫时的期望值、收益和跌幅的范围？此外，是否了解市场的趋势及变动（波动性）程度如何影响交易？

<现状>

在遵循大数法则的前提下过于相信系统，从而缺乏这个提问的视角。

<目标>

确定期望的风险收益率，并根据预估的市价变动计算出头寸规模。

图 4-6　问题解决表范例②

<问题点>

不知道期望值偏差达多大程度时就可以确信交易方法存在错误。

而对于现在使用的系统的整体收益和跌幅，虽知道具体数值，但并未将其融入潜意识中，没有在感情上认同。因此，一旦实际遭遇跌幅，就会变得情绪化，导致无法遵守交易规则。

由于未将行情走势及波动程度及时反映到交易系统中，所以对当前使用的系统心存不安，因此当实际行情发生大幅波动时，便会坐立不安，感到压力很大。

<解决策略>

重新针对自己的系统进行详细评估，如期望值、风险收益倾向等，必要时进行改善。

在制定交易策略时，应将风险设定为过去最大跌幅值的1.5~2倍，并根据此预想改善资金管理。在此基础上，再将跌幅的风险预测、大小、时间（时长）融入自己的潜意识中。如感觉有不恰当的地方时，再次进行风险调整。

此外，利用可以补充设定趋势及波动性条件的软件，研究、验证行情动态反映到交易系统中会带来怎样的结果。尤其要确认过去价格大幅变动时的系统状况，并进行表象训练（image training）㊀，判断在类似情况下是否能正常使用。

图 4-6 （续）

㊀ 表象训练是指有意识地、积极地利用自己头脑中已经形成的运动表象进行回顾、重复、修正、发展和创造自己的动作，就好像在头脑中"放电影一样"，也称念动法。——译者注

<提问>

每年预期的收益占可用资金的百分之几？同时每年能接受的亏损额占可用资金的百分之几？可用资金损失多少时将停止投资？每笔交易中存在多大的风险？

<现状>

期望的收益率为每年100%。希望可用资金能翻一番。可用资金整体的可接受损失风险为每年30%。超过50%则停止投资。每笔交易的可接受风险为5%。

问题点是什么？

<目标>

- 投资目标是年收益达到可用资金的40%。但并不拘泥于收益。
- 可接受风险损失为可用资金的10%。
- 可用资金不足时增加资金投入，而不会停止投资。

图 4-7　问题解决表范例③

〈问题点〉

　　由于期望的收益率过高，所以当交易进展不顺时，就会感到焦急和烦躁。之所以会期望高收益率，根本原因仍在于急功近利的心理。

　　此外，虽然根据回溯测试法的结果测算出了最大跌幅值，并根据该数值、结合当前可用资金计算出可接受风险损失为30%，但所谓最大跌幅值本身就是基于过去各数据而测算出的数值，并未考虑到最大跌幅值被刷新的可能性。

　　因此，当最大跌幅值的记录被打破时，预料之外的风险会导致个人情绪的波动，焦躁和不安情绪甚至会使自己的行为偏离交易规则。

　　此外，由于完全未考虑摆动交易头寸的潜在亏损，当中途亏损增大时，资金方面无法承受。

　　每笔交易的可接受风险并未考虑系统，仅仅是靠感性判断所得出的数值（一个较随意的值），并未关注考虑潜在亏损因素的最大风险（偶尔会有投资后立即盈利的情况，这时候比起风险，注意力更集中于收益）。

〈解决策略〉

　　作为系统设计的目标数值，期望收益率当然是越高越好，然而在潜意识里应将其视为标准，设定在一半以下。

　　每年的预估风险应考虑摆动交易的潜在亏损。且应将过去最大跌幅值设定为验证结果的1.5～2倍。具体来说可将每年的预估风险率定为可用资金的15%。

　　当实际数据超过该预估数值，应立即对系统进行重估、调整。

　　在当前系统下，根据上述每年的预估风险可计算出每笔交易（包括潜在亏损）的最大风险率为5%。该数值在投资者心理可承受范围之内。

图 4-7　（续）

<提问>

人有6种欲望，每种欲望怎样才能得到满足？应怎样对这6种欲望进行排序？

<现状>

- 对安稳的积极欲望：利用验证软件、依靠个人力量建构交易系统。虽然很清楚风险管理和分散投资对于满足追求稳定的欲求来说必不可少，但在实际中却难以施行。
- 对安稳的消极欲望：投资中存在潜在亏损，却坚信最后肯定能抵消而对潜在亏损不管不问，不采取及时的止损措施。甚至在这种情况下，只关注对自己有利的新闻、消息以寻求自我安慰。热衷于根据基本要素、图表分析等方式预测股价走向（甚至对此深信不疑），一味相信毫无根据的迷信以寻求安心。
- 对自由的积极欲望：通过以各种模式研究交易规则，凭借个人力量构建交易系统的方式满足该欲望。
- 对自由的消极欲望：随着交易实现持续盈利，潜在亏损也有所扩大，此时希望能力挽狂澜、弥补亏损，并自认为胜券在握，进而跳出风险管理所规定的股数限制，孤注一掷、一味增大头寸规模；还表现为自暴自弃无视交易规则，仅靠感觉进行交易或者加仓。
- 对爱的积极欲望：在脸谱网等社交网站上阅读投资者和投资伙伴发布的动态，就交易状况和伙伴进行信息互换。
- 对爱的消极欲望：不公开自己的交易状况，也不同其他投资者进行交流，关注一些毫无依据的迷信。

图 4-8　问题解决表范例④

- 对重要性的积极欲望：自己研究、设计交易逻辑，或是将有益想法分享给他人。
- 对重要性的消极欲望：对将来的期待和安心感。表现在收益超过预期时，以及交易受挫但资产仍保持稳定增加时。
- 对成长的欲望：自行构建交易系统，研究怎样提高系统精度。针对交易的收益情况调整头寸规模，并根据政治经济新闻预测行情的宏观趋势。
- 对贡献的欲望：将自己研发的较好的交易系统分享给他人。
- 欲求的排序：①安稳 ②自由 ③重要性

问题点是什么？

<目标>

- 欲望的排序：①成长 ②安稳 ③自由
- 克服消极情绪
  - 不做会给自己带来负面压力的事。
  - 勤读书、理解其内容、了解交易方法，综合来衡量和自己资产规模相吻合的风险收益率。
  - 之所以会产生消极情绪，是因为学习不够，未形成自己的风格。
  - 不断反省自问："有没有做到自律？""风险管理是否合理？"如果能不断反省，就不会陷入消极情绪之中。
  - 即使出现亏损也要临阵不慌。
  - 通过反复练习使自己习惯，以此克服恐惧心理。

图 4-8 （续）

<问题点>

首先，问题出在对成长欲望的排序上。

成长欲望低下的原因在于没有学习热情。

其次，在自认为对实现目标有利的积极欲望中，有的实则为较消极的欲望。

在"对爱的积极欲望"中提到，"在脸谱网等社交网站上阅读投资者和投资伙伴发布的动态，就交易状况和伙伴进行信息互换"，实际上"和伙伴交换信息"的真实目的是"想获取轻松赚大钱的信息"，是一种对安心感的消极欲望。

此外，上述"对爱的消极欲望"中提到，"不公开自己的交易状况，也不同其他投资者进行交流"，可以将这种心理定义为"对重要性的消极欲望"（即孤独）。

在各种欲望中，满足该欲望的消极做法值得注意。各消极欲望存在的问题点如下。

- 对安全的消极欲望：由于对自己的系统不信任，所以一旦交易的收益情况恶化，就会到处搜集对自己有利的信息（自己却不做任何改变，只是一心期望现实发生变化），或是四处向伙伴打听有无更好的方法（自己不努力，想要坐享其成）。

- 对自由的消极欲望：在想尽快挣大钱的焦急心态的驱使下，注意力全部集中在损益状况上，因此经常会采取冲动行为，易自暴自弃。

- 对爱的消极欲望：不依靠自己的能力准确判断现实情况，而期盼幸运女神的眷顾，该行为也是导致成长欲望低下的原因之一。

图 4-8 （续）

- 对重要性的消极欲望：当收益情况恶化，或违反交易规则鲁莽行事时，自己能够意识到自己的行为不恰当，所以不想被他人知道。然而如此会进一步放纵自己的鲁莽行为，形成恶性循环。此外，由于收益=正当、损失=不正当的价值观已扎根，因此在盈利时会产生骄傲自满的傲慢心理。

<解决策略>

作为目标，被列为最优先的需求是能够快速成长。从现在的情况看来，这意味着要在精神层面完成一个艰巨的任务。首先，为了让成长的欲望排在前面，应该将欲望的消极性转变为积极因素，要从盈亏的角度，尝试着向交易者的意识转变。

由于所有的情绪都会对盈亏产生影响，所以应该分析造成对盈利的过度自我保护意识的原因，并做出必要的改善。

试着去找出对盈亏如此痴迷的原因，你可以发现，这与想赚快钱的欲望有很大关系。因此，一旦赚了钱，就会想着"这不是可以很快赚钱吗"？而亏钱时则会惴惴不安地想"这样难道不是一生的梦想都成泡影了啊"！

当这种情绪飙涨时，就会不顾及任何规则，做出放纵自己的行为。

应该改善这种原始欲望和负面情绪，并且有意识地逐步向好的方向转变，就可以解决这个问题，像交易员那样正确对待盈亏。

图4-8 （续）

4.3　更深层次地挖掘信念

在提炼问题点的过程中，如果个人的选择、行动和交易结果存在问题，从根本上来说，这些问题的根源都在于信念。可以发现，在神经系统检查中对自身信念的描述，实际可能会和自己的认识并不相同，也可能和自己"在交易场上取胜"的价值观发生冲突。

也就是说，为了解决问题，如何对待"信念"是关键所在。在此，我将向读者介绍一种方法，通过深层次挖掘，使信念"重生"，并赋予新的内涵。

无意识的自我反省

所谓"无意识的自我反省"是指，**日常生活中经常无意识地对自己提问的行为。**

相信在日常生活中，很多投资者都有过针对交易事务无意识地进行自我提问的经历。如果投资者意识到自己正在对自己提问，应及时准备纸笔将问题记录下来。

随后，投资者要确认在这些无意识的反省中是否存在较为消极的信念。如果能将消极态度转变为积极态度，并将其作为新的提问充分利用，投资者对待交易的态度也就有可能焕然一新。

下面举出具体案例供读者参考：杰克（化名），男，今年30多岁，未婚，在一家普通企业就职。以下是针对杰克的指导。

——交易时有没有出现过无意识对自己提问的经历？

老实说，为了能在交易场上获得成功，我买了很多书和教材，对自己也进行了很多投资，所以经常会想："至少要赚回自我投资的那些钱才不算亏本。"

——除此之外会不会频繁问自己某个问题，甚至快成为口头禅了？

自己经常会想"什么时候才能获得成功呢"或者"是否应该继续采用效果不太理想的交易规则呢"等问题。

——刚才提到"是否应该继续采用效果不太理想的交易规则"这个问题。每天不断重复问自己这样的问题，有没有给自己带来积极的影响？

通过不断问自己这个问题，让我对现实情况产生了更为积极乐观的看法，并能将其付诸行动。

——也就是说，你认为这个提问对自己是积极的。

是的，我是这么认为的。

——是怎样一种强烈情感或者信念引导你在交易时不断问自己这样的问题？

应该是对交易的顾虑吧。我一直有种看法，认为"交易变幻莫测"。或者说，"必须及时去除消极情绪"。

——那么，针对"是否应该继续采用效果不太理想的交易规则"这个问题，如果交易规则效果不理想，会带来怎样的影响呢？在失败时会不会有一种若有所失的感觉呢？

有了这样的问题意识却未采取行动，最终导致交易状况进一步恶化，这时候会有一种痛心疾首的感觉。自己会非常后悔，后悔当时没有放弃这个交易规则，甚至会焦虑不安，无法冷静思考。

——通常，这种痛苦情绪都来源于过去的某个重大经历。你的这种痛心疾首的感觉是不是也来源于过去的某个经历？

应该是我刚开始投资股票时买入XYZ股票的经历吧。持股多年却一直无法止损，最后只能以不到买入价格十分之一的低价卖了出去。

——你说你一直重复问自己"是否应该继续采用效果不太理想的交易规则"这个问题，那么你觉得这种提问方式带来了哪些有益效果？

可以让我对现实情况产生怀疑，从而发现改善的空间。

——反过来说，这种提问方式消极的一面是什么呢？如果不断重复这样的提问，消极的一面不断扩大，那么你认为最终会引起怎样的问题？

不断反省却没有付诸行动，最后自己的疑虑变成了现实，这时会产生一种追悔莫及和自我厌恶的情感。如果这种状态一直持续，到最后一点小规模的亏损都会让自己心惊胆战。这有可能使自己变得过分敏感，表现为一旦交易规则出现偏差马上就进行更换。

相反，如果反省后立即采取行动，但最后事实证明这仅仅是杞人忧天，自己同样会后悔，后悔没能坚持。这种状态不断持续，最后止损变得遥遥无期。

——到目前为止，自己有没有想过通过这种自我提问的方式来满足自己的某种欲望？

关于"安稳"的欲望中的"安稳和舒适"。

——为了实现自己心目中理想的交易，你认为在进行这种自我反省时自身需要具备怎样的条件？

我认为需要一份实际的成绩单，来证明自己确实在交易中成功过。此外，还需要具备不为小事而动摇的精神定力，要有独立制定交易规则的自信，以及具有能够适当、灵活运用交易规则的思考能力。

——在保留当前这种反省方式的积极方面的基础上，你认为还有哪些提问方式能够帮助自己激发交易所需的欲望和激情？

我会选择"是否有必要再次验证当前的交易规则"或者"当前采用的可接受

亏损风险范围是否合理"。

——那么，你认为能给自己今后的交易生涯注入新动力的提问方式应该是怎样的？

"该交易规则的预估风险是否在自己可承受的风险范围内"。

——你认为这个提问将在今后的交易中发挥怎样的积极效果？

能提高在设定的风险损失范围内进行交易的可能性。因此，自己能以更稳定的精神状态投入到交易活动中。

——同时，这个新提问是否存在不足？如果有，打算怎样克服？

不足之处在于，可能会让自己过分拘泥于亏损风险，而忽视了对收益的关注。因此，我认为有必要在交易策略方面提高自己的技能。

——对自己来说，这个新提问如何才能积极地满足6种欲望？

对"安稳"（包括安稳和舒适、安全和自信）的欲望可通过"限制亏损风险"的方式来满足。

对"自由"（包括冒险和变化、成就感）的欲望可通过"自己思考出一种新的提问方式"的意识来满足。

对"爱"（包括爱、联系）的欲望可通过"使家人远离风险"的努力来满足。

对"重要性"的欲望通过"自己认真地在进行风险管理"的意识来满足。

对"成长"的欲望可通过"自己思考出一种新的提问方式"的意识来满足。

而对"贡献"的欲望，如果能实现"通过新的提问方式达成目标，并回报社会"，也能够得以满足。

——有没有相关的经历或经验可以证明，这种新的提问方式在今后的交易中能够适用？

俗话说"有备无患",如果事先做好准备,无论何时心理上都能保持冷静。

——在交易时不断重复这个新提问,会对自己的心态产生怎样的影响?

觉得自己的心境更加释然了。面对今后的交易也更加游刃有余了。

下面再介绍一个相关案例。该案例是针对上文中提到的尼克的指导。

——请先回想一下,在日常的交易过程中,潜意识里有没有非常侧重于某种思考方式(抑或是某种常识或者决心)。比如说,在进行交易时,有没有在无意识的过程中频繁地问自己某个问题,或者说有没有某个问题出现次数太多、已经快成为口头禅了?

有时我经常会在内心问自己一些问题,比如,"怎样才能更快地扩大资产?""今天行情走势预计会怎么样?(是走高还是走低?)""今天交易的情况如何?""为什么会产生这样的结果?",等等。

——是怎样一种强烈的情感(或者说信念、决心、价值观)引导你不断思考这个问题呢?

从年龄上看我已老大不小了,已经没有时间能让我浪费,所以我认为"获得成功刻不容缓"这种想法和信念要求我不断思考该问题。

——当这种信念无法如愿以偿时,会给自己带来怎样的负面影响和痛苦情绪?或者说,会不会有一种若有所失的感觉?

如果交易不能马上获得成功,就意味着我仍然要过为维持生计而卖命工作的生活。因为年龄的限制,开始新的挑战对我来说是心有余而力不足的。因为我认为年过55岁的人想再开始尝试新的事物绝对是为时已晚……于是到最后,我还是被经济问题所束缚,无法享受自由的生活。

——通常，这种思维模式是伴随着过去某种强烈情感而形成的。你的这种痛苦情绪是不是也来源于过去的某个经历？

我的父亲在52岁去世。妹妹也在37岁时去世。两人都是因为癌症。于是我就有了一种想法，认为癌症是我们家族的遗传病。也许"年老后时间所剩无几"的意识，也是产生这种想法的原因之一。

此外，从一开始我就不想成为上班族在公司劳累，这也是我想早早辞掉公司的工作、开始新事业的原因之一。

大学时，我曾想成为中小企业老板的咨询师。取得注册税务师和社会保险劳务师的资格证，为公司的经营献计献策。那时候并无意成为公司的一分子，而是想为那些踏实工作的小公司的老板们提供帮助，一同分享成功的喜悦，体验帮助别人的乐趣。

然而现实很残酷，大四那年我学习了税务相关课程，但只通过了几个科目的考试，并未取得证书。而且大四那年冬天父亲去世，身为家中长子，我最终决定在一家地方企业上班。就职后意外发现在公司工作也很有乐趣，于是放弃了对税务相关知识的学习，一直工作到现在。

但是，活到现在这个岁数再考虑将来，我并不希望自己按部就班地从公司退休。相反，我越来越希望能够重拾年轻时候的梦想，帮助别人，体会助人为乐的幸福感。

——那么在不断进行自我提问的过程中，你认为这种方式给自己带来了怎样的动力和积极效果？

通过不断督促自己寻求更好的交易方法，能够自力更生地实现自己的成长。此外，在自我督促的过程中可能会发现新的交易规则以及投资组合，因而可以提高交易方法的精确度。同时可以让人以更积极的心态进行交易。

——相反，如果持续进行这种形式的提问，你认为最终会给自己带来怎样的损失？

有可能会使自己出现"收益至上"的倾向，进而偏离当初设定的风险水平，转向更为冒险的系统。另一方面，可能会使自己对系统丧失信心，从而频繁地修改系统。

这样一来，最终有可能酿成巨大损失，自己对交易获得成功的殷切盼望以及摆脱为生计而工作的生活状态这一愿望也会随之破灭。

——通过这种自我反省方式，你希望满足自己怎样的欲望？

对安稳和舒适的欲望，以及对重要性的欲望。

——为了实现理想的交易状态，你认为在自我反省的同时，自己需要具备怎样的条件？

自己需要明确在现行交易方法的期望收益率的基础上，将来的某一阶段大致能积累多少资金，以此来抑制住自己渴望盈利的焦急心态。同时，要对自己的交易方法充满自信，制定出能产生稳定、较低风险的利润的策略用来指导交易。

——在保留当前反省方式积极方面的同时，有没有想过是否有其他的提问能够激发交易所需的欲望和情感？

"为了真正使自己的愿望成真，如何稳定盈利"这一提问。

——你认为怎样的提问方式才能给今后的交易注入新鲜动力？

"难道自己要违背自己所定下的规则，被交易场拒之门外吗？""难道自己想再次沦落成投资失败者吗？"这样的自我警告式提问。

——在今后的交易中，这种提问方式能带来怎样的积极效果？

能够约束自己不涉足鲁莽的风险交易。还能提醒自己不要被那些毫无根据的"天上掉下的馅饼"所迷惑。

——这种提问方式是否存在不足之处？如果有，打算如何克服？

上述提问可能会给人一种消极印象，所以我认为可以运用较为积极的措辞重新表达。比如，"自己的信念、情感及实际行动，与被交易场眷顾的投资赢家相比有什么差距"。

——这个新提问是如何在深层次上满足6种欲望的？

积极的安稳和舒适、安全以及自信、成长、重要性欲望，可以通过成为交易赢家来满足。积极的爱和联系欲望通过交易场的"眷顾"（即能稳定盈利）得以满足。

——有没有相关的经历能够证明这种新的提问方式适用于今后的交易？

通过这个新提问，我意识到自己之前的行动模式、情感及信念完全和拉里·威廉斯背道而驰。

——在交易过程中反复问自己这个问题，这给你的心态带来了怎样的影响？

让我强烈意识到不能再回到过去屡战屡败的交易状态，也不想再去体验当时的那种苦闷心情。

综上所述，这种无意识的自我反省有可能让投资者发现影响交易成功与否的积极信念和消极信念。并且如果投资者能够将消极的自我提问方式转化成立足于积极信念的提问方式，就能促使自己的言行向积极方向转变，从而使三位一体的交易策略能够朝着自己的理想更顺利地展开。

怎样挖掘无意识的自我提问

——在交易过程中，有没有在无意识的情况下频繁地问自己某个问题？或者有没有经常问自己某个问题，甚至已经变成自己的口头禅？

——日常生活中反复提问自己该问题，给自己带来怎样的动力，又给自己带来了怎样的积极影响？

——是怎样的强烈情感和信念让自己在交易过程中频繁进行这种自我提问？

——如果没有得到自己想要的结果，会带来怎样的消极影响和痛苦情绪？如果失败，会不会有一种若有所失的感觉？

——这种痛苦情绪通常是伴随过去某个重大经历而形成的。自己的这种痛苦情绪是不是也来源于过去的某个经历？

——这种自我提问方式有什么有益效果？

——相反，是否存在消极面？如果不断重复问自己这样的问题，持续放大其消极面，最终会导致怎样的问题？

——通过不断重复这种自我提问方式，希望满足自己何种欲望？

——为了实现理想的交易状态，在自我反省的同时自身应具备怎样的条件？

——在保留当前提问方式的积极面的同时，考虑怎样的"新提问"才能激发交易所需的欲望和情感。

——什么样的自我提问方式才能为今后的交易注入新鲜动力？

——在今后的交易过程中，该提问方式能带来怎样的有益效果？

——该新提问是否存在不足之处？如果有，应如何克服？

——新提问如何以积极的方式满足6种欲望？

——有无相关经历证明新提问能够适用于今后的交易？

——在交易过程中反复问自己这个新提问，会给自己的心态带来怎样的影响？

树立交易所需的理想信念

在持续实行三位一体的交易策略时，有时需要吸收自己尚不具备的、交易赢家们建设性的积极信念。这种情况下，制定具体"规则"是行之有效的好办法，具体案例将在下文中介绍。

比如说，如果投资者仅仅要求自己"学习交易知识"，未免太过笼统，并没有落到实处。因此，投资者须制定出具体的规则，如"每天花1个小时阅读投资方面的书籍"或者"在写交易日记时，须完整记录下无意间浮现的想法"等。

在制定能够激发积极信念的规则时，最重要的就是先从简单的、能够轻松完成的事情开始。如果实现难度过大（如耗时多，成本高），即使制定了规则也会让投资者对自己能否顺利完成任务产生怀疑，因此很难激发投资者的积极信念。

此外，规则应当遵循"当……时，应……"的语法形式。这样可以使投资者清楚地认识到，哪些事情是有能力完成的，哪些是难度较大的。

例如，某位对程序设计极其不擅长的投资者就不应在交易实践中制定以下规则。

"在交易中运用交易规则时，首先应独立设计验证程序，评估其优越性。"

对该投资者来说,"独立设计验证程序"非常困难。因此,在这种情况下应选择其他的方法(即不需要设计验证程序也能实现的方法)。

例如以下规则。

> "在交易中运用交易规则时,首先应运用验证软件来评估其优越性。"

这样一来规则就能顺利完成。因此,投资者可以在充分理解该规则的基础上将其作为新信念吸收。

此外,也可采用"当……时,应……而当……时,则应……"这样的形式,同时给出几种不同的模式。例如以下规则。

> "当交易系统运行不顺而心烦意乱时,应到室外散散步、呼吸一下新鲜空气;当交易系统运行情况良好而心态沉稳时,应重新审视资金管理,考虑是否加仓。"

注意不要将"当……时"设定为被外部因素操纵的条件,而应设定为依靠自身力量能够实现的条件。例如,"当每月盈利 100 万日元时……"这一条件中,能否盈利 100 万日元取决于市场行情等外因,所以该规则的设定并不恰当。而"按照交易规则执行了……时……"这一条件中,执行某事物是可以依靠自身力量实现的,所以没有问题。

另一方面,在调整对交易不具建设意义的个人消极信念时,应先考虑,这种消极信念会以怎样的形式不断发酵、最终完全偏离自己心中的理想状态。要注意在表达消极信念时,应避免使用与理想状态相近的措辞。

例如,某投资者因过去屡战屡败的经历而深陷"一买必损"的主观臆想里不能自拔。这时,可以换个角度思考,将这种臆想替换为"过去失败的经历扎根于脑海之中,而实际上只有在违反交易规则的情况下才会失败"的信念。

随后考虑调整这种信念的策略。针对上述例子,可事先准备一些具体的对策,如"避免对失败情景的长时间想象,当感觉自己深陷其中时,可以采取听音乐等方法分散注意力"。

激发理想信念的案例

上文提到"在持续实行三位一体的交易策略时,有时需要吸收自己尚不具备的、交易赢家们建设性的积极信念"。那么实际中应如何运用?我们以前文中提到的杰克为例进行介绍。

——先再次确认一下杰克在自我认识环节中列举的目前的信念。

- 交易变幻莫测。
- 必须早日成功。
- 要更新效果不理想的交易规则。
- 能否获得第一手信息影响盈利。
- 要努力探索有效的交易规则。
- 对资金进行彻底的管理可降低破产的可能性。
- 将风险一直控制在预估范围内。
- 应基于大数法则、从长远角度考虑损益。
- 亏损越小越好。

- 出现利润时应马上判断，否则会放跑大鱼。
- 偶尔以赌博的心态去体验交易乐趣也无妨。
- 最好不要出现亏损。
- 怕麻烦，寻求更加轻松的交易方式。

——以下为杰克理想的投资者形象和目标。

- 理想形象是"能够制定出有明确理论基础的交易策略、冷静面对交易的投资者"。
- 目标是"不断追求更高水平的交易规则、沉着冷静的交易者"。

——要成为心目中理想的投资者，你认为在这些信念中哪一个应被放在首位？

"要努力探索有效的交易规则。"

——将该信念放在首位能给自己带来怎样的有益效果？

能使我收获安心感和自信。

——相反，将该信念放在首位会使自己付出怎样的代价？

追求该信念会花费自己的时间和体力。

——要成为理想的交易者需要舍弃哪些信念？

我认为应舍弃以下信念。

- 必须早日成功。
- 要更新效果不理想的交易规则。
- 能否获得第一手信息影响盈利。
- 亏损越小越好。

- 出现利润时应马上判断，否则会放跑大鱼。

- 偶尔以赌博的心态去体验交易乐趣也无妨。

- 最好不要出现亏损。

- 怕麻烦，寻求更加轻松的交易方式。

——要成为理想的交易者还应补充哪些信念呢？

应补充以下信念。

- 时刻关注自己的健康状况。

- 通过分散市场可以分散风险。

- 时刻保持冷静的判断和行动。

——要成为理想的交易者，应如何对补充的、删除的、调整的各信念进行排序？

排序如下。

①要努力探索有效的交易规则。

②将可接受亏损风险一直控制在预估范围内。

③应基于大数法则、从长远角度考虑损益。

④对资金进行彻底的管理可降低破产的可能性。

⑤通过分散市场可以分散风险。

⑥时刻保持冷静的判断和行动。

⑦时刻关注自己的健康状况。

⑧交易变幻莫测。

——根据对信念的排序，可以了解投资者最重视的是哪个信念。如果信念的排序发生变化，投资者的实际行动也会随之改变。下面我们逐一对产生各信念的根源——"欲望"进行分析。

①要努力探索有效的交易规则。→ 成长、自由

②将可接受亏损风险一直控制在预估范围内。→ 安稳

③应基于大数法则、从长远角度考虑损益。→ 自由、成长

④对资金进行彻底的管理可降低破产的可能性。→ 安稳

⑤通过分散市场可以分散风险。→ 安稳

⑥时刻保持冷静的判断和行动。→ 成长

⑦时刻关注自己的健康状况。→ 安稳

⑧交易变幻莫测。→ 自由

——在自我认识的环节中，杰克先生你对自己欲望的排序是："①安稳；②重要性；③自由。"现在对照信念的排序，你认为是否有必要对欲望的先后顺序进行调整？

我认为应该把对自由的欲望往前移，再把重要性替换为对成长的欲望。因此排序如下。

①自由

②成长

③安稳

——下面我们根据对欲望的排序，试着回想一下刚才对信念的排序。请闭上眼睛，在脑海里刻画未来自己的形象。有没有感觉自己正朝着理想的投资者的方向一点一点在改变？在此过程中是否存在较大的障碍？

我对"要努力探索有效的交易规则"这一信念抱有疑问。我平时工作很忙，连休息日也很难腾出时间来认真研究交易系统。虽然我深知这种研究是成为理想投资人的过程中不可缺少的一环，但实际落实起来难度较大，只能缩减工作和睡眠的时间用于系统的研究。这样一来可能会给自己带来沉重的精神压力，产生负面影响。

——交易赢家一般都很享受研究和成长过程。然而不能否认的是，上面这条信念里包含了很多强制性的内容，要想保持长久的动力确实不易。研究交易规则需要投资者拥有热情和享受交易乐趣的兴奋感。因此杰克先生可以考虑，是否可以将已删除的"偶尔以赌博的心态去体验交易乐趣也无妨"这一信念进一步改善，变为"研究交易规则也可以乐在其中"？

确实如此。可以将"要努力探索有效的交易规则"这一信念的排序稍微下调，暂时使用现行的交易规则进行彻底的资金管理并投入运用，等时间充足时再探索新的交易规则，这样一来信念的强制性大大减小，自己甚至会自然涌现出废寝忘食的研究热情。

此外，如果将"交易变幻莫测"这一信念改为"交易是在变幻莫测中进行战斗的一场游戏"这种较为积极的观点，可以在更大程度上激发自己的兴趣和期待感。

——补充加入新信念后，排序会有怎样的变化？

按照下面的排序一步步进行应该没有问题。

①研究交易规则也可以乐在其中。→ 自由

②要努力探索有效的交易规则。→ 成长、自由

③将可接受亏损风险一直控制在预估范围内。→ 安稳

④应基于大数法则、从长远角度考虑损益。→ 自由、成长

⑤对资金进行彻底的管理可降低破产的可能性。→ 安稳

⑥通过分散市场可以分散风险。→ 安稳

⑦时刻保持冷静的判断和行动。→ 成长

⑧时刻关注自己的健康状况。→ 安稳

⑨交易是在变幻莫测中进行战斗的一场游戏。→ 自由

怎样激发理想信念

——自己对于交易有怎样的信念?

——想成为怎样的投资者?

——作为投资者，想制定怎样的目标?

——要成为理想的投资者，应将哪个信念放在首位?

——将该信念放在首位能给自己带来怎样的有益效果?

——将该信念放在首位会使自己付出怎样的代价?

——要成为理想的投资者，需要舍弃哪些信念?

——要成为理想的投资者，还应补充哪些信念?

——要成为理想的交易者，你认为这些信念应如何排序?

——根据对信念的排序，可以了解哪个信念应放在首位，而实际行动也会随之改变。请分别对产生各信念的根源——"欲望"进行分析。

——结合对信念的新排序，分析是否有必要调整欲望的先后顺序。

——根据对欲望的新排序，试着回想一下刚才对信念的排序。请闭上眼睛，在脑海里刻画未来自己的形象。有没有感觉自己正朝着理想的投资者的方向一点一点在改变?在此过程中是否存在较大的障碍?如果有，请试着补充新信念或者重新考虑对信念的排序。

第5章
トレードの成功哲学

心理改善的技巧

5.1 解决策略的实际贯彻

在第4章中,我们介绍了在交易现状和交易理想的基础上,利用问题解决表发现问题点及解决策略的方法。

本章将介绍几种"心理改善的技巧",能有效推进上述解决策略的实际贯彻。希望读者能在阅读下文的同时思考哪些技巧是自己在解决问题时所需要的,应如何运用。

在此,读者要先明确一点。无论学习了怎样的交易技巧,要想使其变成自己的东西,都需付出相当大的努力。同样,如果希望心理改善技巧能够完全为自己所用并将解决策略贯彻到底,必须要有强烈的自我意识和坚定的意志,并坚持不懈地进行实践。

人都有"本能地避开眼前的痛苦,追求眼前的快乐"的本性,想必读者在发现自己问题点的过程中,已经充分认识到了这一点。

许多投资者会在一次次"亏多利少"的交易行为中将这种本性发展为习惯，为其寻找正当的理由，并将其定义为"坚持自我"的精神而视为财富。正因为如此，他们才会以"自己没能力"为由而放弃，或是得出"心理学都是骗人把戏"的结论，最后无法实现长期盈利，在交易中败下阵来。

在"矫正"这种本能习惯方面，心理改善技巧可以起到非常良好的效果。此外，在日常的生活和工作中，这种技巧也能助我们一臂之力。

在对具体内容进行介绍之前，我们首先来了解有效运用该技巧所必需的基础知识——"心理过滤器""状态变化结构模式""感元和次感元"。

心理过滤器

人类通过"解读"五官（视觉、听觉、触觉、嗅觉、味觉）获取的信息在内心产生情感或者表现出生理反应，并将其体现在行动中或者保存于记忆中（神经语言程序学将其称为"感元"）（见图5-1）。

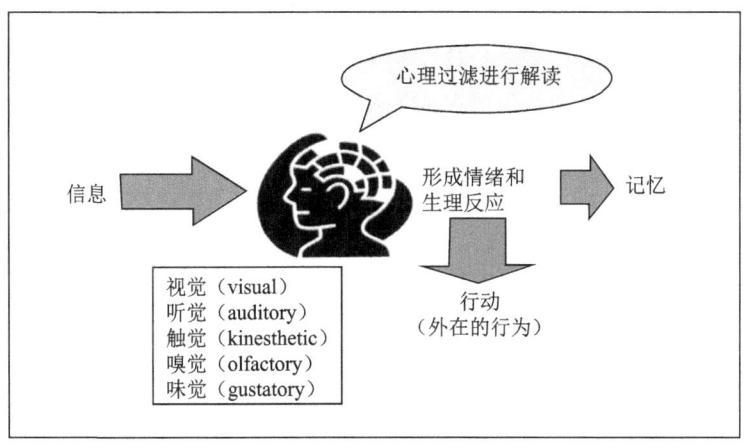

图5-1 心理过滤器

五官所感受到的信息本身对所有人来说都是相同的，但每个人的解读方式却千差万别。例如，同一张面孔，在有些人看来也许是愤怒的，而在有些人看来却是认真思考问题的表情。

产生这种差异的原因之一在于，人们会对"感元"进行先后排序。NLP（神经语言程序学）将"感元"分为视觉、听觉和体感（包括触觉、嗅觉、味觉）三部分，并证明每个人优先调动的感元是有差异的（这一点将在后面章节详细说明）。

此外，另一个原因在于，在解读五官获取的信息时，人们会"迎合自己的需要"，利用"心理过滤器"对这些信息进行提炼和简化。作为投资者，首先必须识破这种信息简化中隐藏的陷阱。

简化包括"省略""普遍化"和"歪曲"。

（1）省略

假设发生了以下情况。

> 2008年6月19日9时32分，我在家中通过笔记本电脑关注软银（9984）早盘。根据走势图，我认为现在是买入的好时机，于是决定以限价下单。但当我登录网上证券账户，在下单页面填写下单条件时，股价开始持续走高。
>
> "采用市价委托比较合适，得赶紧下单！"
>
> 正当我手忙脚乱准备修改下单内容时，妻子走进屋对我说：
>
> "有你的电话。"
>
> 于是，我的注意力瞬间转移到是否去接听电话这件事上，本来要点击买入键结果却错点了卖出键。这时意识到自己下单错误……

想要完整记住以上事件的所有具体细节是非常困难的。因此为了方便记忆，可以将上述过程进行适当省略。

> "早上进行股票交易时下单错误。"
> "在下单时妻子跑过来和我说话，导致我下单错误。"

根据省略内容的不同，留存在记忆中的具体事实也会发生不同程度的变化，这有可能会发展成为今后交易实践的障碍。比如听到妻子的呼唤声，心中会自然浮现当时下单错误后产生的厌烦情绪，因此勃然大怒，指责妻子不应该在关键时候叫自己。这样一来，有可能导致投资者在以后下单时无法保持冷静。

（2）普遍化

人在社会中生活，会制定出各种各样的规则与公式，如交通规则、社会常识、公司规定、计算公式等。同样，个人在解读信息时，也倾向于采取"普遍化"的方式来分析、总结问题。有时，这种做法会对交易产生负面影响。

比如说，在浏览交易信息时发现买盘增加、股价走高，便以为所有人都会在此刻下单，于是争先恐后地买入，这种冲动行为就是典型案例。

这就和小孩以"别人都有"为理由要求父母给自己买游戏机是一样的道理。出于个人欲望，把"有游戏机"这一行为普遍化，从而为自己的要求寻求正当的理由。

（3）歪曲

人常常会"一厢情愿"，按照对自己有利的方向对信息进行解读。来看下面这个案例。

> 早间新闻报道说"××食品公司业绩攀升,成为业界龙头",据此认为"××食品的股价应该会涨,反正肯定不会降",便在开盘时交纳保证金进行融资做多。
>
> 然而不知为何,该股股价一直处于下跌趋势。尽管如此,心里仍坚信"股价下跌应该是受股市整体不景气的影响,是偶然现象,倒不如趁此机会再多买点",于是进一步扩大头寸。但是,几天过后仍不见股价回升,反而比买入时跌了近20%。由于已经追加了保证金,无奈之下只能止损。
>
> 事后经过调查得知,之前那条新闻对股价的影响早已显现,此外该公司的竞争对手也立即推出新产品,所以说当初新闻报道中的"业界龙头"只是昙花一现。仔细分析行情走势图也可发现,该股票的上涨趋势已经停止。

通过以上案例可知,对信息的"歪曲"会导致交易失误。由于新闻中的信息已经输入大脑,因此投资者未能从趋势图分析中洞察出股价由上涨转为下跌这一趋势,从而导致判断的失误。

综上所述,人们会利用心理过滤器,通过"省略""普遍化""歪曲"的方式对信息进行解读。此外,面对同一条信息,不同的信息接收个体会采取不同的行为,产生不同的记忆。

上述心理过滤器会使投资者对行情走势产生负面情绪,从而在记忆里存留消极内容,或者采取消极行动。因此,投资者需要充分意识到心理过滤器的消极影响事实。而本章所介绍的心理改善技巧,能有效将上述心理过滤器转变为积极因素,帮助投资者实现理想和目标。

状态变化结构模式

状态变化结构模式是指，构成人类情感状态的三要素"感情""行为、生理反应"和"次感元"之间相互影响的心理学理论。

- 感情（IS=internal state）
  指潜意识里无意识产生的情绪状态。除喜怒哀乐之外，还包括氛围等内部情绪。
- 行为（EB=external behavior）及生理反应（Ph=physiology）
  指身体的活动方式、表情、姿势等外在行为，以及呼吸方法、姿态、体温、肌肉紧张度、声调等生理机能的状态和运转方式。
- 次感元（IR=internal regularization）
  指五官获取信息时的细微感觉，如当时的亮度、音质、温度等。当人体从外界获取信息时，每个人优先调动的感官是不同的。相关内容将在后面进行详细说明。

如图 5-2 所示，上述三种要素相互影响，其中某一要素如果发生变化，其他**两种要素也会随之变化**。举例来说，假设早晨与妻子（或丈夫）大吵一架后，投资者在满腔怒火的情绪下开始盘前交易。

争吵时的怒吼，妻子（或丈夫）愤怒的面孔，大怒时额头上的汗珠……由五官捕捉到的感觉变成记忆存留于脑海中。这就是次感元（IR）。

投资者在交易过程中可能会想起以上的情景，以致心烦意乱，无法集中精力。这就是感情（IS）。

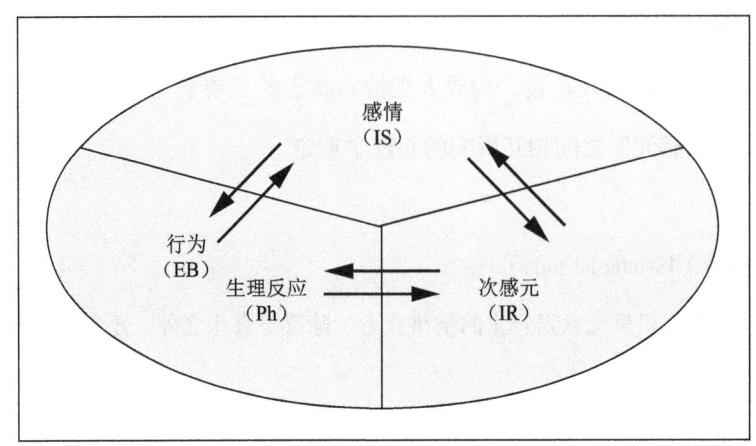

图 5-2　人体变化结构模式

在消极情绪的影响下，投资者在下单时弄错了卖出与买入。这就是行为 (EB)。随后投资者意识到自己的失误，开始大声抱怨，激动的情绪使心跳加快。这就是生理反应（Ph）。由于投资者无法控制心中的怒火（IS），结果未能按照交易规则进行止损（EB）。

上述这种"恶性连锁反应"的案例在生活中经常出现。由此可见，三要素在相互影响的过程中不断改变着人的状态。

上述案例中情况变得一发不可收拾，如果投资者在这时采取"先休息一下去外面走走"的行动，有可能会产生完全不同的效果。周围环境从狭小的室内变为广阔的户外美景（IR），抬头望去，阳光灿烂，碧空如洗（IR 和 EB）；新鲜的空气沁人心脾（Ph），整个人都变得神清气爽起来（IS）。好心情使人充满动力、干劲十足（IS）。有了干劲后，眼前的景色变得更加开朗、鲜明（IR）。

由此可见，只要改变某一个因素，就有可能使整个事态朝着完全相反的方向变化。本书介绍的心理改善技巧，就是灵活运用上述"状态变化结构模式"理论，改变"感情""行为""次感元"中某一要素，使整个事态发生变化。

感元与次感元

前文中提到，人们之所以会对相同的外界信息产生不同感觉，是因为个体优先调动的感元存在差异。

投资者要想知道自己优先调动的是视觉、听觉还是体感，可以根据会话中常用的措辞进行简单的判断。

视觉（V）优先型的人通常有以下特点。

<视觉优先型常用的措辞>

模糊的（明确的）、明朗的（阴沉的）、鲜明的、能够看见、重视、不知所云、看上去好像……、从……的观点来看、能看见、明白

<视觉优先型的行为特征>

- 容易以外在情况判断事物。
- 喜欢差异鲜明的（或效果明显的）事物。
- 做事必须要看到明确的结果，否则没有动力。
- 做事速度快，说话速度快。
- 背诵时会记笔记。
- 擅长利用图表表达事物。
- 交谈时伴有肢体动作。

听觉（A）优先型的人有以下特点。

> <听觉优先型常用的措辞>
>
> 说明、不合拍、评价较好（较差）、发言、成语、呼吁、教授、听起来好像……
>
> <听觉优先型的行为特征>
>
> - 对语调和用词反应强烈。
> - 喜欢自言自语。
> - 擅长倾听。
> - 喜欢打电话。
> - 讨厌噪音。
> - 表达不清楚时会焦躁。
> - 注重语言表达，偏理论。

体感（K）优先型的人有以下特点。

> <体感优先型常用的语言>
>
> 感到、得到、合得来、记住、热（冷）、沉甸甸的（轻飘飘的）、感情、感觉、柔软的……的感觉、线索
>
> <体感优先型的行为特征>
>
> - 动作不紧不慢，非常从容。
> - 对于语速较快的谈话，需花时间理解其内容。
> - 喜欢舒适的空间。
> - 相比结果更重视过程。
> - 擅长察言观色、捕捉现场气氛。
> - 学习时如能调动肢体动作，效率会更高。

当然，以上各类型仅表示优先调动某种感元，并不意味着只运用某一种特定的感元。如果一个人在调动感元时的先后顺序为"体感＞视觉＞听觉"，则可以说体感是其最先调动的要素，但也不排除视觉要素发挥重要作用的可能性。此外，交易中对各感元的排序也有可能与日常生活中有所不同。

以下是视觉、听觉、体感的次感元（细微影响要素）。

＜视觉（V）次感元＞

- 自己离画面所在位置的距离
- 亮度
- 彩色或黑白
- 大小
- 静止画或动画
- 立体或平面

＜听觉（A）次感元＞

- 音量
- 音高
- 立体声或单声道
- 速度和节奏

＜体感（K）次感元＞

- 身体的感知部位

- 温度
- 强度

我们在记忆信息的同时也会记住当时的次感元。也就是说，如果能够知道自己在交易时会优先调动哪种感元、对哪种次感元较敏感，并着重改变这种次感元，就能有效改善心理，调整自己的情绪和行为了。

5.2 营造环境

失恋时常听的音乐再次回响在耳畔时，当初与恋人分手时的心情（多数情况下应该是痛苦、消极的情绪）也会重新涌上心头。心理学将这种因外部刺激而唤起某种特定情绪和反应的现象称为"心锚"。

"心锚"一词来源于英语的 anchor（锚）。当人陷入某种特定情绪或感觉时，就像沉入海底的锚一样，因此这种状态被称为"心锚"。

消极心锚

心锚属于条件反射的一种。**过去的某种强烈情感和外部刺激曾给人带来某种经历，当在类似的情况下再次受到同样的刺激时，人会自动回想起过去的经历并唤起相应的情感。**

来看下面这个例子。

> 买入头寸后，股市突然变天，股价瞬间转为下跌。于是慌慌张张以限价平仓，但由于股价下跌速度过快，最终错过了限价下单的机会。之后股价一直下跌，最终损失惨重。

> 在经历了这次惨痛教训之后,每当股价发生剧烈震荡,股票走势图和交易信息频繁波动时,那次经历所带来的创伤就会隐隐作痛。于是警告自己:"再不平仓肯定又要大亏!"结果在止损时机未到的情况下迫不及待地进行了平仓操作。

严重亏损时产生的强烈负面情绪会和交易走势图、交易信息画面的频繁波动(视觉次感元)交织在一起,形成记忆存留在脑海中。因此,画面的频繁波动成为"心锚",以条件反射的形式唤起严重亏损时的强烈情感。

心理学将这种消极的连锁反应称为"消极心锚"。

心锚建立的要点

如上所述,心锚通常是基于过去的经历自然产生的。但有时我们也可以有意识地为自己建立心锚。

人可以利用五官感受到的外部刺激形成条件反射,并让这种条件反射生根,使其在任一时间都能触发(引爆)某种特定的情绪和反应。以上这种**有意识地利用心锚激发某种理想情绪的机制被称为"心锚建立"**。

比如,日本著名棒球选手铃木一郎在击球区摆出的标志性动作就是一种心锚。许多运动员都会在正式比赛前摆出同一个姿势,这样可以唤起他们在取得优异成绩时的那种积极心态(集中力),也就是说,运动员其实是在利用特定姿势来建立心锚。

同理,投资者也可以在自己所处的交易环境中设锚,增加积极的心锚。只要"引爆"这些积极心锚,就能激发出积极情绪,使自己不断突破、取得出色的交易成果。

成功设锚需要掌握以下四个要点。

- 经历的强度
- 经历的纯度
- 建立心锚的时机
- 建立心锚的准确度

经历强度越大，建立的心锚越有优势。投资者可以回想让自己迸发强烈正面情绪的经历，以及达到自己理想状态时的情景，并充分回忆起当时的次感元，如当时的颜色是怎样的，声音又是怎样的等。

其次，要选择不掺杂其他因素、内容较单一、纯度较高的经历。例如，不能仅仅回想在某次比赛中获得冠军而产生积极情绪这种笼统的经历，而应关注当时某个特殊瞬间和该瞬间的次感元，如父母为我流下了喜悦的泪水，或者自己终于战胜了从未打赢过的对手。

建立心锚的时间应该设定在想要激发的情绪达到巅峰之前。这是因为巅峰过后热情会逐渐冷却，设锚也会越来越困难。

此外，心锚建立应避开过于繁杂或者特征不明显的事物。注意选择"简单、标志性的、反复出现"的事物，例如：

- 特定的姿势或手势（视觉）
- 特定的用语或语调（听觉）
- 特定的场所（感觉）

心锚建立法需要在反复实验中获得改善。刚开始时设锚可能会事倍功半，但只要不断坚持，就能灵活运用心锚激发自己想要获得的情绪。

当然，除利用过去的经历建立心锚之外，在身处积极状态的过程中建立心锚也能获得良好的效果。相比记忆和印象，实际体验的感觉能提供更多信息，因此利用实际体验建立的心锚更加强大、有效。具体方法是，先决定要建立的心锚，在时机成熟时，立即设锚。

举例来说，如果你现在的心态和情绪正是自己希望在交易中实现的理想状态，请有意识地捏捏自己的右耳垂，并养成这种习惯。这样一来，就可以通过捏右耳垂激发积极情绪（见图5-3）。

图5-3　建立心锚

用环境建立心锚

研习会的主讲人为了营造一个利于自身发挥的场所和空间（环境），常常会用会场或讲台设置心锚。比如，通过有意识地将聚光灯下的讲台设为心锚，当主讲人站在讲台上时，脑海中就会浮现自己最成功的一次演讲。

同样，对于投资者来说，利用交易环境建立心锚非常重要。如果交易环境中充满"交易过程中孩子过来捣乱""房间太热（或太冷）""交易中妻子抱怨个不停"等扰乱因素，投资者可能无法集中精神处理交易，从而积极性下降，焦虑和恐惧心理放大，最终形成消极心锚。

相反，如果要激发能引导投资者冷静判断的积极情绪，只需有意识地在交易环境中建立积极心锚。比如，可以在交易前欣赏一曲振奋人心的音乐，或者可以在早起晨跑后再开始交易。

通过建立心锚，可以营造一种有利环境，从而唤起投资者的冷静心态、安全感等有助于交易的积极情感。这意味着投资者开始学会自我控制情绪，同时也意味着投资者可以充分发挥出自身的能力。

首先，投资者应从整体想象一下什么样的环境最有利于自己的发挥。当心中有了大致意象时，再利用次感元进行润色调整（可以播放音乐或者熏香）。

最后，将心中的意象反映到现实环境中去。经过上述努力，投资者就能以更健全的心态去面对交易了。

中和消极心锚

人会在各种不同的场景下自然形成心锚，由此激发的情绪能够在主体无意识的情况下，引导主体做出某种判断或发生某种行为。投资者可能会出现这样的情况：交易中的心锚每次以同样的反应形式出现，给自己带来负面情绪。读者不禁会问，自己是否也存在这种消极心锚呢？下面我们来分析该问题。

关于消极心锚产生的时机和出现的形式，请看下面列举的这些现象。

- 看到止损信号，顿时感觉肩上有千斤重担，双手无法动弹。

- 脑海中回响"应尽早脱身"的警告声。
- 一想到可能损失惨重就会产生一种恐惧感。
- 心跳加快，呼吸急促。
- 浏览走势图时，思绪混乱，感到恐慌。

为了使交易时的精神状态保持在最佳水准，投资者一旦找出消极心锚就要及时消除。在此介绍一种"中和心锚"的方法。

该方法通过同时"引爆"积极心锚和消极心锚，并对后者进行消除，达到缓和消极情绪的目的。

（1）首先，决定建立积极心锚与消极心锚的位置，位置可以任意选择。但是注意优先选择能同时建立积极心锚和消极心锚的地方。比如将捏右耳垂的动作设为积极心锚，抚摸左颈背的动作设为消极心锚。

（2）接下来，运用次感元回想一下曾经产生过积极影响的经历，如"交易进展顺利""交易成功按照交易规则进行""行情变化在预料之中"等。让积极情绪不断高涨，当快达到巅峰时捏住右耳垂，建立积极的心锚。

（3）重复步骤（2）2～3次后，进行"心锚引爆"测试。捏住右耳垂，判断是否能激发积极情绪。如果不能，重复该步骤直至"引爆"测试成功。

（4）积极情绪"引爆"成功后，先停下来试着转换心情。站起来散散步，或者和他人聊聊与心锚无关的事，以此平复积极心锚激发出的情绪。

（5）接下来，回想一件曾经产生过消极影响的小事，如"某次交易的失败""某次亏损""行情变化与预测相反"等。同样，让此时的消极情绪不断高涨，当快达到巅峰时抚摸左颈背，建立消极心锚。

（6）重复步骤（5）2～3次后，进行"心锚引爆"测试以确认心锚是否建立。抚摸左颈背，判断是否会激发消极情绪。如果不能，重复该步骤直至"引爆"测试成功。

（7）消极情绪引爆成功后，和之前一样试着转换心情，以平复消极心锚激发出的情绪。

（8）捏住右耳垂以引爆积极心锚，在保持该状态的同时抚摸左颈背，引爆消极心锚。保持该状态数秒钟。如果两个心锚都未被引爆，则可以判断消极心锚占据上风。此时需提高积极心锚的强度。

（9）放下左手停止抚摸左颈背，解除消极心锚并平复消极情绪。数秒后，右手再缓慢离开右耳垂，解除积极心锚并平复积极情绪。

（10）再次抚摸左颈背，引爆消极心锚，并体验和之前有什么不同。如果消极情绪引爆失败，则表示消极心锚已被成功中和。

5.3　改变视角

在事情发生的一瞬间，人会本能地站在主观立场上对情况进行把握。而正是因为这种主观立场的存在，所以人有时会无法控制自己的情绪。

举例来说，当股价下跌并靠近当初不得已止损时的水平时，如果从当前自己的情况出发主观考虑问题，就容易产生"下跌的股价将迎来转折点"的预期。投资者自然不愿错失良机，所以会产生改变止损点的冲动心理。

如果此时投资者能"脱离"当前的自我，站在交易成功后的立场上进行客观判断，可能会带来不同的效果。

站在客观角度的投资者能够更为冷静地分析问题："即使股价从止损点开始

转跌为升,最后被套牢,在考虑风险因素的基础上综合计算可知,该交易方法还是可以确保一定的利润。相比被套牢的情况,股价大幅震荡有可能会带来更大的亏损。"

发生的事情已成定局,人力无法改变,然而,如果能超越当前自己的处境,从更成熟的角度客观把握和分析问题,就能为改善自身情绪积累心得和经验。

因此,要改善交易过程中的自我情绪,"从客观角度思考"也是非常关键的一步。

认知定位

人会采用特定的视角(观点)来认识发生的事情和人际关系,NLP 将这种特定视角称为"认知立场",并将从其他视角把握事物这一过程称为"认知换位"。

在认知换位理论中,基本可将认知立场归纳为以下三种。

- 立场①……当前自己的主观视角
- 立场②……与①完全不同的他人视角
- 立场③……自己憧憬的人物的视角

其中,立场②和立场③站在"本人以外的角度"来审视立场①,但要注意,此时主体不能以"假设自己是某某"的心态去审视自己。这样会残留一定的自我意识,从而会无意识地迁就自己。

比如,有了孩子的人会发出"终于体会到父母的心情"的感叹,这并非主体站在孩子的角度考虑父母的感受,而是由于主体已经充分成为当事人(父母)。

因此,投资者要尽可能身临其境地变为另外一个人,包括自己的行为举止以及言语措辞。

NLP将这种做法称为"关联（当事人意识）"。立场②和立场③的"人选"必须是投资者自信能够"身临其境"的人，这样才会产生效果。

在实践认知换位法时，一般需要准备三把椅子，三把椅子代表不同的认知立场。

以下是立场①和立场②的示范。

- 潜在收益增加时……

①想扩大收益而疯狂追求利润。

②提醒自己"不及时套利将颗粒无收"，立刻平仓。

- 潜在亏损变大时……

①安慰自己"肯定会赚回本"，无法接受亏损的现实。

②无法承受任何亏损风险，立即止损。

- 行情下跌时……

①认为"不会再跌"，坚信股价会上涨（逆向投资）。

②认为"还会大跌"，坚信股价仍会下跌（顺向投资）。

- 交易方法出现问题时……

①对交易方法丧失信心，频繁更改。

②认为更改交易方法过于麻烦，因此不采取任何行动，持观望态度。

当然，也可调换立场①和立场②的顺序。

首先，坐在座位上（立场①），具体回想出现问题的情绪状态，并进行关联。

然后，坐在与自己持相反立场的座位（立场②）上，使自己身临其境，完全变为立场②人物。此时，模仿该人物的动作、表情、语调，并调动自己的五官切身体会该人物的状态和情感。站在②的角度充分想象此时的状态，体会此时的情感，并反馈给自己（见图 5-4）。

图 5-4　定位

最后坐在立场③的椅子上，将③的人选与自己关联。接着，从③的角度给①提出建议，分享解决策略。

从立场①转移到立场②、以及从立场②转移到立场③之前，注意要离开椅子先休息一下。休息时，可以站在三把椅子旁，以旁观者的角度总结一下①②③各自的特点。这种方法被称为"非关联（非当事人意识）"。在实践认知换位法的过程中分别体验当事人和非当事人，能进一步提高自己看问题的客观性，也能使该方法发挥更好的效果。

迪士尼创意策略

著名的"**迪士尼创意策略**"就运用了上述的认知换位法。

迪士尼公司创始人——沃特·迪士尼为了实现"创建迪士尼乐园"这一伟

大梦想，在自己家中建造了三间小屋，从不同的角度将梦想雕刻成能够实现的目标。

- 梦想家（dreamer）的房间
- 实践家（realist）的房间
- 批评家（critic）的房间

首先，迪士尼在梦想家的房间里尽情畅想自己的梦想。随后，在实践家的房间里以律师为原型，现实思考实现梦想需要怎样的条件。然后在批判家的房间里，迪士尼以自己的哥哥罗伊·迪士尼为原型，冷静批判该计划中存在的问题。

迪士尼做到的不仅是认知换位场所的改变，在进入不同房间时，他让自己彻底变成了所要扮演的人物。通过这些努力，他让自己的构想和行动逐渐明确、成形。

如果人将自己的目光仅局限于追求梦想或者分析现实，就容易走极端，最终导致个人情绪失控。

举例来说，假如投资者的梦想为"让100万日元的可用资金在一年内变为1亿日元"。由于投资者只盯着这个目标，势必会产生急功近利的想法，因此投资者可能会忽略资金管理和市场行情，采取不符合现实情况的交易策略。如果投资者因穷追梦想而鲁莽行事，一旦受挫就会出现焦急浮躁的心态，最终以失败收场。

同样，过分拘泥于现实也会导致失败。比如投资者的目标为"每月盈利10%充当生活费"。在"盈利不超过10%就无法维持生计"的顾虑心理的影响下，当利润接近10%时，投资者开始打退堂鼓，担心亏损的风险。最后，投资者可能因担心亏损而放弃交易，从而错失良机；或者因无法接受亏损而错过止损时机，最终放跑大鱼。

投资者要时刻反省一下问题：自己在交易成功后究竟想获得什么？在梦想和现实间是否实现了平衡？总之，投资者要学会灵活运用"迪士尼创意策略"，扮演好梦想家、实践家、批评家的角色，明确自己在交易中的目标，并从深层次冷静思考实现该目标需要的条件，如此才有可能走向成功之路。

5.4 改变记忆影响下的情绪

假设有 A 和 B 两位投资者，在分析以下走势图后认为："涨势小幅走低，是买入的好时机。"

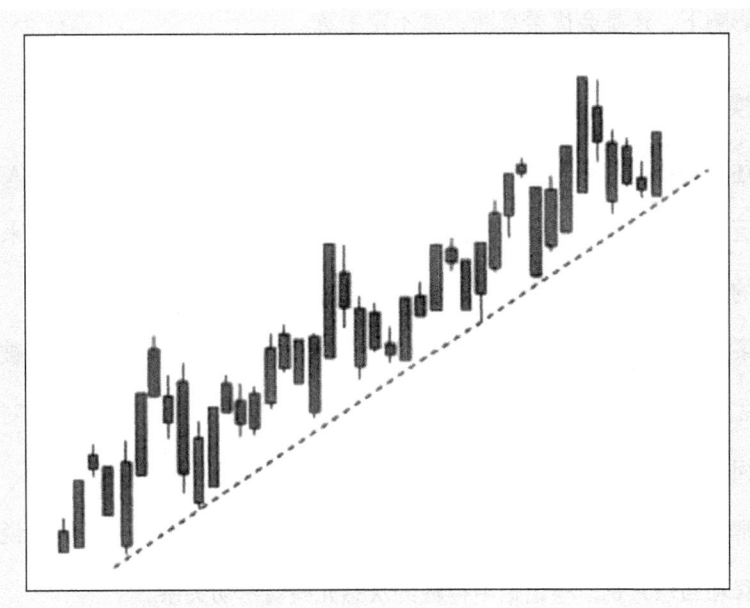

A 认为此时是绝好的时机，于是立即下单买入。但 B 却犹豫不决，最终决

定放弃买入。面对同样的市场行情，二者为何会出现如此大的差异呢？

其实，A曾多次遇到这样的情况。由于A刚开始交易时正值泡沫经济的鼎盛时期，所以每当A在涨势小幅走低时买入后，行情又会转为上涨。

A用交易中赚的钱享受着殷实舒适的生活，每天过得都非常愉悦。而山珍海味带来的味觉体验和美妙歌声带来的听觉体验，这些次感元交织在一起，在脑海里留下了美好的记忆。因此，每当遇到类似情况时，A便会毫不犹疑地选择买入。

相反，交易者B基本上没有在涨势暂跌的情况下买入的经验。B在泡沫经济崩溃后才开始交易，每当他瞄准时机买入股票，不想行情却进一步下跌，这样的惨痛经历已出现过很多次。

交易的失败引来妻子的不满，每天提高分贝，对B厉声斥责，斥责声和听觉次感元融合在一起，给B留下阴影。因此，就算B瞄准时机，在曾经的消极情绪的影响下，还是会优柔寡断，拿不定主意。

转换次感元

上述案例中，如果将投资者B负面记忆中的次感元转换成投资者A记忆中的次感元，有可能会产生不同的结果。具体说来，就是当B调动五官来体会这段负面的记忆时，将消极心锚——妻子的责骂声转变为爽朗欢快的笑声。

如果上述方案能够成功实行，这段记忆中的消极情绪（即"交易会被妻子责骂"的先入观点）会被弱化，使投资者可以冷静判断，果断进行交易。对于同一记忆，回想方式不同，脑海中形成的意象及把握方式也会产生巨大变化。

通常情况下，人们会结合特定的次感元来分析过去的经历。换句话说，**对经历的解释和回想方式，与记忆中存在的次感元有着密切关系。**

投资者可以回想一下过去具体的愉快经历，并记录下自己的感觉。例如：

- 一副静止的彩色画（视觉）。
- 画面在头上方（视觉）。
- 听到节奏轻快的音乐（听觉）。
- 跳动感（体感）。

接着，再具体回忆一下过去痛苦的经历，写下自己的感受。例如：

- 暗淡的黑白动画（视觉）。
- 画面离得有些远（视觉）。
- 听到低吼声（听觉）。
- 沉重感，肢体无法自由动弹（体感）。

尽管存在个人差异，但很多时候人记忆事物的方式是相似的，比如愉快的经历呈现出彩色，而悲伤的经历呈现出黑白。也就是说，彩色是激发积极心态的催化剂，而黑白是引发消极心态的导火索。

人接收的感觉会先与情感中枢等大脑中枢输出的其他信息结合，再通过同一条神经回路传达至大脑。也就是说，次感元和情感交织在一起，才能使人的某种经历储存在记忆中。特别是伴有兴奋、喜悦、愤怒、不安等强烈情感的记忆，基本上都会包括相应的次感元。

换言之，**如果将记忆中的次感元转变为完全不同的其他次感元，就有可能改变记忆中的情感。**

例如，一想到柠檬，许多人都会本能地分泌唾液。如果在此基础上进行更加具体的想象，如挤压柠檬时果汁飞溅的情形，或者将切开的柠檬放在嘴边的场景，这时关于酸味的想象对唾液腺的刺激会更加强烈，分泌的唾液量也会增多。

但是，如果把柠檬的颜色想象成褐色而非黄色，或者将柠檬想象成只有小拇指甲盖一般的大小，此时酸味的刺激将减弱，唾液的分泌量也会减少（见图5-5）。

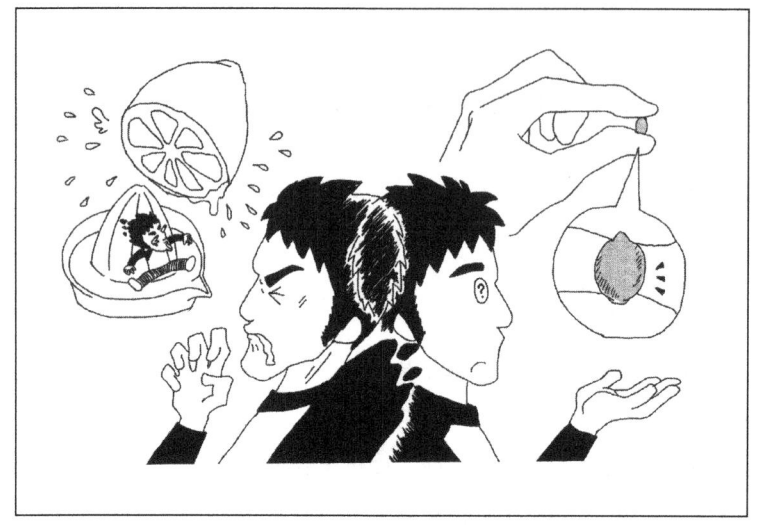

图5-5　次感元

在上文交易者B的例子中，过去的惨痛经历使其形成了"优柔寡断"的不良习惯。针对这种情况，首先应运用五官具体回忆那段夹杂痛苦情绪的经历。然后再运用同样方法具体想象与上述经历完全相反的、包含积极情绪的经历。

随后，用积极情绪中的次感元取代惨痛经历中的次感元。这种做法不仅可以改变主体的情绪和行为，同时也能防止不良习惯的形成。

转变次感元的实例

在对投资者进行实际指导的过程中，为了调整投资者的情绪，要详细询问投资者的情况和经历，并在此过程中不断寻找次感元。比如投资者回答"看到K线的阳线"，咨询师则可以详细询问其大小、颜色以及形状等。

接着通过让投资者将红色的阳线想象成绿色的阴线、将大阳线想象成小阳线等方式改变投资者脑中的意象，并判断改变哪种次感元才能有效调整投资者的情绪。

在此以前文中的杰克为例进行介绍。

——在交易中是否遇到过因失败而产生消极情绪的经历？

有一次，我和妻子一边商量一边进行系统交易，结果忘了下单对某笔日内交易进行平仓，最后使头寸被白白搁置了好几天。当时损失惨重，自己受到了沉重的精神打击。而且妻子也非常生气，所以当时非常煎熬。

——请详细回忆一下当时的情况。闭上眼睛，首先眼前会浮现怎样的情景？

网络证券的交易画面。而且自己正盯着家里电脑的显示屏。

——该画面的亮度如何？如果亮度最高为10，当时大概是多少？

大概是5，画面并不暗。

——画面离自己大概有多远？是距离较近、画面较大，还是距离较远、画面较小？

近在咫尺，大小和一般的画面持平。

——有几个画面？是一个还是分散成了几个？

没有分散，只有一个。

——有颜色吗？画面是彩色的还是黑白的？色彩是否鲜艳？

周围的颜色很模糊，但能清楚地看到交易画面中的损益状况变为负值，而且只有这部分是非常清楚的绿色。

——是动画还是像照片那样的静止画面？

是动画。交易画面没有动，但感觉盯着画面看的自己在移动。

——画面移动的速度大概是多少？

很缓慢，感觉是一帧一帧地在切换。

——画面焦点是否清晰？还是整体都很模糊？

焦点被定格在亏损金额那一部分，非常清晰。其他部分都很模糊。

——声音如何？是否能听见某种声音？是人的说话声、音乐，还是物体发出的声响？

能听见电话来电铃声和妻子的声音。

——声音大小如何？如果音量最大为10，当时大概为多少？

大概是5，不大不小。

——声音从哪边传来？是否能判断方向？是远还是近？

是手机发出的声音。从左侧传来，很近。

——声音有几种？是一种还是几种声音夹杂在一起？

有些嘈杂，感觉是手机来电铃声和妻子的声音混合在一起。

——声音速度如何？慢还是快？

正常速度。

——是否有节奏？

就是来电铃声的节奏。

——声音高低如何？是低音还是高音？

一般，和实际手机铃声持平。

——声音是清晰还是沉闷含糊？

来电铃声听得很清楚，但妻子的声音却不太清晰。

——这种感觉是通过身体哪些部位感知到的？

胸部以上吧。听到电话铃声的左耳，注视电脑屏幕的双眼，思考问题的大脑，还有心跳加快的心脏等。

——这种感觉是动态的还是静态的？

动态的。特别是心跳加速的感觉。

——这种感觉是否有重量？如果有，是沉重的压迫感，还是轻盈的感觉？

有，非常沉重。

——感觉是否强烈？

一般。

——温度如何？是否有温暖、寒冷、酷热、凉爽、烫、凉等类似的感觉？

非常热。感觉像热锅上的蚂蚁，血液直冲大脑。

——感觉是干燥还是潮湿？

好像自己出了汗，所以感觉湿漉漉的。

——触感如何？是否有光滑、粗糙、坚硬、柔软等类似的感觉？

记不太清了，感觉偏硬。

——接下来，请再次闭上眼睛，慢慢回想事情的详细经过。注意这一次尽量将脑海中的消极画面逐一转变为积极画面。比如，画面如果太大，就试着将其缩小；如果感觉很热，就试着给自己降温。

自己试着调亮了电脑屏幕的画面，并拉开与画面的距离；将电话来电铃声换成轻音乐，将妻子的吵闹声换成明快、温柔的声音；平复心跳，使其更为沉稳；想象自己在抚摸松软的毛巾。

——现在这段记忆是否有所变化？如果是，具体是怎样的变化？

确实有变化。特别是心跳加快的感觉没有了，妻子的声音也变得柔和起来。与之前相比畏惧感减轻。

5.5　从根本上改正不良习惯

"不良习惯",顾名思义就是对自己"无益"的行为方式。咬指甲、吸烟等不良习惯可能对日常生活产生不利影响,但是对交易来说却是无关痛痒的小事。然而,一旦投资者发现某种不良习惯变成阻碍交易获得成功的绊脚石,就一定要积极对其进行改善。

交易中最具代表性的不良习惯当属违背交易规则。这种做法有可能会导致投资者无法按原计划止损,甚至阻碍利润的扩大。

投资者应该都有这样的经历:尽管按照交易规则提前设置了止损点,但当股价真正临近止损点时,心里却突然萌发"股价有可能在此转跌为升"的猜测,最后未及时止损而使亏损扩大。或者提前确定了目标值,但一看到股价稍微向下浮动就担心"好不容易到手的利润会流失",最后违背交易规则,早早将收益提现,从而错过以后更大的盈利机会。

如果投资者总是因同样的错误跌倒,那就证明投资者肯定有某个不良习惯需要改善。

挖掘不良习惯背后的利益

要改掉不良习惯,不仅要有明确的目标,同时还需了解该不良习惯背后的**"潜在利益"**。所谓潜在利益,是指**表面消极的不良习惯其背后蕴藏的"超越负面影响的正面力量"**。

举例来说,想减肥的人明明知道要控制食量,但不知不觉还是会吃多。这是因为对他们而言,比起"吃太多会变胖"这一消极影响,"品尝美食带来的幸福感"这一正面影响更具诱惑。

上文中提到的"无法按原计划止损"这个不良习惯也是如此。与"违背交易规则"这一消极行为相比，投资者更关注"能避免严重损失"这一积极结果。

正是因为潜在利益的存在，当事人心中才会产生一种"不需改变（不变更好）"的想法。因此，如果只是嘴上说说，要真正改正恶习是非常困难的。

在这里介绍一种"**框式重组**"的方法。

NLP 中的框式重组是指"改变事物框架的过程"。通过改变事物的框架，可以改变事物的"意义"，从而改变主体的反应和行动。

举例来说，对于想戒烟却戒不掉的人来说，真正难以戒掉的是"吸烟能使人放松"这一潜在利益。必须承认，在非常紧张的状态下，吸烟是吸烟者为适应当时环境而做出的积极反应。无论在何种环境下，人都会从自己的角度思考，做出最佳选择。

在寻求"放松"的方式时，吸烟者可以试着用其他的"框架"（如口香糖、糖果或茶等）替代香烟。如果替代框架也产生和香烟一样的效果，戒烟的难度也会降低。

当然，这并不意味着戒烟是件轻而易举的事情。但只要能引导"只有香烟才能让人放松"的思维逐渐向"没有香烟也能使人放松"的思维转变，戒烟成功的概率就更高。

对于前文提到的"无法按原计划止损"这个不良习惯，其背后的潜在利益为"能避免惨重损失"这一观点。这种情况下，可以用"缩小头寸规模"作为替代框架。头寸规模缩小，亏损就会减小，自然而可以避免严重损失。

由此可见，了解不良习惯的潜在利益，并寻求能替代该潜在利益的其他方法（框式重组），才是改正不良习惯的关键所在。

以下是重组的具体步骤。

（1）思考自己是否存在阻碍交易成功、需要改正的行为或习惯。

（2）再次思考该行为习惯是否对交易来说真的是种不良习惯，改正后是否会产生消极影响。如果判断改正后将产生消极影响，需考虑其他方法。

（3）承认自己至今未注意该不良习惯这一事实，并不断提醒自己"从现在开始认真思考该不良习惯的解决方法"。

（4）思考该恶习背后的潜在利益。

（5）思考能产生与该潜在利益相同的效果、本质却完全不同的行为方式。至少要列出三个选项。如果暂时没有灵感，说明自己还未能接受这种变化。请返回步骤（2）再试一次。

（6）从思考出的替代行为中选择最适合自己的一个，同时要确保该行为能够坚持1～3个月或者更长时间。

（7）认真思考"选择的行为模式是否真的合适自己"，进行最终检查。

（8）在脑海中进行"彩排"，模拟新的行为方式应如何实施。

在框式重组的过程中，要思考三个以上的可选项。因为考虑事物的方式不止一种，学会从多角度看待问题（用各种框架模式考虑问题）能让思维方式变得更为灵活。

如果选项过少，替代行为实际和自己不匹配，这种情况下不良习惯很可能会卷土重来。投资者在一开始就要清楚地意识到这一点。因此，坚定"其他很多方法都能满足潜在利益"这一信念，是框式重组开始的第一步。

积极重组

灵活运用框式重组的技巧，转变交易中的消极情绪，这一过程被称为"积极重组"。

举例来说，如果将自己定位成"固执、倔强、死心眼"的负面形象，从和亲朋相处的角度上来看，会觉得自己确实是一个根本无法包容他人、难以交往的人。

但是，如果从工作角度看，自己可能就变为"有信念、工作勤勤恳恳、业务熟练、值得信赖的好员工"这样一个完全不同的正面形象。这种视角的转换同样适用于交易。请看下面的走势图。

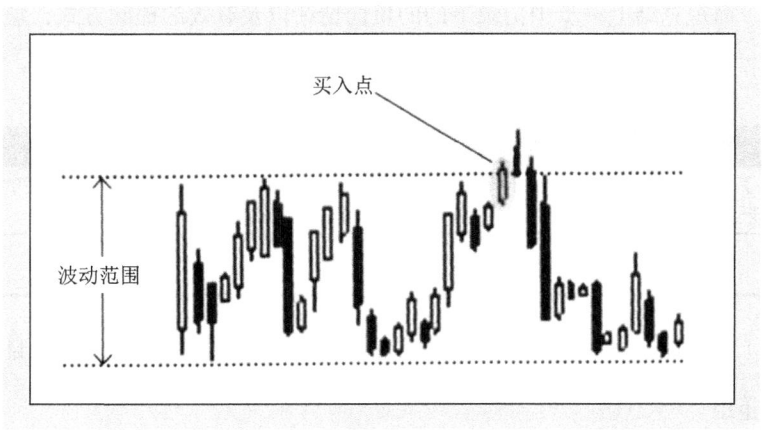

假设投资者在股价跌破波动范围时买进。如果股价在此开始反弹，再次升到波幅内，投资者便会产生"肯定被套住了。再怎么看股价只会继续下跌"的消极情绪。

此时，投资者可以静下心来问自己如下问题。

"过去发生过几次股价在波幅支持线处转为上涨的情况，这是否意味着这次也有可能再度回升？""假设自己未持有买单并在等待买入时机，想想低价买进，但价格却一直降不下来。如果股价低于支撑线并跌破下限价格，是否表示价格有可能再次上涨，让自己错过买入时机？"

通过问自己这样的问题，投资者会豁然开朗："确实如此。回测结果已经证明，即使这次行情走向和预期出现偏差，但只要按照规则继续交易，总体上来看还是能盈利。所以不要着急，按交易规则慢慢来！"并激发出积极的情绪。

下面介绍积极重组的方法。

（1）深入回想自己在交易过程中出现情绪化、违背交易规则的情况。

（2）具体记录当时的场景和产生的消极情绪。

（3）针对各消极情绪，思考怎样的提问能够将其替换成积极情感，并记录下来。

（4）简短总结上一步中记录下的的负面情绪以及有效的提问方式，填写以下自检表。

迸发的危险情绪	有效提问方式
（例）即使出现潜在亏损，也坚信能赚回来	（例）若股价跌到原来的1/10，怎么办

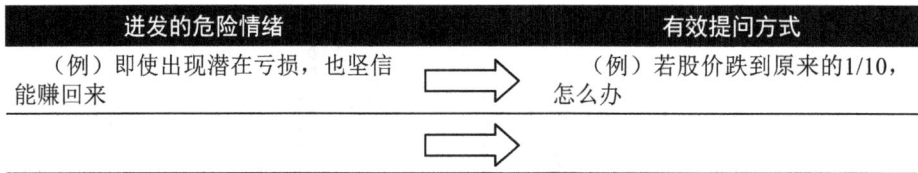

（5）将自检表挂在醒目的地方。出现消极情绪时，依照自检表自问自答，进行积极重组。

5.6　认识并消除偏见

请浏览以下走势图，想象行情可能出现的几种变化趋势。

如果投资者能够想象出的情况较少，则要注意以往经历给自己带来的"偏见"。

例如，曾经在股市最低价时买入而大赚一笔的人，或是没有在最低价买入而因此后悔不已的人，就很可能做出"股价会上涨"的判断。

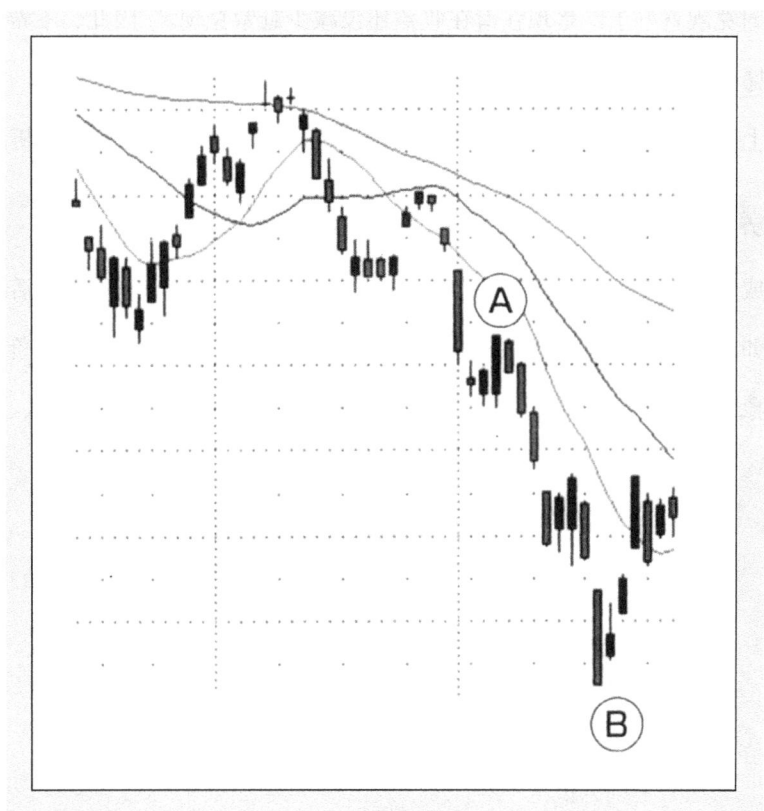

相反，有些人瞄准股市大底买入，但没想到之后大盘击穿年线，最终遭受巨大损失，或者有些投资者曾在同样情况下卖空而获得利润，在他们看来，股价还会继续下跌。

此外，交易的时机和投资者的"愿望"也会导致偏见的产生。

比如，在走势图 A 点买入的投资者心想："股价终于回升，再涨一点就得卖出。不能有任何亏损。"这样一来，不想蒙受巨大损失、希望股价上升的愿望就有可能使投资者产生"股价会继续上升"的偏见。

而在 B 点选择买入的投资者则会想："情况不妙，股价停滞不前。要是在刚刚回升时兑现就好了。趁现在潜在收益还没减少赶紧兑现。"因此，不希望股价下跌的愿望便会使投资者产生"股价会继续下跌"的偏见。

综上所述，过去经历和交易时机都可能使投资者变冲动而片面地分析问题。

培养中立的视角

要成为一名成功的投资者，就需形成从不同角度分析股市行情的灵活思维。

比如，如果把股价波动图画在以下方框内的左下方，便会给人一种价格要上涨的印象。因此，投资者会认为这是"逢低买入好时机"，从而选择买入。

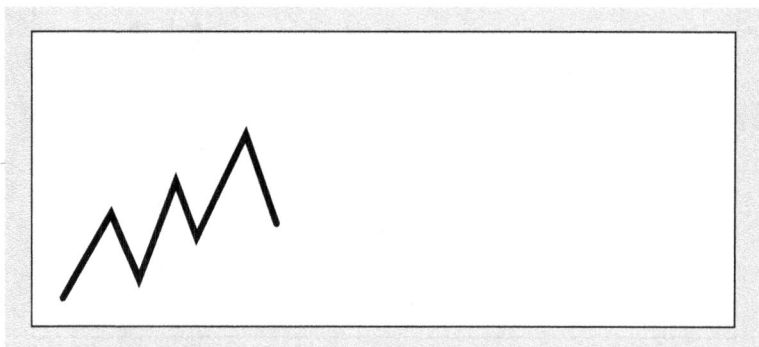

但是，如果把完全相同的波动图画在方框内的左上角，就会给人一种股价将要下跌的印象。这会引发投资者的不安，促使其提前止损。

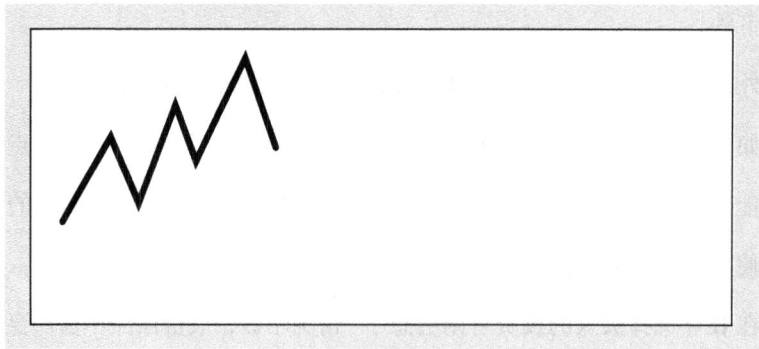

同样的股价波动，投资者如果从不同的角度分析，就会得出完全不同的理解。

因此，投资者首先要弄清楚以往经历和自身期望给自己戴上了怎样的有色眼镜。在摘下该有色眼镜后，投资者要学会站在中立的立场上进行冷静的判断。

比如，刚买进股票，股价就开始下跌，虽然还未到达止损点，可投资者认定股价会继续下降，于是不顾交易规则打算平仓。当遇到这种情况时，投资者可以采取以下措施。

- 暂时忘记自己持有头寸这件事（想象自己没有头寸的情况）。
- 在该状态下判断现在是否为卖空的时机。

如果投资者判断股价会继续下跌，那么自己在未持有头寸的状态下肯定会毫不犹豫地卖空。但是绝大部分情况下投资者都不会认为现在是卖空的好时机。也就是说，"股价会继续下跌"的印象是由"不想让损失进一步扩大"这一主观愿望滋生的偏见。

投资者往往会从主观角度出发采取相应的行动。然而，这种主观视角会让投资者产生偏见，最终导致失败。因此对投资者来说，了解什么是主观视角，并学会站在中立的立场上思考问题，这一点非常重要。

消除偏见的方法

如果投资者总是凭主观感觉进行一些没有确凿根据的判断，会导致主观的视角（即偏见）控制交易过程，最终酿成失败的苦果。即使行情走势碰巧与预测一致，也只会使自己的偏见更加根深蒂固，最终让投资者蒙受更大的损失。

以下列举了一些消除偏见的方法，投资者可根据个人的需要记录到自检表中。

对自己头寸的无根据的偏见		有效的提问
股价暴跌，应该没有再跌的余地了。趁现在赶紧买入	⇒	行情持续暴跌，资金缩水成原来的十几分之一的情况也不是不可能
即使出现潜在亏损，只要能保持头寸规模，总能赚回来	⇒	股价不是只会上下波动。如果行情停滞，或亏损增大该怎么办
刚进行止损，股价马上反弹回升，如果出现这样的情况自己会非常后悔	⇒	几次因止损导致亏损不算什么，从总体上来说，按照交易规则进行止损才能使自己最终获利
手里的头寸已经开始获利，但是价格却恢复到之前设定抛售价格的水准。在此回补平仓会不甘心，不如等股价再涨一点，再多赚一点时卖出去吧	⇒	如果手里没有头寸的话会怎样考虑？是否会考虑卖空？假设手里没有头寸，自己会怎样分析问题
现在正是进行交易的绝好时机。就算投入全部资金，也不能放过这个机会 为了赚回之前亏损的资金，这次一定要赌一次	⇒	行情走势和预期完全相反时，是否能接受这时的损失额？出现亏损后能否正常继续交易？是否提前确认了出现最大跌幅时的交易金额
一看到走势图和交易信息就想不顾后果地赌一回	⇒	是否制订了交易计划
相信自己的预测，投入全部资金	⇒	若行情走势与预期完全相反，自己是否能接受产生的损失
虽然确定了目标值，但还是想利用手中的头寸趁势再赚一笔。辛辛苦苦赚来的利润，亏了就太可惜了。同时担心股价下跌，想回补平仓	⇒	从整体收益出发考虑交易。即使在未到目标值的情况下提前止损，如果能按照交易规则进行交易，最终还是会有一定的盈利 不要局限于单次交易，用几次交易所获得的总利润减去亏损，看看会得出怎样的结果 得出的结果是不是损大于利？考虑如果违背交易规则会导致怎样的结果
涨势迅猛，应该还有上涨的空间。虽然价格有点高，但再不买肯定会错过时机	⇒	难道没有股价过热的感觉么

（续）

对自己头寸的无根据的偏见		有效的提问
当前交易系统似乎出现了问题。最近只要按其提供的信息进行交易一定会赔钱。如果和交易系统相向而行，应该就能盈利	⇒	从长远角度分析情况会如何？如果用相反的条件进行回测，将得出怎样的结果
虽然还未到达最大止损点，但资金已经开始缩水。由于不愿出现亏损，便想减少交易股数	⇒	减少交易股数意味着获得的利润也会减少。如果坚持要减少股数，很可能无法获得与模拟交易相同水平的收益。如果仅仅因为"害怕"而想调整头寸规模，请考虑当初设置头寸规模时是否存在漏洞？此外，如果一开始就采用了通过增减资金来调整头寸的方法，是否应该验证一下可能出现的结果

| 第6章 |
トレードの成功哲学

事业计划

养成维护策略的计划和习惯

在第 3 章和第 4 章中我们提到，理想模式描绘得越具体，就越能抓准构筑三位一体的交易策略过程中的问题。

除此之外，理想模式还能加强我们的交易动机，让我们锲而不舍，同时也对"事业计划"的构筑起着十分重要的作用。有了它，具体的事业计划——从现在起到何时，按何种步骤彻底解决问题，几年之后达到理想模式——便明了起来。

当然，在不断解决问题、走向理想模式的过程中，需要我们灵活应对各种状况。因为有时事业计划需要更改，抑或是我们又拥有了新的理想模式。

事实上，每前进一步，理想模式往往都会发生变化。因此，当我们定期（比如每年）重新研究事业计划时，及时修正理想模式极其重要。不要固执地认为"必须要达到最初设定的理想模式"，我们要做的是全力以赴，灵活应对。

但是，无论我们怎样打磨三位一体的交易策略，由于环境、精神、身体等方面的负面影响，生活节奏被打乱，最佳水平得不到发挥——这样的事时有发生。在追逐理想模式的道路上，交易失败甚至倒退的时候也不在少数。总之，交易之路并不总是阳光明媚、一帆风顺，恰恰相反，我们总是在风雨中奋勇前进。

只有坚持不懈，脚踏实地，才能拿到通往成功（理想模式）之门的钥匙。正因如此，我们才需要制订事业计划并对其进行定期确认和修改。同时，将那些能积极影响交易的行为变为自己的日常习惯也是取得成功的有效之举。

根据理想模式制订事业计划

几乎所有的交易赢家都有这样一个共同之处：考虑交易规则和可能发生的意外事情，明确制订了各个阶段的计划。因为只要有了计划，就算发生了意外事故，我们也能有效应对。

按照交易规则，交易开始前我们就要设想好该交易的获利目标以及当初的止损点、头寸持有时间。同样，赢家们会根据自己的理想与理念，制订在资金管理、日常生活甚至整个人生等所有领域的计划，用以告知自己"如果这样，我就这样"。

热身结束后，我们将开始制订推动三位一体交易策略达到理想模式的具体计划，也就是事业计划。

举个例子，如果要达到"提高营业资产至 1 亿日元"的理想状态（目标），应该制订怎样的计划呢？以下是目前的状况。

- 营业性净资产（投资本金）为500万日元。
- 根据回测结果，目前交易系统的期望年收益率为60%。
- 若单纯以复利的方式进行投资，7年后可达到目标。
- 自己可接受的风险损失为营业资产的20%。

这里，我们要利用第 4 章介绍的问题解决表来拟定计划。如果还没有想出好的解决策略，可以向熟知自己情况的人或导师征求意见，说不定就能找到线索。

找到解决策略后，接下来就是实行。要注意设置好实现理想模式路途中的"**里程碑**"。所谓里程碑，是指阶段性目标。假设把理想的实现看成100%，具体写出到何时能解决多少（×%）问题。然后将时间段划分为 1 年、2 年、3 年、4 年、5 年或者更多，制订相应的计划。

如图 6-1 所示，该投资者便通过问题解决表明确了问题点，并思考罗列出了解决策略。

然后根据自己对最佳方案的思考，首先，缩小了交易系统的最大头寸，降低了风险回报，并将期望收益率下调至 40%。接着在投入资金方面，决定每年 1 月追加 100 万元，每年 6 月追加 50 万元，其他每月追加 5 万元，五年后就将原来的 500 万元投资本金（资本）提高至 1 000 万元。

与此同时，该投资者还决定开发能提高交易系统回报、降低风险的交易规则。于是现状又发生了变化。

- 营业性净资产为500万日元（若每年追加100万元，五年后则变成1 000万日元）。
- 自己可接受的风险损失为营业资产的20%。
- 若单纯以复利的方式进行投资，7~8年后可达到目标。
- 目前交易系统的期望年收益率为40%。

再次利用问题解决表，找出新的问题点和解决策略（见图 6-2）。

<现状>
- 营业性净资产（投资本金）为500万日元。
- 根据回测结果，目前交易系统的期望年收益率为60%。
- 若单纯以复利的方式进行投资，7年后可达到目标。
- 自己可接受的风险损失为投资本金的20%。

问题点是什么？

<目标>

提高投资本金至1亿日元。

<问题点>

根据回测结果，目前交易系统的最大跌幅为40%，将来还有可能出现80%的最坏情况。而这已经远远超过了自己可接受的风险损失。

<解决策略>

从以下选出最佳的解决对策。

- 提高可接受风险损失的比率。
- 降低目标金额。
- 增加营业性净资产（投资本金）。
- 延长达成目标的时间。
- 降低现行系统的风险回报。
- 寻求能进一步降低风险的交易规则。

图 6-1　利用问题解决表草拟事业计划

<现状>

- 营业性净资产为500万日元（若每年追加100万元，五年后则变成1 000万元）。
- 目前交易系统的期望年收益率为40%。
- 若单纯以复利的方式进行投资，7~8年后可达到目标。
- 自己可接受的风险损失为营业资产的20%。

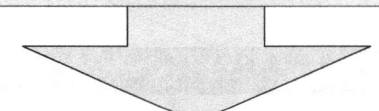

<目标>

提高投资本金至1亿日元。

<问题点>

在该交易系统下，投资本金未能如愿增加，还有可能出现亏损200万元本金的最坏情况。心理上是否能承受？

<解决策略>

留意交易结束后对头寸的情感变化。若发觉自己因为头寸不断增加而害怕起来，及时停止增大头寸。一旦违背了交易规则，则返回热身步骤。

同时，制定能降低交易系统风险、提高收益的交易规则或附加规则。

图6-2 利用问题解决表修改事业计划

此时，问题变成了心理上是否能承受亏损 200 万本金的最坏情况，因此所制定的解决策略也相应变成了"留意对于头寸的情感变化"。如果感觉自己无法承受损失，并想违背交易规则的话，请返回热身步骤，重新开始制订事业计划。

同时，该投资者还准备制定能降低交易系统风险、提高收益的交易规则。

就这样，在问题解决表的帮助下，投资者能逐渐明晰每年每月的增加资本计划和交易规则的制定数目（比如"每月制定四种交易规则并进行检验"）。之后，每个月都要重新考虑计划实行的进度情况。

如果完成了计划，那就奖励一下自己吧。要知道，成就感是促使交易策略达到理想模式的推动力量。

虽然计划免不了修改和调整，但如果过于频繁，则会破坏交易策略前后的一贯性。因此，一年修改一次较为适宜。

制作愿景板

把实现理想模式时的图片贴在软木板上，并挂在自己每天都能看到的地方——这对实现理想也十分有效。这就是"愿景板"。

举个例子，假如自己的理想状态是"时间充裕，在家交易，又可悠闲地生活"，那么就把符合理想状态的图片剪下来，如宽敞整洁的交易室以及享受旅行和爱好时的照片、相关简介、宣传册等，贴在软木板上。如果经常看，理想状态的画面便能融入潜意识当中，促使自己努力实现真正的理想模式。

让运动成为一种习惯

要想培养健全的精神和身体，需要抽出时间定期进行适量的运动。如果有心的话，一般人应该都能抽出这点时间。在第 7 章的访谈中也会提到，几乎所有的交易赢家都有运动的习惯。

假若体力下降，身体不适，则很容易引起人的消极情绪；如果患有严重的疾病，那交易就更不可能进行了。

同时，睡眠对维持健康也十分重要。由于每个人的"适度"睡眠时间存在差异，所以了解自己的最佳时间和时间段也是自我认知的一部分。

每日积极自我询问

为了防止目标向量在我们朝着理想模式付诸实践的过程中发生偏移，可以尝试以下方法——形成每天"自问"的习惯。也就是通过每天的自我询问，客观地确认自己的行为是否与理想模式的方向一致。

由于交易进行的时间段和时间范围因人而异，所以第一步请确定好自己一天交易开始和结束的时间。第二步，就是养成以下自我询问的习惯。

1. 激发活力的自问

在交易开始前，进行"激发活力的自问"。自问是对自己追求理想的动机，以及想从交易中获得什么的再次确认。

实际上，我们没有时间对问题进行一一思考，所以可能会脱口而出以前已回答过的答案。尽管如此，但还是请用心回答。要亲眼、亲耳、亲身地感受此时的情境，充分体味此刻的感情。

如果难以得出答案，请将第一个问题"我……对……"换成答案为"是"或"不是"的提问"我是否……"为了方便读者理解，下面列举出了各问题的具体回答，以做参考。

（1）我现在为交易的什么而感到幸福？

能给我带来幸福感的是什么？

它能给我带来怎样的感觉？

- 我现在为按照自己想出的交易技巧运营资产而感到幸福。
- 自己想出的交易技巧发挥了作用，而且无论在什么情况下都能严守规则，坚持交易，这让我觉得很幸福。
- 它能给我一种安心的感觉。

（2）我现在为交易的什么而兴奋不已？

能让我兴奋不已的是什么？

它能给我带来怎样的感觉？

- 我现在为自己所想出的交易方法运行顺利而兴奋不已。
- 尽管有波动，但从长期来看运营资产将不断增多，这种期待感让我兴奋不已。另外，发现新的交易规则也让我兴奋不已。
- 它能带给我一种快活、乐观的心情。

（3）目前我在交易中完成了什么目标？

它能给我带来怎样的感觉？

- 我现在学会了在系统型交易中获得稳定投资业绩的技巧。
- 这让我感觉到自己正在成长。

（4）我现在为交易中的什么而感激？

我所感激的是什么？

它能给我带来怎样的感觉？

- 我现在为消除了眼前的紧张感而感激。
- 我感谢可接受风险的指标变得明确。
- 它给我一种非常放心的感觉。

（5）我现在对交易中的什么乐在其中？

能让我快乐的是什么？

它能给我带来怎样的感觉？

- 按照自己想出的交易技巧运营资产让我乐在其中。
- 如果交易技巧能运行顺利，我会更快乐。
- 它能让我情绪高涨。

2. 结束后的高效自问

在交易结束后，进行"结束后的高效自问"。通过积极发现自己认真处理细节的一面，并予以肯定，从而达到激励自己继续努力的效果。

（1）今天我在交易方面为自己带来了什么？

为谁做出了怎样的贡献？

- 今天我按照交易方法冷静地完成了交易，没有中途放弃，成功坚守了原则和要求。
- 我将此事告诉了交易伙伴，让大家认识到冷静行动的重要性。

（2）今天我在交易方面学到了什么？

- 我重新看了一次有关金牌交易者访谈的内容，再次认识到一定要对交易抱有探究精神。

（3）今天我在交易的哪个方面提高了水平？
如果要成为一名理想的交易者，自己具备了什么条件？

- 我对自己从书中得出的交易规则进行了检验。
- 在检验过程中，又产生出更新颖的想法。

3．为解决问题的自问

当交易出现困难时，进行"为解决问题的自问"，以确认当前的交易方式是否存在问题。同时，该自问还能让自己意识到"这个问题能促进自我成长""困境也是一种机遇"。

（1）对于这个问题的正确做法是什么？

- 对于"每当行情与那次碰巧大赚一笔时的情况一样时，便想自主判断大投一笔"这个问题。正确的做法应该是：明确此时的条件，并予以验证。

（2）要想成为一名理想的交易者，还存在哪些不足？

- 制定能完善当前交易方法的交易规则。
- 应进一步强化复利投资的概念。

（3）要想成为一名理想的交易者，还需要做些什么？

- 增加交易规则时，要更加积极主动。

- 要对以复利进行投资时的模拟交易予以确认。

（4）打算如何具体实施一名理想交易者应该采取的行为？

- 不会让所有想法淹没在脑海中，而是将其系统化并予以检验，体会交易技巧得到提高的感觉，以及"发现宝贝"时的兴奋感。
- 在经验交流会上与大家交换意见，以此得到刺激和启发。

当这种"形式"成为一种习惯，我们的心态自然而然就变得积极起来，精力越来越集中，应对交易也更加游刃有余。

提高积极性的关键词

要想达到理想模式，保持积极性是必不可少的。但事实上，体内的生物钟有时也会紊乱崩溃，使我们走向错误的方向。

在这个时候，我们可以运用以下"关键词"来鼓舞自己。

- 坚持交易才是成功，才能让我高兴。
- 真正的收益不是靠交易赚取的利润，而是把握盈利技巧的自己。
- 为之则事成，不为则事存。
- 我拥有的财富是所经历的过程，而不是结果。
- 我正在一步一步向理想中的交易者靠近，并且我拥有实现理想的能力。
- 为了实现理想，不惜一切努力。
- 失败乃兵家常事，这只是单纯的结果，并不代表一切。
- 行情总是出乎意外，但我拥有应变一切的能力。
- 我所经历的一切事情都是有意义的。问题只针对于能解决它的人而存在。

- 事情不如所愿时,"停下来思考"也许更好。风雨过后必是晴天。
- 安下心踏踏实实地朝着目标努力。追求的目标越高,所需的时间也就越多。
- 保持身心的最佳状态。
- 亏损时受到精神打击是正常现象,但要提前明确风险处理的方法。
- 无论多小的问题,只要解决就是进步!如果可以,最好一一消灭。
- 只要今天一天能坚定、淡然地按照规则进行交易,我就成功了。
- 如果觉得自己难以应对,换个角度重新考虑,或者换一个选择。
- 能盈利的想法比眼前的收益更重要。
- 自己当下的处境是自己一手造成的,所以要对此负责。
- 烦恼的时候,便是学习的时机。

如果其中有让你恍然大悟的关键词,请有效地利用起来。当然,也可以找到并写出适合自己的"我的关键词"。

制订事业计划表

接下来,让我们整理一下之前做的所有工作,开始着手制订事业计划表。把对以下问题的回答写在一张海报上,贴在自己经常能看到的地方。

以下列举出了各问题的具体回答,以做参考。

——交易成功后的理想状态是什么?

- 进行"投机性投资"的同时,拿出部分盈利定期投入到股市等"投资管理"项目中，将所得的利润作为生活费。
- 利用部分投资收益开设美容沙龙，并在全国范围内扩展。

——达到理想状态后想获得什么？

- 想进一步学习新知识、新技术，变得更加成熟老练。
- 想充分体味投资和经营的乐趣，获得自由。

——今年的目标是什么？

- 每天拿出1小时或更多时间投身于交易。
- 将运用复利投资的模拟交易增加到现行的交易方法中去，并根据运营资产的增减情况确立设置头寸的方法。
- 为改进现行的交易方法，每天想出一个有关交易规则的新点子。
- 调查新的市场（股票、期货、外汇、海外股票等），尝试涉足其中之一。

——你对交易抱有怎样的信念？

- 交易是一种享受。
- 交易能让自己成长。
- 交易能让人身心健康，让人生充满活力。

——对于交易你持有怎样的立场？

- 按他人指示行动的立场。
- 从交易技巧开发到具体执行，全部事必躬亲的立场。

- 开发交易技巧，并让他人运用该技巧的立场。
- 对交易技巧进行投资的立场（使用基金的立场）。

——除了交易公司提供的软件，是否还装有其他的必备软件（验证软件、信号显示软件、资金管理软件等）？若是，要如何准备？

- 欲购入能同时进行验证、信号显示、资金管理的软件。

——交易技巧情况如何（交易风格、交易规则、预期值、风险收益比等）？

- 交易风格：日内波段交易，在开盘价下单。尽可能追求简单。
- 交易规则：按交易技术原理制定。同时也要考虑大局走势和相关市场动向。
- 风险收益率：收益值大概是风险值的2倍。

——资金管理情况如何（可接受风险损失、头寸等）？

- 可接受风险损失为投资本金的15%。
- 头寸（一次交易）：计算时要考虑各交易规则下的最大跌幅和风险收益率。
- 波段交易规则是将头寸设定为计算值的1/2，以应对潜在亏损。

——能想到的最坏情况是什么？如果发生，将采取怎样的应对方法？

- "因下单错误（买卖错误、头寸输入错误、忘记下单等）而导致的严重损失"。既定的事实已经无法改变，因此不要慌张，只需按照交易规则冷静地做该做的事。切勿失去理智，为了掩盖错误而进行赌博似的交易。

- "世界重大事件或灾害的发生引发股价大幅波动，从而导致心理恐慌"。对此，首先要明白，过去的回测已经将这些事情纳入了考虑范围。虽然说要始终遵守交易规则，但如果心理上实在无法坚持，则考虑是否能缩小头寸，以最小头寸单位进行交易。

——要想成为一名成熟老练的交易者，每天要做些什么？

- 努力享受交易（和交易伙伴交流、制作能提醒自己交易成功后会变成怎样的愿景板等）。
- 检验交易技巧。
- 检查资金管理。
- 为开拓新市场做准备。

——是否存在不想执行事业计划这样的心理问题？若存在，该如何解决？

- "行情波动剧烈时，有时会萌发投机赌一把的想法"。就算把交易当作赌博，也要写出包含退出战术在内的明确的交易规则，并确认回测结果。

——怎样避免失误？对于已经犯下的错误，怎么做才能避免再犯？

- 下单时集中注意力（不考虑其他任何事情）。
- 下单后立即检查确认所下的单是否正确。
- 若发现错误，要立即改正（即使该错误阴差阳错使得最终结果还是盈利，也不能违背规则进行交易）。
- 不要想着挽回失误。
- 冷静处理，切勿让失误连续发生（失误链）。

第7章
トレードの成功哲学

交易赢家访谈

7.1 拉里·威廉斯（个人投资家）

——以对交易永恒不变的热情而闻名世界的个人交易者

> 闻名世界的个人投资家——拉里·威廉斯。他在加勒比海美属维尔京群岛的圣克里斯托弗岛上拥有一座豪宅，他就在其中的一个房间里进行交易。此次的访谈正是在其证券交易的办公室内进行的。
>
> 这一天，在岛上的餐厅一起吃完饭之后，他亲自开车带我参观小岛。在岛上突出的一角，他笑着透露了他住在这里的一个原因："这个岛的税金是4%，对投资家来说再好不过了。"即使不是这个原因，能在这个蓝天绿树环绕的小岛上生活也是一名成功交易者的梦想吧。

——您现在在哪个市场进行交易呢？

主要以商品期货市场为主。同时还包括股票市场等。

——是系统型交易吗？

虽然我也有交易系统，但是我不会仅依靠交易系统吃饭。当然100%的系统自动交易也是可行的。只是我并不适合这种交易方式。

在圣克里斯托弗岛和拉里·威廉斯的合影

——您是如何决定开始交易的时机的呢？

根据我现在正在使用的指标来决定，我把它叫作"动量驱动"，我很喜欢它的模式和资本增益。

——您是以什么为基准来决定止损点的位置的呢？

我认为观察行情应该主要观察当时行情的结构本身，而不是价格的高低。行市结构会告诉我何时退出，也就是止损点的位置。

——您平时是如何进行资金管理的呢？

我的赌注向来是很小的，我会把每次交易的损失控制在2%以下。

日间交易，动辄需要很多的保证金。然而，当出现高额的损失时，由于没有充足的时间去挽回损失，所以有可能造成更大的损失。但是，如果一天之内不能取得高额的收益，又没有时间挽回损失，那最后就只能亏损。我进行交易的时间单位通常为一个月或两个月。因为小额的日间交易对我来说很难赚钱。没有大的价格波动，仅仅一天时间就结束的交易方式并不适合我。

——您每年预计会有多少收益呢？

首先希望您能理解市场会有大年和小年。我基本在6%左右。当然，有的年份会达不到这个数字，但姑且预计为这个数字。

几年前，我又赚了大约200万美元，也就是说多少还是赚了一些钱。

——您在平均每场交易中，会允许多少风险呢？

平均每场交易我会做好出现1 000~1 500美元损失的心理准备。但是，基本上都是通过行情来判断风险。例如，在一个很小的市场上，如果行情没有什么变动，我会放弃交易。

——您是如何获得已经验证完毕的交易系统的呢？

我是自己来做交易系统的。也有人会给我做交易系统，但是不同人做的交易系统会有不同的弱点。

我也花钱请人做过交易系统。但是，因为用着不顺手，从那以后，我便开始自己做交易系统。

——是以什么为基准来判断交易是否按照计划进行呢？

最好的方法是判断交易系统是否起作用。举一个简单的例子，看移动平均线就可以了。股市的系统型交易者如果看到系统发出了买进信号就一定会交易。但是，如果股价转而下跌的话，即使系统发出了买进信号，此时买进也是十分危险的，在这种情况下就应该放弃买进交易。可以在股票价格回升到移动平均线以上之后再重新开始交易。能否熟练使用交易系统是一个重要的衡量标准。

——您的交易立场是什么？

幸运的是我没有上司也没有下属。另外，我也没有客户。

我都是机械地下单，但并不是在线交易，而是系统自行下单。只是，我不喜欢全天24小时监视自己的股票走势，我也不认为那会和我的收益挂钩。因为股市不是我一个人可以操控的。

我所能做的就是当行市动向异常，或者我自己做的交易系统在行市上不起作用时，不做蠢事。

——如何防止出现失误呢？

我现在也会出现失误。而作为预防措施就是制定预防规则。不仅要事先考虑在哪里开始交易，更加有必要事先想好在哪里结束。

——如何才能防止犯同样的错误呢？

要清楚地知道自己在做什么。我很清楚自己所做的交易，我非常明白下单的理由。之所以这样说，也是因为我每天都会记录自己当天的交易情况。同时也会记录出现亏损的日期。虽然看到自己的亏损记录是很难过的，但是这很重要。

——能告诉我您一天的日程安排吗？

早上起床之后，先看一下市场行情。之后在海岸散步，做体操。离我家很近的地方有一个半月形的沙滩，十分美丽。之后会回复电子邮件。我的工作是在市场结束之后。收盘后，我会想好明天需要做的工作。这样一来，第二天早上就不用再考虑战略了。因为在前一天晚上我就已经决定好了。早上则只是在沙滩上锻炼身体。

——现在的市场是全天24小时都在运作。对于活跃在各种市场上的您来说，是在一天中的哪个时段进行交易呢？

交易到标准普尔500收市㊀的时间。也就是这边时间的17时15分。之后在19时之前思考交易的策略。

剩下的大半时间不是观察市场，而是做做研究，写写东西，做做菜。去购物、做菜。我做菜还是很拿手的。

——您是如何进行交易的学习呢？

首先是自己的笔记。经常会被问到"最好的书是什么"。我的回答都是：我自己所写的书。

——交易的最终目标是什么？

最终目标是幸福。我现在也很幸福，但是我现在还不会退休。

我今年70岁。虽然很多人都会在70岁时退休，但是我不明白他们为什么会退休。因为对我来说隐退就意味着死亡。我现在也在从事自己所喜欢的事情。

的确，上了年纪之后速度变得缓慢、交易也不像从前那样攻势强劲。调查研究也不如从前。

我从前工作更拼命。甚至朋友都劝我说，别这么拼命。但是当时我一直对他们说"不要管我"。

我非常喜欢交易，交易市场就是我的花园。从来没有想过退休不干。这里就是我找到自我价值的地方。

——当您交易成功的时候，您是一种什么样的心情呢？

我会深切感到自己是个专业的交易者，心情十分激动。做交易，同时能够授

㊀ 标准普尔500股票指数是纽约证券交易所的大盘指数，因此拉里的交易时间就是美国股市的交易时段。——译者注

人以渔，对我来说就十分有成就感。

我是个个人投资家，可以决定自己的工作方式。有许多人在进行交易时并没有竭尽全力，我认为他们只是把交易当游戏。

我自身也一直信奉"我能行"的信条，并且一直在努力。因此，我对自己很有信心。我也写东西，如果我所写的东西能够对其他人有所帮助，我也会感觉非常幸福。

——在这里想问您几个问题，不用刻意地对含义加以说明，想到什么就说什么。在交易中，安稳、自由、重要感、爱、成长、贡献这几个关键词中您认为哪些词是重要的呢？（请注意在这里用的是"关键词"，而不是本书前文所说的"欲望"。）

"自由"才是我从事交易的原因。我的父亲一直从事普通的工作，并没有什么自由。凌晨2点去工作，晚上更是很晚才回到家。而那就是他的人生。我不想过那样的人生。

一位担任基金经理的日本朋友，有一天突然开始环游世界。他对周围的人说："我做自己喜欢的事情，自己不喜欢的事情就不做。"我们也会做很多工作，但是我们很自由。可以说能够自由也是我们工作的一个目的。

——可以说您现在的工作是自由的吧？

大致是的。我曾经有一次因为交易头寸过大而与沙特阿拉伯当局发生纠纷；在澳大利亚由于税金的问题产生纠纷。但是，即使有这些纠纷，但可以自己决定工作时间，自由地交易，这一点更吸引我。

"重要感"对我来说并不重要。我也没有在公司里工作过，因此在公司里的头衔对我来说并不重要。

但是,"优秀的操盘手"这个称呼可以说是我的骄傲。可以说这也是我的追求之一。

——俗话说"爱好生巧匠",想必您的情况也正是如此吧?

是的。就是热情。工作的热情不仅给我带来了金钱,热情还会让人成长。

我的儿子也是因为爱好而成为一名医生,我的女儿也对她演员的工作充满热情,另外一个女儿为了成为心理学者进入了大学。这些都是热情使然。

金钱只不过是手段,与其相比更重要的则是热情。当然热情也是需要不断培养的。"成长"可以说也是非常重要的关键词。我自身也非常想让大家都知道我一直以来都做了什么。在大学踢足球时,也十分喜欢大家说我"做得棒"。

通过交易赚钱是我表现智慧的一个方式,也可以说是我从事交易的一个理由。

交易是让自己成长的一个方法。交易是我的一个老师,教会我许多经验教训。

与此同时,市场也是不断成长的,所以必须不断学习。在市场上所发生的事,不论是成功还是失败,市场会告诉我们上帝在哪里、何为人性等问题。

由于我们无法分析市场上发生的所有事,因此,作为投资家必须不断学习。不论是刚入行时还是现在,我同样都在不断努力学习。

"贡献"也是一个很好的关键词。我把自己著作的版税都捐赠给了俄勒冈大学。去年我捐赠了1万美元。有一年我还捐赠了2500万美元,虽然是一笔不小的数额,但是对我来说并不是天文数字。贡献也是我从事交易的一个原因。

顺便说一下,我的儿子曾经为我做过诊断。那时我对风险的理解比其他任何人的成绩都要低。我的儿子提醒我要多加注意;而我当时也只是说"不要放在心上，你管好你自己的工作就行了"（其子杰森·威廉斯出版了 *The Mental Edge in Trading* 这本交易心理学的书，Pan Rolling出版社打算出版其日译本）。

——在进行交易时，如何保持积极的姿态呢？

或许你会觉得不可思议，其实我在交易时是一个悲观主义者。但是这并不是对人生的态度，仅限于交易。

交易时，我会经常考虑亏损。那也是我的一个心态。会经常犹豫，"真的还要接着赌下去吗？放弃是不是会更好呢？"之后才开始进行交易。

如果自以为是地认为自己是一个伟大的交易者要战胜市场的话，就很可能会损失大笔金钱吧。我对家庭和人生的态度并非如此，只是对头寸常持有悲观态度。

这样一来，就不会和市场过不去。因为对于头寸持有悲观的态度已经成为我交易生涯的一部分。

我通过交易证明了自己的存在价值，我认为我做到了这一点。有一些人想要看我的交易记录，我曾经还说"饶了我吧"，当时十分生气，但是现在不会再生气了。

我写书、育人，我的学生中有几个人都是交易锦标赛的冠军。但是，以后我不会再参加比赛了，因为已经没有参加的必要了。

——但即使如此您现在还是在积极地进行交易不是吗？

当然，我对交易还饱含热情。现在也仍然有随时准备上战场搏斗一般的工作热情。但是，对于头寸的想法是悲观的。这大概也是我自我保护的一个心理平衡手段吧。

——前几天听说您开始了大豆的交易。今后您也将不断增加头寸吗?

增加头寸并不常见。一般来说,建立了一个头寸之后就不会再做追加了。

大豆在2012年上升了,在2013年应该还会上升。根据我的记录数据和以往经验,带"13"这个数字的年份都是上升的年份。另外在一个位置上获得收益后我还会投资到别的市场。

我想或许我和其他很多交易者的做法不一样,因为我经常会中断一场交易。

类似这样的情况下,其他的交易者会马上重新开始交易。特别是和市场走势过不去的时候更是如此。但是,我不会和市场过不去。比如说,我现在中断了美国国债的交易,我会择日重新开始交易。当市场重新具备基本面,技术分析又回来了的时候,我才会重返股市。

我从来不曾任凭意气去交易。我会看清形势之后再进行交易。另外,我也会偶尔赌一次。但是也仅此而已。恐怕斯科特(斯科特·拉姆齐,稍后会讲到)就是在好的形势下不断增加头寸的类型的人吧。

——当您损失巨款的时候也会这样冷静吗?

我会睡得很香,金额的多少并不是问题。我并不会因为失去金钱而痛心,而是对交易失败感到不甘心。

我第一次交易亏损的时候,一边说着"竟然亏损了5 000美元",一边诅咒这个世界上的一切。但是现在的话,即使损失5万美元我也会睡得很香。因为我知道下一次我一定会赚5.25万美元。

我一直认为在进行交易的时候必须忘记金额的多少。要告诉自己这仅仅是游戏。游戏就会有输赢。而这也是事实。

——果然，我还是觉得您属于积极性格的人。

我认为人生在于学习。和我前妻在一起的时候，也是纠纷不断。然后离婚，事业也开始不顺利，也因此失去了几百万美元。她是一个很爱家的人，在离婚之后的几年间我支付了1 500万美元。

当然，我当时也很生气。但是，即使在那时我也坚信"总有一天会拨得云开见月明"。即使在人生的最低谷，我还是相信总有一天我会东山再起。

——您人生的转折点是什么？

有很多。首先浮现在我脑海的是我开动脑筋选择工作的时候。想必我的父亲当时对我的选择也感到非常意外吧。

在俄勒冈大学时，我的专业是新闻。这也是我至今也在写书的原因。可这对我来说是一个非常好的锻炼。然而，当时的我对交易一无所知。因为我当时既没有选修商务课程，也没有选修经营课程。

但是有一天，我听到了朋友关于投资的一席话，我当时就在想："那是什么？"可以说这就是一个很大的转折点。

我当时感觉人们都是靠这个成功的。我就想："我也要学习，一定要靠这个赚钱。"并不是人人都会这么认为，但是对我来说就成为一个很大的转折点。

——您关于交易的信条是什么？

"下小的赌注，赚大把的钱"。首先考虑基本面，然后就是运用交易技巧合理进行资产组合。

——关于交易策略您是怎么看的呢？

不是靠感觉和推测，而是要学习技术。战略是很重要的。但是，战略并不是其他任何人能给我们的，需要我们自己准备。这是我们自己的工作，不能推给别人。

——关于资金管理您是怎么看的呢？

要想在交易市场立足，资金管理是最重要的。对于交易者来说最好的书是关于资金管理的书籍。经常会有人说："学习交易前，首先要学好资金管理。"说的就是这个道理。

在资金管理中最重要的是头寸管理。我年轻的时候也并不懂这一点。同一个市场，有的交易用2张，有的交易则用50张，用不同的张数进行交易，偏偏50张交易的时候亏本了。现在的我，不论是什么交易，基本都采用同样的张数交易。

经常会有人说"这个赌注一定会成功"，然后投入很大的赌注。但是我并不知道哪个赌注一定会成功。所以我都用同样的张数交易。

如果下相同的赌注，不论是哪一个头寸都有等同概率的风险和收益。这样一来也可以做到冷静分析。

——头寸管理和交易的时机是通过市场的流动性和价格变动率来决定的吗？

我和斯科特他们不同，他们都是运转大量资金的人，而我不需要一次下50张或者100张的赌注。因此，可以不必担心流动性。一次的赌注大约2 000～3 000美元。

从前的赌注要比现在大一些。但是现在我连50张的赌注也不会下。基本上都是相同的张数。但是，如果交易系统发出信号，显示赢的比率比平时要高的话，现在也会多少加大赌注。

——关于个人心理，您是怎么看的呢？

我会将心理学上的系统脱敏法（systematic desensitization）应用到交易中。意思是通过某种事物的不断反复刺激，就可以克服恐惧感。

例如，最开始看某个恐怖电影的时候，会非常害怕；但是如果连续看30次，就不像第一次那样害怕了。这就是心理学上的一个技巧。

赌博也是一样的。在拉斯维加斯赌博1美元，和一次赌博200美元或者300美元的心理是不同的。第一次赌博时会有"如果自己赌博输钱了家人会怎么想"等比较消极的想法。但是，逐渐地随着赌博次数的增加，就会变得不在意了。

我现在会进行高额的交易，而且进行得也很顺利。交易的时候也不需要特别的心理准备。现金货币和有价证券都是如此。

感情用事的行为，反而会付出很大的代价。我通过控制自己的情绪才能够顺利地走到今天。

——对您来说，理想的交易者是什么样的呢？

能够按照适合自己的方式进行交易的交易者。当然这种方式或许是随波逐流，或许是套汇交易，或许是100%靠系统的交易。但是，不论怎样，能够选择符合自己方式的交易者都是理想的交易者。

只是，或许大部分人都不应该炒股。因为这是一个高风险的职业。

——您认为今后将撼动市场的事件会是什么呢？

总统选举后的一年会有大的变化吧。战争和能源问题都会对市场造成很大的影响。

根据我的长期观察，接下来的市场行情会发生一些变动。从2004年开始，2015年的股市会出现牛市。商品市场，特别是大豆的行情将会呈现上涨的态势。

每天都可以在报纸新闻中找到影响市场变动的资料。但是我们不能忘记市场是有周期性的（在这之后威廉斯向我们展示了他自己所描绘的循环表格。在上面的确可以看得出股市牛市会在2014年中期开始，2015年会迅速上涨）。

> **拉里·威廉斯简介**
>
> 从20世纪50年代开始交易,是世界上最负盛名的短线交易者,也以交易界教育泰斗而著称。时至今日,培育出了数千名交易员。拥有多个交易员专业比赛的获胜记录,包括福布斯杂志"期货博士奖"首位获奖者。同时也获得了"终生调查员奖"和国际交易者2005年的"年度最佳交易者奖"。
>
> 另外,2002年圣地亚哥市将10月6日定为"拉里·威廉斯日"。
>
> 出现在CNBC和FOX等各大媒体的报道中。著有《短线交易秘诀》(第2版)等多部著作。

7.2 斯科特·拉姆齐(迪纳利资产管理公司代表)

——拉里·威廉斯先生极力称赞其为"世界第一"的自由裁量型交易者

杰克·施瓦格的专著《对冲基金奇才》,这本书上也有斯科特·拉姆齐的访谈内容。他是欧美投资家最为关注的对冲基金经理人之一。不可思议的是他和拉里·威廉斯居住在同一个岛上,并且是邻居。两个人私下交流也很频繁。这次的访谈也是在拉里·威廉斯的引荐下才得以实现的。

拉里·威廉斯先生极力称赞其为"世界首屈一指的对冲基金经理人、真正的操盘手"。

——能说一下您开始交易的经过吗？

我从大学时代的20世纪70年代末期开始就用自己的钱进行期货交易。起初进入大学时学的是工程，后来又转入经济系，同时开始买卖银和铜等期货。

当时处于通货膨胀时期，只要买就可以赚钱。正因如此才对交易感兴趣，但是在行情不好的时候，马上就出现了亏损。

特别是银，由于亨特兄弟大量囤货导致价格暴跌，1盎司50美元买进的期货以26美元的价格售出。最终所有的钱都赔进去了。但是，这也激起了我对交易的浓厚兴趣。另外，也更喜欢交易了。因为物价暴跌导致包括我在内的90%的投资家都亏损了，而其他10%的人却盈利了。

"我也要成为那10%。"这就是我开始交易的原点，或许也是我的最终目标。

最初是没有经过任何学习，仅靠感觉进行投资。但是，在亨特事件之后便开始热心学习。就个人交易的规模来说，我的交易额并不大，但是在那之后，如果以年为单位的话，可以说是没有亏损的年份的。

——这的确很令人佩服。那么您开始运用对冲基金的契机是什么？

大学毕业以后，我在芝加哥的期货公司法人部门工作，担任CTA（期货投资顾问）和套期保值经纪人。

但是有一次我的一位顾客建议我尝试使用基金资金。CTA中也有成绩不好的交易者，我当时也想过自己应该可以比那些人做得好。

从那之后我便自立门户，开始管理对冲基金，操作包括我个人资金在内的大量资金。

——作为工作，从事交易以来，成绩一直都很好吗？

很幸运的是直到现在结果也很好。当资金增多时，大多数交易者就改变了交易方法。其实不论是1 000美元还是5万美元，风险明明是不变的，只是人的心理感觉不同罢了。

和斯科特·拉姆齐先生的合影

即使头寸发生变化，如果战略是正确的话，风险就是相同的。想要成功，就必须突破这个感情障碍。

——能具体讲下您现在的交易吗？首先您交易的是什么市场呢？

最开始是商品市场，现在也在进行几个商品的交易。此外还有场外外汇、利率期货、股票价格指数期货、货币期货等，现在交易的80%都是货币期货和利率期货。

——是系统型交易吗？

不是系统型交易，全部都是以我30年交易经验为根据的自由裁量型交易。

——开始交易和结束交易的时机是怎样决定的呢？

有两点。首先需要观察宏观变化，其次要分析基本指标。

首先必须经过大量的调查。我现在和10～15个信息公司签约，订购了他们的调查研究，而且雇用了2个具有博士学位的调查员。

这样就可以了解整体的趋势以及每个市场的供求关系。一旦感觉到有宏观变化，就用手头上的信息和知识去证实。

在此基础上，真正选择头寸的时候就可以有技巧地进行分析。

——止损点是怎样决定的呢？

最初的止损点是根据专业知识来决定的。平均每笔交易中头寸大小不同，风险也不同。但是基本上是每笔交易5个或10个基点。当我进行相对有风险的交易时，就采取以10为基点。

——基点（BPS）是什么？

0.1%是1个BPS。在这种情况下，10个基点意味着投入资金的1%。

——资金管理中重要的是什么？

是头寸管理。计算风险，然后根据风险决定头寸大小。同时需要根据价格范围使头寸更为标准化。

例如决定一天的预期交易盈亏额，然后根据预计好的价格变动来计算头寸。计算出一般情况下市场的变动程度。这是一项十分重要的工作。

另外一个重要的工作是观察不同的市场之间是如何互相影响的。比如经济上升时期，风险资产就会上升，利息也就会上升。如果股票看涨的话，原油的价格也会上涨。观察货币走势就相当于在观察经济动态，也就是现货的供求是否吃紧。

日本就是一个很好的例子。当日本经济处于通货紧缩时，货币供给也吃紧。虽然经济状况不好，利息很低，但是国民生产总值（GDP）仍然很高，外贸亦有盈余，那么货币供给也是总体看好。

但是，日本大地震之后，由于放弃核能发电而导致能源需求增加，日元升值抑制了出口。这样一来外贸盈余逐渐减少，日元也随之不断贬值。

——一年内的收益目标是多少？

预计收益这件事是十分困难的，正确认识亏损是最重要的。收益会自行调整。所以我没有设定收益目标。如果行情好的话大致可以盈余20%吧。

——您会将亏损设定为多少呢？

一天结束之后看交易报告书时考虑的只是降低亏损。10%以内的损失都是可接受的，通常会将亏损设定在投入资金的5%以内。

——一次交易中需要做好承担大约多少风险的心理准备呢？

一次的交易不要承担10个基点以上的损失。的确市场上运作着很多交易，合计起来的话百分之几的损失是完全有可能的。但是我每一次的交易不会损失1%以上。

如果收益很多，那么相应地也会承受2%～3%的风险。但是通常在这种情况下，我会结束交易，重新回到最初只有1%风险的交易上。

——如何判断交易计划是否按照原有计划进行？

通过交易报告书来判断。过去有两次比较大的跌幅，当时的跌幅是4～5个百分点。

——在交易行业这个工作上，您认为您自身是以怎样的态度来应对的呢？

一切靠自己判断。

——如何预防犯错呢？

我经常犯错误，我不知道哪场交易会赚钱，哪场交易会亏损。即使就以往的经验来说已经是万全之策，但可能也会出现不同的结果。但是，如果做的决定是正确的，那么可以说对风险的认识也是正确的。

斯科特·拉姆齐（左）和拉里·威廉斯（左数第2人）

——您有什么习惯吗？

我在星期日19点到星期五16点15分都在做交易。对于交易我是充满热情的。

——您当初是如何学习交易的？

20世纪70年代我用自己的资金开始交易时，我曾经读过拉里·威廉斯的书。韦达（J. Welles Wilder Jr.）和威廉斯都总结了一些交易技巧，我研究这些技巧，并试着去理解。

第一年还不甚理解，但是10年之后这些就成为我的武器。通过我的努力我学会了观察交易模式，判断世界信息并逐渐懂得了这些对于市场的意义。现在我与拉里·威廉斯比邻而居，对此我感到非常自豪。

——交易的最终目标是什么？

成为成功的交易者。

——当您达到最终目标时您是什么样的感受？

成就感十足。并不是所有的人都能够交易成功。如果能成功的话，都会满足的吧。

——那么除了满足之外还有其他什么感受呢？在这里直截了当地询问您，在安稳、自由、重要感、爱、成长、贡献这些关键词当中，您认为哪些是重要的呢？（请注意这里用的是"关键词"，而不是本书前文所说的"欲望"。）

因为没有上司，可以说"自由"是最重要的吧。

其次是"安稳"。"安稳"是相当于风险管理来说的。如果仅仅为了保证"安稳"，那么去买日本国债就好了。交易是没有绝对安全的。

失误是不可避免的，但出现亏损时风险管理是非常重要的。即使交易有盈余，也一定会有亏损的时候。当然所有的交易都赚钱是最好不过的事了。但是，这比登天还难。因此，出现亏损后，风险管理是十分重要的。

同时，亏损时不能继续亏空。如果流动资产亏损了20%～30%，那接下来的交易就难以进行了。如果只是5%或10%的亏损，还很容易挽回。因此正确的战略是最重要的。

接下来是"贡献"。成功的交易者也可以为公共事业做贡献。如果能够帮助别人，自然心情也会变好。

另外一个关键词可能您没有提到。我很喜欢"平衡"这个词语。当然对于交易的热情是非常重要的，同时家庭幸福也是非常重要的。在家庭幸福的基础上，再追求交易的成功。二者的平衡就很重要。

——除此之外，对于交易来说重要的还有什么呢？

在交易过程中，我看重的两点是"自我规范"和"风险管理"。不管出现什么问题，只要有这两点就一定可以克服。

关于对交易的情感问题，我自身也有兴趣。不仅想知道自己的情感，还想知道市场心理。比如由于一次紧急的新闻事件发布，自己的头寸出现停滞，这时会产生什么状况呢？当自己陷入惊慌时，我会很想知道其他的交易者是否也同样陷入了惊慌。

这时结束交易是很重要的。但是，是否需要重新交易，要根据自身和行情来决定。在这个层面上来说情感是十分重要的。

——关于交易，平时无意识情况下您会着重思考什么？

成本。我认为交易是工作，必须认真对待，不能敷衍了事。

既然是生意，那么首先就要考虑成本。要相信自己买入的股票一定会涨价，这个信念是很重要的，但首先必须考虑投入成本。谨记交易是自己的工作。

有时也会考虑到压力。行情的变动也好，交易报告书也好，所有这些都可能对交易者造成压力。但是，不论什么样的工作，不都有压力吗？

——有的人在公开自己的目标之后会变得更加积极，相反有的人会感到有压力，那您是哪种类型的人呢？

有时工作需要公开目标。我自身也会公开目标，只是我不会对员工及客户说"我的目标是努力使收益达到30%，将亏损控制在1%以内"。一方面这个目标的实现比较困难，另一方面大家可能觉得这个目标不现实。当我公开这个目标时，身边人的看法都是：如果追求高收益，那么风险也会加大。

我说出来的都是："战略正确吗？""风险管理正确吗？""行情和预想的一样在变动吗？"如果行情朝着预想的方向变动，我就会加仓。仅此而已。

——加仓的时候，有什么特别的规则吗？

行市顺利并且行情的变动与调查结果一致时，我会增加头寸。重要的一点是，不要让风险加倍。最初买了1张，如果因为涨价就买了2张的话，风险就变成原来的2倍。如果增加，只增加一半就好。

另外，如今已今非昔比了。世界金融危机之后，各个市场的相关性增强。股票上涨，货币就会下降。所以必须综合各种因素考虑。

迪纳利资产管理公司的表现

如果有人在某个市场大量抛售股票，那么其价格也会下降吧。我会经常关注这个举动将会如何影响其他的市场。

以前，WTI（美国产）原油比布伦特原油（北海产）价格偏高，但是现在却便宜了22美元，究其原因是布伦特原油和中东产的石油由于地理政治问题，供给不稳定。

大获成功的交易者要么在多个市场交易，要么头寸很大。即使开始以小额的资金进行交易，如果想要成功，就必须要加大头寸。

为此，必须培养能够在多个市场进行综合交易的能力，同时不增加风险。要做到这一点，就必须学习专业的战略战术。

一天结束后，赚了50%、亏了50%就是不赔不赚。50次的交易盈余10美元，如果扣除成本还想做到不赔不赚的话，就必须使收益达到20美元或者30美元。为此，可以增加头寸或增加交易次数，同时减少交易风险。

——想必交易不顺利时有很多交易者会变得十分消极吧。那您在交易不顺利的时候会怎么做呢？

这个问题问得好。如果交易不顺利，体能就会下降。所以为了健康我会加强运动，保持身心平衡。

另外还有一点十分重要的就是回归原点。在最初的15年间，我都是以有限的资金交易的。因此，不论赚多少，在下次交易时我会回到原有的标准进行交易。

不要让自己陷入困境，先完成第一步，然后进入下一步。即使资金量增加，也会保持和原来相同的风险率。

特别是在开始交易后感觉知识不够的交易者，则需要像在学校上课一样，看书，理解其内容，了解整个系统。另外，综合考虑符合自己资金量的风险回报比率。这样一来，自然就明白何为交易策略了。

也就是说，人之所以会变得消极是由于知识的不足和没有找到适合自己的交易策略。如果觉得自己知识不够，与其浪费时间消极低落，不如一边做几年小笔交易一边学习。

为了理解战略、了解情感，就要进行几百次的交易。即使出现亏损也不要失望，重要的是找出亏损的理由并考虑接下来的战略。必须坚持追问自己"有没有进行自我规范""风险管理的方式正确吗"。坚持这样做的话，人就不会变得消极。

——最后想问您对交易的信条是什么？

"市场存在着机会""坚持从经验中学习"。还有一点刚才已经提到过了，那就是：为了应用所学，自我规范、资金管理以及风险管理是十分重要的。

其他的话，还要了解基本面，用技术分析来寻找突破点（breakout）。

另外，不管行情好坏都要使用同样的策略。绝对不能因为头寸而改变策略。

头寸和风险相同。因此，不论在哪个位置开始交易，什么时候止损，都要从头寸管理的角度来考虑。

同工作一样，学习的时间越长越好。另外可以通过进行小额交易来学习。

访谈后记

拉姆齐先生给人的第一印象是十分冷静并且性格爽朗。他是益永先生的老朋友，就像益永先生所介绍的那样，"并不像一般的交易者那样个性十足，而是一个非常平易近人的人"。给人的感觉就是一个十分稳重的绅士。或许因为他在证券公司做过销售相关的职位，交流能力很强不论，和谁都很容易打成一片。

在拉姆齐先生的家庭宴会上，我和他的孩子同席，拉姆齐先生展现了他温柔的父亲的一面。做事时会和周围的人有商有量。乍一看好像没什么个性，却不受任何人束缚，甚至可以说是自由至上。想必实际上是一个重视自身个性，并十分注重个人重要感的人吧。

和威廉斯先生相比，也许拉姆齐先生对交易没那么有激情。但从他在取得收益时一点一点地增加头寸的做法，可以看出他是一个脚踏实地、巩固根基不断增加收益的人。给人的印象是他可以一边平衡安全和热情的关系，一边冷静地在脑子里建立逻辑关系，并心定气闲地做好交易。

他本来就热心学习，对知识如饥似渴，并且有着与生俱来的心控术。

7.3 肯·雅各扎克先生（KMJ资本公司代表）

——从交易市场的交易员变身外汇管理基金经理"第三代海龟派精英"。

> 肯·雅各扎克先生是理查德·丹尼斯先生旗下的交易集团"海龟派"（turtles）培育出来的第三代精英。从1987年开始使用海龟派的交易方法进行交易。1994年独自改进了外汇交易管理程序。1997年作为CTA独立出来，通过G7货币的实物和期货交易而大获成功。2008年的交易资金累积到了1.01亿美元。
>
> 丹尼斯先生的交易方法以高风险高回报而著称。雅各扎克先生的年均回报在过去的17年间为18.12%，月最大跌幅为6.12%，其特点为低风险、高回报的稳定管理。
>
> 金融危机之后，虽然由于金融机构的客户大量提款而导致管理资金减少，但还是取得了一如既往的连续高回报。2012年对于很多的CTA以及对冲基金来说是十分艰难的一年。尽管如此，雅各扎克先生依然实现了超过15%的业绩。肯·雅各扎克先生还提到非常想吸收亚洲投资家的资金。

——您开始交易的契机是什么？

在我开始交易以前，我在美国航空公司的营业部工作了5年。虽然那是一份人人羡慕的好工作，但是我却受困于复杂的人际关系，并且当时我对交易也十分感兴趣。1978年我就在圣路易斯的期货公司开了账户，开始在明尼阿波利斯谷物交易所从事交易。

因为有了整笔的资金，1982年我加入了CBOT（芝加哥期货交易所），成为其会员，并在同一个交易所做大豆和美国债券的期货、期权交易。1987年，我的一个好朋友是海龟派的第二代，他教我丹尼斯的交易系统。我同时开始从事在CME（芝加哥贸易交易所）上市的美国股票指数期货和货币期货的基金交易。

1989年正式注册CTA（商品交易顾问），和那位朋友运用海龟派的交易系统开始管理基金。但是由于丹尼斯的交易系统的波动率很高，我便着手独自开发了"货币交易系统"（currency system）。

此后于1994年8月创办了KMJ，开始G7货币的交易，并于1998年停止使用丹尼斯的交易系统。

——听说丹尼斯投资建成的、用于培养交易员的团体"海龟派"，当初是通过报纸广告招募学员的，这是真的吗？

是的，当时也联系了我。只是，当时我作为CBOT的正式会员在交易所进行大豆的交易，有些自负心理吧，对当时的工作也有自豪感，当时也认为系统型交易赚不了大钱，就没去。

2年后开始招募第二批学员。我当时一直在交易所进行交易。朋友和我提及交易系统的事是在7年后。理查德·丹尼斯结束了CD生活必需品的交易，开始在德崇证券交易。在那之前这个系统好像一直对外保密。

——您所学习的交易方法是丹尼斯先生原创的吗？

是的，全部都是突破式交易系统，是3个不同突破式系统组成的长期趋势跟踪。

因为波动率很大，其中有以50%的收益为目标的规则，所以当出现10%的损失时就停止交易。对交易者来说是风险很大的交易方法。利益上升40%不套利，但如果从盈余40%的位置下跌10%，就会亏损50%。因此，我必须对此做出修正。

——1998年停止使用的丹尼斯的交易方法和您自己的交易方法有什么不同吗？

在本公司的货币交易程序中，降低了价格下降时的波动率。当然上升时期的波动率也做了若干调整，但是基本上和原来差不多大。

不论是谁在一早上起来之后，都不想看到自己一天亏损了2%或者5%，也不希望一个月亏损了10%或者一年亏损30%。这也是我重新构建系统的第一大理由。

另外我认为外汇也有需要裁夺的地方。因为外汇的趋势受世界性的宏观经济影响，所以要考虑基本面的因素。

——那么您的意思是交易并不是100%的系统型交易吗？

不是，交易策略还包含一定的自由裁量型交易。最初是统筹宏观经济、观察通货动向，然后考虑其对行情趋势的影响，有一定思路后再看交易技巧。

和肯·雅各扎克的合影

交易技巧是以海龟派的交易系统为基础的。只是，如果基本指标不好，即使系统发出买入信号也不会进行交易。

——交易技巧具体是指什么呢？

波动率、市场动量、随机指标，以及斐波那契数列等。

——移动平均线之类的呢？

也会看。我现在使用的是10日线、55日线以及200日线等，特别是200日线和10日线或者和55日线的交叉点是信号之一。另外斐波那契数列会在以后的水平推测中用到。

交易方法本身也是一种趋势跟踪，但在外汇交易中我认为斐波那契数列是很有效的。

——最初的止损点位置是以什么为基准决定的呢？

止损点位置是根据风险回报来决定的。起决定性作用的是波动性（时间·价格·波动）。这是一天的最高价和最低价的价差幅度统计值，用这个来计算出止损点位置。

比如最高值和最低值的价差幅度是200的话，那么就插入三个止损点，如果幅度增加，止损点可增加至7个。然后股价如果下跌，就在各个止损点逐渐减少头寸。

——止损点的幅度在短期交易和中期交易中是不同的吗？

这个要看价格和波动率。止损点的位置设定在平均每场交易额的0.25%～0.7%范围内。头寸也是根据价格和波动率来决定的。

中期和短期相同，都在0.25%～0.7%的位置上加入止损点。另外如果达到了24～27基点（2.4%～2.7%），就自动变成套利了。

在中长期交易中，虽然价格的变动幅度会变大，但是其优点是可以获得高收益。

——主要使用的是CME的货币期货吗？还是外汇期货呢？

将二者综合起来使用。既有仅寻求实物和货币的顾客，也有想买进外汇期货和CME的期货的顾客。

——您是如何管理风险呢？

通过基本保证金来管理。首先确认风险回报是3比1以上。头寸与预存保证金的比率通常是4%～6%，最多9%～11%。

——风险回报中所说的3比1是收益对损失的比率为3比1的意思吗？

其含义是预计损失如果是1%的话，那么就希望获得3%的收益。也就是说，每场交易都有希望获得2%以上的收益时才开始进行交易。

——一年内的收益目标是多少？

15%～20%。本公司在过去17年间的年平均回报是18.12%。

——为了达到这个收益，需要做好大约多少损失的心理准备呢？

会尽量设定较低的风险。这个程序在过去5年间的跌幅，28个月合计才仅为9.14%。在这期间最大的月跌幅是6.12%。

货币的波动率在下跌时需要注意，但是上涨时会以长线交易的方式缓慢地调整波动率。

——程序是自己做的吗？

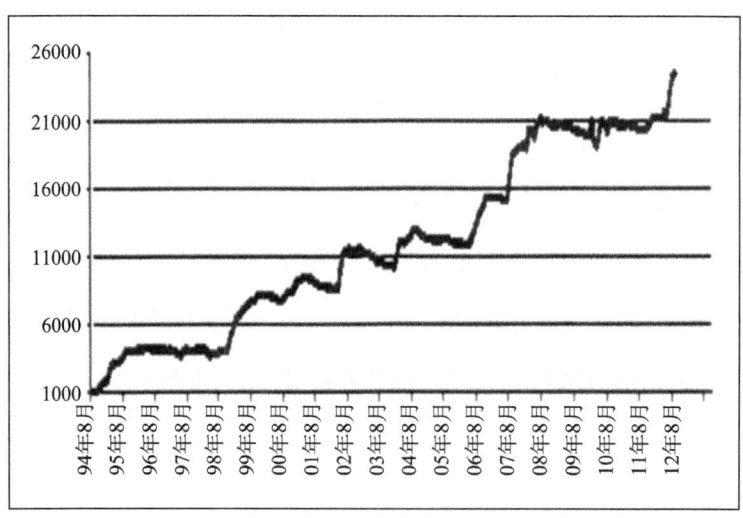

KMJ 资本公司的表现

是的。交易技巧的部分之前也有提到过，用的是丹尼斯的交易系统。但丹尼斯的系统是以价格变动大为前提的。我们刚才也说过，高回报伴随着高风险。

我在制定交易策略时根据波动率减少头寸。回报不错，也降低了风险。

另外，也要将策略反映到交易技术上。

或许货币市场是直接而又迅速地反映现代经济动向的唯一市场。中央银行的政策一变，市场马上就会做出相应的反应。

基本指标会随着时代的变化不断改变。比如曾经中央银行的政策是市场做出反应的唯一根据，而不是中央银行本身想要改变市场。但是现在情况确实是这样。市场随着中央银行所公布的最新情况做出了相关改变。

金融危机时政策走向也十分重要。能够迅速领会政策变化并采取相应的策略是非常重要的。

其他的因素也在不断变化。比如15年前的商品房销量是市场变动的一个重要依据。但是，现在并非如此。15年前的变动原因之中，现在仍起一定作用的大约有2/3吧。当然，虽然商品房销量不至于使市场发生大的变动，但仍然也是支撑市场的一个重要因素。现在世界性的PMI（采购经理指数）等已经成为影响货币市场的重要指标了。

——您的交易方法至少需要多少资金呢？

至少需要100万美元，正因如此我现在是管理基金。

——100万美元一年内大约可以进行多少次交易？

一年内大约有900场交易。100万美元实际用来交易的只有大约30%，也就是30万美元左右。

——另外，您知道"指导"吗？

不太了解具体情况，但是不论什么工作都需要有人指导。我自身不论是进入期货行业时，还是成为CBOT会员时，抑或成为CTA会员时，都接受了不同人的指导。如果有一个能系统地评价、分析交易者的价值，并且随时能让我们回到原点的指导教练的话，那么人生也会发生改变吧。

——为了维持积极的思维方式您会做些什么呢？

我会练习武术，即冲绳空手道。必须锻炼出能够忍耐跌幅的强劲体魄。因为孩子上大学还需要我赚钱，因此健康第一。

——您会公开自己的目标吗？

是的，我还会对员工和家人公开交易的目的和理由。这对我来说也是保持健康的方法。

可能有的人在公开自己的目标之后就会很有压力。公开目标会产生压力，如果有理有据的话就不会有压力了。

有目标是一件非常好的事。如果能够公开出来那就更好了。

——如果有一天陷入消极的情绪，您会怎么做呢？

以前的话是喝酒（笑）。现在是靠运动。

丹尼斯老师教我要注意休息。因为行市一直在那里，不会消失。从工作中解脱出来休息一下，恢复元气之后再重新开始交易就好了。

——对你来说理想的交易者是什么样的？

我见过许多优秀的交易者。保罗·都铎·琼斯、乔治·索罗斯……当然，理查德·丹尼斯也是其中的一位。他们从20世纪80年代开始做交易系统，其中有几个系统现在还在使用。

不论是谁都有亏损的时候，问题是在亏损之后如何继续交易。他们那种即使在艰难的情况也能坚持交易的姿态是我的理想。

——不重复相同错误的方法是什么？

没有这样的方法。

——您是如何学习交易的呢？

如果为了在交易中制胜，必须透彻地研究市场。头寸变动1秒将会产生多少亏损或者收益，在一笔交易中会有多少风险等，这些知识必须事先了解，然后再开始交易。

还需要制定一些交易方法。为了能够理性交易就需要有交易方法，让研究方法更加精炼。

另外，即使出现亏损，也不要想着一定要去挽回。个人投资家也是为了增加资产而加入炒股大军的。

把它看成一份工作就好了。这和去拉斯维加斯投骰子完全不是一回事。

——您的交易目标是什么？

是连贯性。因为让顾客能够安心赚钱是很重要的事情，因此稳定的回报是最理想的。包括交易策略和交易也是如此，对我来说，连贯性最为重要。

访谈后记

雅各扎克先生给人的印象是内心感情十分丰富。他给我们讲述过去交易时的情感表达也十分丰富，为人坦率，很容易和人打成一片，让人感觉十分亲切。

他是一位非常热心学习的人，也能感受到知识带给他的自信。从他即使公开自己的目标也不会感到压力可以看出他独特的一面。我认为他平时并不是一个重要感欲望特别强烈的人。

只是在交易中，他对待风险的态度十分谨慎，感觉他是一个十分注重安稳的交易者。

7.4 克里斯托弗·斯坦顿（日出资本合伙公司）

——用全自动交易法分散投资超过 500 亿日元的系统型交易者

> 日出资本合伙公司（Sunrise Capital Partners）是一家美国对冲基金公司，在世界75个交易市场管理着超过5亿美元的资金，是一个100%的交易系统运营下的交易形式。
>
> 这次我们的访谈对象是克里斯托弗·斯坦顿，从交易系统的构建、交易计划的设计到资产组合的检查，他为我们介绍了整个运营过程。并且就美国对冲基金运营战略的现状，以及包括运算处理方式的交易系统的实际情况等也提出了宝贵的意见。
>
> "即使出现亏损也不会心情低落，从交易系统到交易计划，全部重新彻底地检查一遍，查明亏损原因，这样反而会变得积极向上。"这让我强烈感受到了在交易场上摸爬滚打多年的成功交易者内心的强大。

——您开始从事交易的契机是什么呢？

我在芝加哥的西北大学获得了工程学和法学的学位。毕业之后的近10年间，在JP摩根从事通货和商品的换汇、掉期、远期、期权以及期货等交易。而且，在私募股权投资部门从事了几年的资产组合经理人的工作，后来加入了日出资本合伙公司。

现在和两个合伙人一起从事资产组合经理的工作，也关注商务和交易的前沿进展。

——您在哪个市场交易呢？

在全世界75个市场从事交易。如果分类的话大致有农产品、货币、能源、股票、利息以及贵金属六个领域。大半为期货的交易，但为了对冲汇率风险，也用货币交易，采用实物交易、金融衍生品交易、远期合约等交易方式。例如，因为在新加坡没有期货，就要通过实物或者远期合约方式进行交易。

——可用资金有多少？

5.5亿美元。

——是100%根据交易系统进行的吗？

是的，是100%的系统型交易。有主机系统和其他几个交易程序，根据各自的处理方式进行运营。另外，还有风险矩阵，根据各个市场的历史研究信息所设计而成的。

以前主要是以自由裁量型交易为主，自己研究自己判断交易时机，但是，现在已经完全转换成系统型交易。我个人也认为系统型交易在自我规范的层面上有其优势。

——全部市场都在使用一个通用的交易系统吗？

基本上所有的市场都采用主机系统。但是以哪个技术指标为重点，则要看市场而定。我们用算法系统把握股市动向，自动发现交易的机会并下单。

——交易的具体流程是什么样的呢？比如开始交易和结束交易是以什么技术指标为主的呢？

开始交易和平仓时，会结合"动量驱动""模式认知""时间、价格、波动"3种交易规则，自动发出交易信号。

关于各个市场的交易系统的选择，3位资产组合经理主要谈到了以下6点。

① 获得价格数据

②验证价格动向

③能够发出有效信号的程序

④安装附属软件

⑤随时分析数据的模式

⑥下单系统

这里的"安装附属软件"指的是：基本使用一个硬件进行交易，而软件则根据交易规则和市场的不同而不同。比如在亚洲和巴西等交易所，从路透和彭博终端，以实时的价格买入的话，既快捷又便宜。

另外，"数据分析模式"会定义并整理不同技术分析出的信息，发出实际交易信号。

"下单系统"就是在收到信号之后，如果是抛售信号就对交易所等交易平台自动发出"立刻抛售"的信号。也就是说这是一个自动交易系统。

实际上，市场和经纪人是有区别的，主要有自动下单和人工下单两种方法。自动下单指的是一旦系统发出了交易信号后，程序会自动启动"执行算法"，马上下单。

就这样，交易全部是根据数据来决定的，交易规则从市场上读出交易时机并下单。这就是交易的流程。

——您是如何决定使用哪个交易规则的呢？

和另外两个资产组合经理共同来决定。这个决定是很难做的，基本上我们不会轻易地改变交易规则。在新的市场开始交易时，判断一个交易规则是否比另外其他的规则更有优势是非常难的。

决定交易系统的交易策略时所面临的一个难题是如何解决过度最优化问

题。交易系统必须能带来好的交易结果。但是，判断时必须衡量所有策略并保持公平性。

这个程序或许在某个市场会比在其他市场的成绩更好，而且或许适合短期交易。

实际现在我们用的这个交易系统是在25年间不断改进而来的。可以说是反复打磨而成的。虽然这个交易规则适用于所有的市场，但在新的市场上该规则是否最佳，是否应该追加新的交易规则，我们需要进一步研究，这也是我们的工作。

——真不容易啊。但是，实际上是如何来判断的呢？

分散化是我们的基本原则。因此，开发新市场时，首先要考虑和其他市场的相互关系等，分析是否符合分散化处理原则。如果相关性过大，那么就没有使用意义了。

相关性不大，或者如果有组合和成交额高的优点，那么该市场的数据就符合我们的交易规则，我们会开始研究。使用刚才提到的交易规则，不断更换交易时间做多次的回测。

大概有多少回报，往市场上追加多少资金，相应地会对运用资金产生怎样的影响，先用模拟交易预估出来。在此基础上，先用自己的资金进行交易实验，之后再投入顾客的资金。大致按照这样的步骤进行。

——刚才您有提到现在在75个市场上使用3个交易规则，比如日经225期货适合哪个交易规则呢？

我认为3种都符合。实际上用的是3种的组合。只是，在判断市场行情和时点的基础上，需要在交易规则间做好搭配。在动量驱动发挥作用时，模式认知的交易规则会如何、"时间、价格、波动"会如何，我们一边确定上述动向一边做出最优的排列组合。因为基本上这3个交易系统各自都会采取不同的动向。

至少在过去的20年间，3个规则在各自的市场都表现良好。有时所有的交易系统都取得了最佳成绩。这个要看行情。

——有没有这种情况，在市场需要的3个交易系统当中，某个系统会失效？

我们没有试过。因为各个交易系统本身也可以选择不发出任何信号，这在技术上是可行的。

交易系统本身是在智能地监视着市场的。因此，只要有模式就可以进行交易，如果没有模式就没有任何反应。这时，其他的技术分析可能会发现其他的模式，然后进行交易。都是从不同的角度参与交易的。交易系统经常是安静地在一旁看着行情变动，有时也不做交易。只是在进入市场前需要先确定某个条件。

有时也会在不同的时机持有不同的头寸，也就是说组合3种不同的交易系统是有其作用的。因为可以不仅仅只做一场交易，而交易系统本身会告诉我们交易的要点。

另外，系统还有明确交易规则的作用。初学者因为并不知道该怎么做，当考虑是买进还是抛售时，或许会以错误的理由进行交易。

例如，一般来说会有人依靠关注趋势和新闻来买进索尼的股票，朋友可能会因为"索尼公司又出新产品了"仅仅这一个理由就买进索尼的股票。但是交易有很多理由，有时可能歪打正着，而有时则可能出现亏损。

当然尽可能多地收集信息并进行研究是非常重要的。但是从交易者成长的层面考虑的话，真正的交易者应该是不断确立自我规范和交易规则的人。

接受采访的克里斯托弗·斯坦顿先生

任何想法都会有交易不顺利的时候，有时也不得不放弃交易。这时不要靠自我感觉，而是要依靠系统来对行情进行判断。

例如，有的程序设定是：有十次交易机会，撇开人为判断，至少会有八次进行交易。在这里所说的"十次当中的八次"指的虽然是人为判断，但是不能再加入人为判断因素。这就是我们的工作，也是挑战。一直以来我们都相信我们的交易系统会发挥其作用。

系统构建也好，交易本身也好，开始越是学习，可能越会觉得"不顺"。这是因为提高实际能力是需要一定时间的。

其实这和棒球中的击球是很类似的，不论是谁最开始都打不中。然后慢慢开始注意手脚的配合，逐渐开始琢磨投手投球的时机和球的种类等。也有些球员一直不出成绩，中途受挫折，最后选择放弃。这倒无可厚非，因为棒球并不是人生的全部，除了棒球之外可以做很多事。

但是同样会有一些选手很喜欢棒球，他们开始建立自己打球的规则。交易也是如此，否则是不会达到自己的目标的。

——不同的交易规则会设定不同的止损方法吗？

我对风险的理解和别人有点不一样。

在系统型交易中，不论是哪个市场都不会允许一天超过1.5%的风险。系统在多个市场进行交易的情况下，总计允许的风险的最大限度为1.5%。

例如，如果一天合计在多个市场共进行七次交易，那么风险的概率也会升高。另外，如果考虑到交易的连贯性而连续几个月交易的话，其风险值和1天的短期交易的风险值也是不同的。

因此，止损的变动幅度也取决于交易头寸的大小和交易次数的多少。如果一次交易的头寸大，并且预计的交易次数多，就会相应缩小止损点的幅度。如果头寸小，那么就会多少扩大止损点的幅度。止损点的位置变化都是由交易系统本身来决定的。

——假设您是个人投资家，而且只进行日经225的交易，您会允许多大的风险呢？

先假设一年内可接受运营资产10%的损失，同时假设一年内进行220次交易。那么每一次的交易可承担多少损失呢？第一天的第一笔交易是否会设定10%的止损呢？恐怕不是这样的。那么是不是5%的止损呢？恐怕也不是的。

如果资金很少的话就更加难以确定了。用3 000美元进行交易和用3亿美元进行交易的风险管理也是不同的。

例如，即使一次的交易允许0.5%的损失，那么如果是3 000美元，0.5%的止损点就太小了。资金较少的情况下就必须有较大损失的心理准备。这便是我们的一个想法。

一年内进行多少次交易，头寸要维持多长时间，以及所允许的损失又是多少等，交易计划都需要事先制订好。即使方向错了，只要把损失控制在最小的限度内就可以。因为还有下一场交易。

——请问能否告诉我们您现在所使用的交易系统的风险管理？听说您每天的交易允许1.5%的损失，那么每一个交易规则是否都对应一个风险管理方法呢？

三个交易规则都是不同的。同时每个交易规则的风险管理规则也是不尽相同的。

例如，动量交易模式中，首先要设定一个特定的标准差。标准差是我们用来测定价格强弱以及市场的一个参数。同时，标准差又是显示风险的一个晴雨表。

另外在交易规则中还有一个移动平均线是独立制定的，把它作为一个条件有效率地运转。动量交易模式的核心是标准差，但是使用移动平均线可以提高动量交易模式的效率，使其更加高效地运转。

另外，动量交易模式中的信号如果消失的话，就停止在该市场的交易。

时间价格模式的风险也有些不同。这个模式所关注的是综合性的价格水准和价格变动。在这里我们采用的是长期的趋势跟踪。

假设基于某个特定条件产生了交易机会并开始交易。这时我们就需要开始考虑我们所要承担的风险。

我们需要考虑的是风险收益比率。假设是2比1，也就是为取得1美元的收益，允许0.5美元的损失。然后运用各个市场的历史数据，对这个交易规则的数据进行统计。

再说一遍，最关键的是自我规范。如果特定的参数不被认可的话，那么交易规则本身就无法使用。

——关于可用资金的管理呢？

关于资金管理，我们从资产组合的观点来考虑。因为每笔交易的结果都会对整体的资金产生影响。我们以各个种类为单位，坚持统计价格风险的具体数值。

例如16%是农产品、18%是货币、13%是能源、19%是股票、18%是利息、16%是贵金属产品，这便是我们的资产组合。如果这个资产组合在我们过去的36个月期间能够取得接近我们目标的成绩，那么就可以继续使用这个资产组合。反之，就需要找出有风险的部门并对其进行二次分配。

其次需要考虑的是地缘政治学的因素。从世界范围内来看，如果欧洲或者非洲的风险比较高，考虑到地缘政治的因素就会重新审视现有的资产分配组合，考虑重新进行资产的分配。

我们对自己的交易系统和交易规则了如指掌，甚至可以系统地判断一天24小时有无风险，是否存在风险因素等。所谓的资金管理就要综合考虑上述因素。

——这里我已经理解了资金分散的规则，那么对于每次交易的头寸大小，您又是如何决定的呢？

头寸的大小取决于市场。所以说不能仅依靠电脑，交易者也要进行思考。

如果是流动性较大的市场，电脑算法程序会参与进来，头寸也会决定系统，那么头寸大小会相应地变大。

但是，如果是铝和锡、镍这一类较小的市场，就不会使用自动下单系统，而是打电话给中介下单。像这类市场，头寸过大会对市场造成一定的影响，因此如何才能够不对市场产生影响，是我们在下单时要优先考虑的课题。

——虽然开始时头寸较小，假设之后我们知道趋势会不断增强。那么您会进行加仓吗？在这种情况下的规则又是什么呢？

如果我判断市场强劲的话就会增加头寸。为此，交易系统中除了基本的动量分析、模式认知、"时间、价格、波动"之外，还编入了"Cut & Again"的交易规则。例如假设将交易周期先设定三个月。然后再设定较长的周期六个月、九个月等。这样一来就不仅仅是技术上的方差，还包含了时间的方差。

例如，大豆在2012年除了一段时期之外，几乎连续七个月上涨。我们也由此可以大赚一笔。这时系统先发出了3个月的交易信号。但是因为态势看好，所以，系统继续发出6个月的交易信号，之后接连发出9个月、12个月的交易信号，于是便根据信号进行交易。

也就是说，从最短的系统开始，之后按照中线、长线交易系统的顺序下单。这个周期越长，头寸就会越大，所追求的目标收益的幅度也会越大。

这些系统都是分别进行交易的。因为中线系统是被设定在中期交易的框架内的，所以和其他的交易系统无关，只设定自身的目标值和止损位置。如果周期弄错了的话，系统就会将其自动识别为其他的交易。另外，各个系统也有各自加仓的方法。

目前，天然气市场采用的还是短线交易。2.7美元买进，现在涨到了3.4美元，但还不能启动长线交易。不过，只要这个趋势持续下去并且系统不放弃买进的话，总有一天会采用长线交易的形式。

——交易晚了也没有关系吗？

只要是动态的市场就没关系。因为市场也是人类社会活动的一部分。

人，特别是交易者，基本上都想要操作金钱。例如，有人想要靠买进1 000股苹果公司股票来赚1万美元。但是实际上如果赚了1万美元，此时既然已经实现了预定目标，本可以兑现盈利，但是实际情况并非如此。

事实上，300美元买入的苹果股票现在涨到了600美元，但是一听周围的人说总有一天会涨到1 000美元，就开始打起自己还会赚多少的如意算盘了。然后接下来的两年，甚至可能是三年都在期待股票上涨。这就是人的本性。

系统是不会考虑赚多少钱的，只考虑价格。关于周期，也是注重观察一百个潜在的统计结果，然后统计其最大公约数。这样一来，交易系统就可以大致预测出涨幅是多少，达到最大涨幅需要几个月等。

但是，如果行情出现变动，我们的交易系统判断有利可图的话，一般情况下会进行交易。但是如果获得利润的概率是10%，相反亏损的概率是20%，就不会进行交易，这是对流动资产负责。

同样，个人投资家也要思考风险和回报的比率，在此基础上做出可以亏损多少的决定。如果允许的损失为1 000美元，就必须考虑与之相符的头寸和止损点。

如果是短期交易的话，就以短期的时间范围内的价格幅度为基准考虑风险和头寸。另外，需要提醒初学者，如果买入的股票价格不断上涨而持续增加头寸，那就要相应地抬高停止交易的位置。

——可用资金里一般会有百分之多少实际用来交易呢？

最多可损失10%，也就是说即使今天所有的头寸都赔掉，最多也只是损失资产的10%。当然，这也要依据止损点而定，实际上是5%～7%。

相反，行情好时，比如今年，资产的20%都用来交易了。但是，在这种情况下就会对止损点多加注意。

假如投入了3万美元，我就可以期待10%的收益，也就是3 000美元。那么，相对于3 000美元的收益期望值，我们会允许多少亏损风险呢？如果是3 000美元的预期收益，我不会承担1 500美元以上的损失风险。

——假设只有可用资金的10%用来进行交易，那么会不会有投资家说，"剩下的90%还给我，我另有所用"？

本公司的基金在2008年取得了35%的收益。但是风险在10%以上。风险越高，回报就越高。因此，也必须有足够的资产来承担这么多损失。如果在其他杠杆比率较大的交易中，可以以小额的资金期待较大的收益。但同时风险也就随之增大。

不管怎样，我们需要一定的资金来承担相应的风险。这就是现实。

——一年内的目标收益是多少？

基本上是以10%为目标，15%是理想，有时也会赚36%。根据历史数据统计，本公司的平均收益是10%，可以说既不会让自己失望，也不会让客户失望。

但是，重要的不是目标利益，而是如何管理风险。

——关于年内风险呢？

刚才也说过了，我们会假定每笔交易的风险。我们会以一年或者一个月为单位来观察。当然，过去25年的成绩以及每天的成绩、每月的成绩都表现在数字上。我们会向顾客寄送每月的成绩表。如果顾客还有其他要求，我们可以随时公开报表。

——贵公司基本上都是在交易所市场进行操作，与不动产基金、外汇以及金融衍生品相比，可以说流动性很高。但是，听说对冲基金的解约很麻烦。

解约受理需要24小时。合同规定，在清算后的2～3天退款。实际上退款期可以更短。当然根据退款金额，有时需要清算头寸，一旦清算结束，马上退款。

——想要成为您这样优秀的交易者最开始应该做什么呢？

从小笔交易开始。制订交易计划并且做回馈表。另外，还必须经常确认计划是否进展顺利。通过交易赚钱固然很重要，但首先需要判断交易技巧的价值。

即使有资金能力可以进行50个单位或者100个单位的交易，但是最好从1个单位开始。尽量尝试各种交易技巧。

这也是我们正在做的事情。即使有五亿美元的可用资金，在想到新的交易规则时，如果是期货的话要从最小的头寸规模，也就是1张合约开始。通常每场交易的头寸为200~300张，即便如此，在开始新的交易时还是要从1张开始。成功之后再思考是否要增为5张。然后再不断增加头寸。同样的策略也可以在其他市场试试。

另外，考虑到资产组合时也必须考虑交易单位。例如，中国香港交易所的H股指数期货的交易单位是印度期货交易所NIFTY的25倍。因此，买1张H股的价钱可以买25张NIFTY。如果想要在交易单位小的市场获得和交易单位大的市场同样的收益，就必须增加张数。同时手续费也会增加。

此外，还需要知道价格变动的幅度。昨天雅虎股票为16美元，苹果股票为60美元。观察两者在年内的价格变动幅度，我们发现苹果的变动幅度要大于雅虎的变动幅度。考虑资产组合时最重要的一点就是必须要考虑市场和交易品种的变动幅度。

——您在交易系统之外还使用其他什么系统？比如说用来回测的验证系统？

回测的验证系统属于研究工具的一部分。精炼过的研究工具一天24小时收集并积累数据，同时实时更新交易结果。

头寸管理属于下单系统的一部分。头寸管理也是经过反复推敲的，可以按照账户、头寸、客户、市场等分类来获得实时信息。

——您在全世界范围内交易，那么您以一天中哪个时间点的成绩来判断为一天的成绩呢？

大致以美国东海岸时间16时的成绩来判断。但是每个交易所结束交易时，结算公司会将该市场一天的成绩发过来，然后我们会把该市场的成绩加上去。也就是说每天的成绩都是实时更新的。

——如何来判断成绩呢？

会依据亏损和收益、账户余额以及头寸等所有数据。

——那您什么时候会考虑第二天的交易呢？

我不用考虑，都是交易系统在做。当系统判断某个交易期没有利润可图时，交易系统会自动停止交易。这就是系统。

——如果市场很小并且预计没什么收益的话，那么是不是就没有对应这个市场的系统了呢？

不是的，都有相应的系统。只要有市场，我们相信系统就会再次发出信号。现在出现了新型的有趣的市场。我想今后进行交易的市场也会不断增加吧。

——您是如何来判断交易系统是否运作良好？

依靠亏损和收益来判断，我会每天记录交易结果来进行判断。某个市场出现了多少个百分比的收益，某个市场出现了多少个百分比的亏损，某个市场既没有收益也没有亏损等，会综合各种结果来进行判断。

——能问一下您在公司的身份吗？

我是公司的合伙人。从交易系统的设计到构建，再到实际操作、报告，我都参与其中。

——在日本由于AIJ问题等，人们对对冲基金的信赖有所降低。另外人们通常认为个人是无法管理对冲基金的，关于这一点您是怎么看的呢？

正如刚才所说的，如果问及我们公司的运营成绩和具体内容，我都能对答如流。客户的资金也会请外部监察机构和监察人来审查。实际上还有一些个人投资者的客户开设了大型管理账户（全权委托投资账户），并且每天打电话逐一询问交易方法和具体内容，以及每天的交易情况。

例如，乘飞机的时候，乘客是无法直接和飞行员对话的。但如果是私人飞机，就可以直接和飞行员对话。对冲基金就相当于和私人飞机有着同等服务的基金形式。

——您是在哪里学习的交易系统的相关知识的呢？

最初是兴趣使然。之后通过参加编程讲习会等各种活动来学习。另外还向在高盛和JP摩根等工作的朋友学习。我对他们的交易，特别是自动交易的运作十分感兴趣。在各种活动和研习会上只要有问题我都会直接提问。

——您交易的终极目标是什么？

作为工作的交易是有多面性的。靠交易来赚钱的同时还要对客户进行市场营销，能够让客户满意也是我的目标。

——需要以什么样的心态来交易呢？

享受游戏的过程，并且能够不断挑战。

——想必有时也会陷入比较消极的心态。那么您每天保持积极的方法是什么呢？

当系统出现错误，或者自己应该控制的地方没能控制好，就会有挫败感。但是在这种情况下，我会通过充分检验来探究失败的原因。

最重要的是不能积攒压力。为此，我们每天都会在健身房锻炼一个小时。另外我很喜欢汽车，周末有时还会参加汽车比赛。

另外我相信我从失败中学到了很多，尽量去想些积极向上的东西，至少不会让自己陷入消极。

——我认为您的性格非常积极。您会公开自己的目标吗？比如您会说出"我下个月的收益目标是5%"等之类的话吗？

我不会说。当我说我今年要收益30%时，我就会考虑实现这个目标的方法。这样就会给自己带来压力。我觉得最好还是不要给自己过多压力。

> **访谈后记**
>
> 斯坦顿先生由于是程序员起家，因此在策划交易策略时都是通过数字计算出来并且完全数据化，是理工科的思维方式。虽然他很平易近人，但是感觉不到过多的热情，对待策略异常冷静。
>
> 他整体给人的感觉是工作狂，比起在交易中大赚一笔，他好像更注重享受数字游戏所带给他的乐趣。或许比起取得收益，系统的成功更能给他带来成就感吧。强烈感受到他完全是在把交易当作游戏来享受。

7.5 马克·休赖斯（操盘手训练员）

——培养出200多名操盘手的芝加哥传奇套利交易者

> 马克·休赖斯自1972年起在芝加哥商品交易所（CBOT）从事谷物及美国国债的期货期权交易，至今已有28年，是一名鲜有败绩的传奇交易员，并长期担任芝加哥商品交易所（CBOT）理事。

自2000年开始转型为操盘手训练员，在纽约的大型自营交易商（主要是指管理自有资金的投资公司）培养年轻交易员。目前也成功培养出了200多名优秀的交易员。由于其业绩非凡，现在也在欧洲及南美的金融机构担任交易讲师。

　　能在雁过拔毛的芝加哥交易市场坚持近30年之久已经足以让人惊叹了，更令人佩服的是，当今世界金融、衍生品市场已经进入电子交易时代，休赖斯虽已年过六旬仍宝刀不老，作为交易员及教练员，灵活运用多年来的经验和技术在残酷的交易市场中立于不败之地。

　　休赖斯并非像外界想象的那样运转数亿美元的资金。但是他"每天切实盈利一点点"的态度，对自营交易商的年轻交易员以及日本的个人投资者来说都是极具参考价值的。

——能给我们讲下您开始从事交易的经过吗？

　　1970年我在一家期货公司上班，但主要是负责个人业务（销售）。

　　一开始我就有成为期货交易员的想法。但是先从业务（销售）开始做起还是很有必要的，虽然我只做了两年业务（销售），但那段经验对我来说是十分宝贵的。因为我知道了一个真相，那就是大部分个人投资者都是赔钱的。

　　在CME（芝加哥商业交易所），我见到了自营交易的场内交易员（locals），对此十分感兴趣。1972年我就从银行贷款，成为CBOT的会员。为什么选择CBOT而不是CME呢，因为当时要成为CME的会员需要7万美元的启动金。我从银行只能贷到4万美元，而CBOT的会员启动金则只需3.5万美元。

　　当时CBOT最大的市场是谷物期货，包括小麦、玉米等，我从小麦的月价差交易（spread）开始做起（在世界主要的期货交易所，交割月份之间或者市场之间的价格幅度，即套利，是像"价格"一样处理的。所谓套利是指通过某个交易品种的买卖组合，赚取差价的交易方式。在交易所甚至可以快速捕捉到1秒的价格波动）。

我从套利开始做起是一对兄弟教我的。他们是我开设账户的奥康纳（O'Connor）公司的老板，让我学习利差刷单交易（scalp spread）。两位都是聪明优秀的交易员，后来成为CBOT的会长（所谓刷单交易（scalp）是指抓住一两秒瞬间的价格波动的交易方式）。

后来由于小麦产量减少，我的主战场就转移到玉米上，也做大豆粗粉和豆油交易。如果说我从中学到了什么的话，那就是"有基础素养的交易员做什么交易都赚钱"。

有新生事物，追赶潮流这一点是不变的。

之后10年我又转去做T-Bond（美国30年国债）期货。因为CBOT从20世纪70年代末开始转向了新开设的金融期货市场。

与马克·休赖斯的合影

在那里我学会了收益曲线的交易方法，学会了看30年国债市场、5年国债市场、10年国债市场的变动，学会了不同市场是如何互相影响的。后来我主要的交易对象就成了"5年国债—10年国债"的市场间套利。

原本我就在谷物期货时期做"玉米小麦"的市场间套利，因为有经验，所以没什么太大问题。

直到2000年我一直在交易所做交易。2000年，时任大型自营交易商哥登堡黑梅尔（Goldenberg Hehmeyer）公司董事长的克里斯·黑梅尔（Kris Hehmeyer）给我发来邀请。该公司拥有芝加哥和伦敦两大事务所，旗下有数百名操盘手，在期货市场是世界上主要的自营交易商之一。刚好那时成立了纽约事务所，克里斯·黑梅尔董事长聘请我指导他们的员工。

那时交易所开始电子化，订单开始从交易所转向电子市场，我觉得这是一个很好的时机。于是我就移居纽约，像大学时那样制作了课程表，开始教员工们如何具体交易。

——能给我们再具体介绍下自营交易商吗？

被公司雇来替公司运用资金的交易者叫操盘手（职业交易员）。因此，对冲基金的交易员和共同基金的交易员都是操盘手。有时受银行所雇，在银行提供资金的情况下也有操盘手。

他们拿工资，有利润提成。另一方面，不必承担下跌风险。

银行雇用的大部分都是有经验的操盘手。但我们决定培养年轻的新手。培训费用由哥登堡黑梅尔公司承担。

与一般投资者相比，操盘手的交易成本较低。并且哥登堡黑梅尔公司雇用他们，除支付薪水和交易手续费外，公司还有盈利。

只是，该公司的操盘手很多情况下不能独立判断，我们就用电话提醒他们"原油价格开始变动了，正在突破"。例如"请注意2分钟以内会有消息发布，提前确认仓位"，大概提醒到这个份上。

——能给我们介绍下交易者教育的内容吗？

最初的一周教授交易的基础知识。先教股市心理的重要性。我的妻子原来也是交易员，同时是心理学博士。她既了解交易，又熟知交易者心理。

然后教他们与交易相关的软件和公司内部技术知识，最后是套利交易。为什么教套利呢，因为套利的赚钱机会多。

接下来的一周开始教模拟交易。模拟交易的时间长短因人而异，大概5～8周。让有希望获得收益的交易者开始进入实战演练。

开始，我们教练员就在旁边，手把手教他们如何与历史数据做比较，如何看现场行情。比如政府报告发布后，股市行情会做如何反应等，这些东西也会教。

这种教法效果显著。坐在他们旁边，在他们的电脑屏幕上盯着他们的交易。学员们在模拟交易时也会问他们是如何分析行情的，为什么要进行这个交易。即使是同一个数据，使用同样的交易软件，操盘手水平参差不齐，也会做出不同的交易选择。

有的操盘手第一年就开始持续盈利，但是这样的人很少，一般的需要学两年。所以说这个世界并不简单。

——最初让他们在哪个市场交易呢？

从美国国债期货开始。让他们做2年国债期货、5年国债期货、10年国债期货、30年国债期货的套利。并且蝶式价差等复杂的套利也都教。

重要的是要让他们体会到，所有的行情，只要一有变动，就有绝好的赚钱机会。1天的交易结束后，让他们报告当天的盈利状况，也会互相讨论仓位的变动。

如果有操盘手觉得套利吃不饱的话，还会教直接交易（即通常的买卖）的刷单交易。哥登堡黑梅尔公司10年间培养出了300～400名操盘手，其中100人已成为刷单交易的中坚力量。

如果行情一直保持不变的话，刷单交易就会一直亏损。因此刷单交易的操盘手在美国股市（标准普尔500）股指期货及现有期货市场上都有多个大型的日内交易公司。有的公司可以一次交易6 000张期货单。而我们公司最多只交易50～60张。

——至今还有多少学员仍坚持下来了？

我在纽约亲自教了200人左右，其中30～50人非常优秀。成功率差不多有25%吧。

开始在套利交易中获利，之后转为自营交易后亏损的例子也不少。因此，除了花时间让学员学习业务知识外，还需要进行心理教育。技术分析靠的就是心理和经验。

积累了丰富的经验对心理方面也有帮助。只有这样才有机会获利。

——25%成功的原因是什么？

很多时候，失败是因为没有坚持自己的准则。其中一个就是，一开始盈利就扩大仓位。而成功的交易者是非常谨慎地对待自己的仓位的。

大部分情况是，过度扩大仓位，结果陷入不可收拾的地步，不得不放弃交易。这可以说是自我准则的问题。

我在交易中所学到的重要一条就是，一旦套利就退回到原来的每个月5张合约的交易。周围人经常说我："什么？只做5张合约交易？明明可以赚更多钱的。"

但是，我当时就非常清楚退回到原点的重要性。一旦仓位扩大而且觉得没有希望了，就有意识地从200张减少到5张。

当然，行情一旦产生了一定规律，也会100张、200张的交易，而不是5张。但是，一旦开始亏损，觉得规律不对劲时，就迅速撤离。

我儿子进入篮球少年锦标赛时，我在旁做指导。我经常对他说：

"初学者不要耍酷，应该把基础打扎实。而且上手后如果发生节奏紊乱就必须退回到原点。"

——这就是您教心理学、技术分析、套利的原因吗？

另外还教市场间的相关性，即一个市场的变动是如何对其他市场产生怎样的影响的。

美国股市（S&P）上涨的话，一般美国国债应该会下跌。当然，这并不是100%的情况。债券上涨的话，一般股票也会上涨。但重要的是了解各个市场间的关系。

美联储采取了哪些政策，各个国家的中央银行是如何行动的，这些都会影响美国国债市场。这样一来，学习对哪个市场产生哪些影响就十分有必要了。

无论你今后选择哪条道路，我认为套利交易都应该学习市场的相关性。

有些人误以为套利不赚钱，实际上它是一个收益很高的方法。2011年在小麦、玉米、大豆上赚得盆满钵满的大有人在，其中套利交易是风险小、收益大的方法。

我教的技术基础是，趋势线（trendline）、支撑位（support）、阻力位（resistance）等。最近有人认为阴阳烛更好，而我个人是从图表中分析股市趋势的，我觉得阴阳烛包含了太多多余信息。

即便不是如此，电子交易中也包含了太多信息。我在自营交易商那里从事交易的时候，亲眼所见、亲耳所闻的就是我所有的信息。

在自营交易商那里工作，一旦发布了对行情有重大影响的信息，就会引发大混乱，我也曾亲眼看到有的同事猛赚一笔而兴奋地手舞足蹈。但是电子交易没有这样的反应。所以现在我也开始教学员如何读取电脑界面上的信息。

——如今由算法进行的高频交易（高速交易，交易在毫秒之内完成）在市场中的地位越来越重要。听说那些原本习惯用眼睛盯着价格走势的个人投资者们也有人再也赚不了钱了。

在我看来，高频交易不会比曾在交易所普遍进行的交易更难。只是速度快得多了而已。

现在可以通过将交易服务器设置在交易所计算机旁边（location）的配置方法，缩短交易指令传播的时间。采用这个方法的高频交易者，跟争分夺秒抢先交易的交易者所做的并无二致。

无论行情是上涨还是下跌，传统的交易员都用刷单的方法交易。高频交易也是如此。只不过速度快了而已。

赌博也是，只要有50%的胜率就会赚钱。高频交易也不过在做同样的事情。

个人投资者想要与此抗衡的话，需要更好地了解行情。首先减少一次交易的仓位。不要做100张、200张交易，而是50张。

然后停止刷单。因为你无法在速度上取胜。不用瞄准1秒的差额，把目标放在3秒以上的差价。

只是如此就得承担更大的风险。因此个人投资者必须更精准地读取图表，需要有敏锐的行情意识。

我们还是有机会的。比如，放弃WTI原油，选择波罗的海干散货市场（波罗的海海运交易所的电子交易市场）交易。另外较小的市场可以争取到30秒，不对，40秒的差价。2011年当这个市场以100秒变动价格的时候，我曾经成功争取到30~40秒的差额。

要理解高频交易和市场的内部构造。并且，当市场呈现出较大的价格波动时，要相应地调整价差，瞄准更大的价格幅度。

——高频交易相当于20世纪七八十年代的交易员进行的交易模式。如果个人投资者需要看准趋势，争取较大的差价，并且为了与速度抗衡，那么必须要加强学习吗？

所言极是。另外有些交易工具可以供个人投资者使用。交易者要灵活使用工具。

我个人用的是"order spreader"交易软件。对于我们套利交易者来说，很多情况下，虽然想同时进行买入和卖出两种交易，但总是有一种交易无法正常进行。自己在电脑上卖出仓位，同时买进相当的仓位，按照传统的下单方法是难以做到的。但是，使用这个交易工具的话，就可以同时进行买入和卖出。还可以指定想要交易的价格区间，帮助交易者监视多个市场行情。

CQG（一个美国交易平台，不仅法人，个人也可以签订合同。其图表软件备受好评）也有套利工具。例如，生牛（肉牛期货）的价格突然开始波动时，该工具可以自动地同时在其他市场下单。

——有些投资者想灵活运用交易工具、学习系统型交易，不仅是因为这些技术问题，还因为心理问题。职业交易员是不是有很大的心理问题呢？

是的。我们公司后来不再雇用年轻的交易员，而是雇用有交易所经验的交易员。由于电子交易的普及和扩大，纽约各大期货交易所的交易员的交易机会减少，对我们公司来说，这是个绝佳的机会去雇用这些面临下岗却又经验丰富的交易员。

再提到刚才我所说的"回到原点"。他们曾经经手100张、200张交易，但现在只能进行5张交易。

我解释说："因为我们还不了解电子交易，减少头寸规模绝不是丢脸的事。"但是他们反对说："我们在交易所都是以100张为单位交易的。区区5张没法交易。"

CBOT 大楼（中央）　　　　CME 大楼（右起第二个）

于是我就放狠话。

"先证明给我看5张交易单也能赚钱。这不是头寸规模的问题。"

我认为市场上真正的赚钱机会一天只有3次。这也可以说是高频交易的一个缺点。高频交易一天交易上百次，但实际的机会也就3~5次。

个人投资者应该瞄准这几次机会。这就需要经常观察、调研不同的市场，判断这个市场是否合适。

——您是说高频交易如此频繁，其实市场上并没有那么多盈利机会？

机会的种类不同。可以说成功的交易者能在一笔交易中尽可能地赚取更多的利益。

不是一天200次交易赚1 000美元，而是一天5次交易就赚2 000美元。不赚1秒而是赚3秒的差价。原油的话差不多每天每40秒价格变动一次。个人投资者就得判断是15秒交易一次还是30秒交易一次。

——不能指望高频交易有那么大的差额利润吗？

高频交易对有实质内容的东西比较感兴趣。

比如有个高频交易的算法是，当其他交易者，尤其是非主流的小额交易者出手后，立刻锁定目标。这个算法的模式是，利用行情的上下波动来刷掉小额交易者，然后获取利益。

即使股市行情趋势仍在继续，但是高频交易对此已经不感兴趣了。小额交易者被刷掉以后行情就停止波动，这个算法也就自动平仓了。

——算法不和人类竞争吗？

是的。两者的关注点不同。

假设你买进5张，每5秒交易一次；某个算法是买进100张，每2秒交易一次。如果行情3秒上涨的话，你会保持仓位不变吧。如果可以确定行情趋势持续上涨的话，你可能会考虑坚持10秒、20秒再交易。

但算法是不管什么行情都会每3秒或5秒套利一次。两者对于风险和收益的想法不同。

——所以在研修期的模拟交易阶段，您让学员们做套利交易是吧？

是的。不过即使是套利交易，也是同一个行情，所做之事都是一样的，套利交易也不例外（美国的期货市场把差价幅度也看成一个"行情"来交易）。

关键是要知道它们的不同。如果买进玉米的12月合约，就要研究第二年7月交割时将会发生什么情况。

——您会教他们买卖规则吗？还是让他们自己去思考？

让他们自己思考。我会说明差额为何会如此变动。比如"为什么玉米的差额扩大了"等。只是，模拟交易阶段不使用套利工具。

——模拟阶段也不投入实际资金吗？

不投入。CQG里好像有个工具叫"risk manager"（风险管理家）。用它可以得知模拟交易的结果。

——会要求他们根据所学知识思考自己独特的交易方法吗？

我希望他们成为独立的交易者。每个人都有每个人的特点。

——如何决定开盘和收盘呢？

首先要确定好自己的利益目标以及相应的风险。糟糕的交易就是没有目标的交易。

如果是原油期货，你是希望30～50秒波动还是希望150秒波动。波动时长不同，相应的风险就不同，开盘时机也就不同。当行情波动的时候，如果交易者不能决定是否跟进的话，交易是不会成功的。

相反，即使没有达到目标值，感觉该收手了，那就应该相信你的直觉。毕竟明天还会开盘。

——相对于本金您希望能有多少收益？

对于年轻的操盘手，我希望他们能抵补公司的成本花销。公司支付他们每月2 000美元的薪水，3 000美元的培养经费。所以，一个月是5 000～6 000美元，一年7.2万美元。填补公司的成本是首要的。

当然，第一年做不到也没有关系。要先给他们机会。不过，如果亏损超过2万美元的话，会让他们引咎辞职。这要分人对待。

有的操盘手第一年完全不着调，可第二年赚了20万美元。公司扣除各项费用后，给他们60%的利益提成。一般一开始的提成是40%起，最高级别的操盘手可以拿60%的提成。正因有提成奖励，他们都非常努力。

也有很多人年利润超过百万美元。另一方面，有的操盘手只赚5万～10万美元，也有赔钱的。当公司职位不够的时候，就优先让更会赚钱的操盘手来坐。

——您在交易所交易的时候是怎么想的呢？

我做交易员的时候已经成家了，所以每天赚2 000～3 000美元就觉得很幸福了。朋友中也有人1年赚200万美元，当然风险也就大了。

我有妻子、孩子，不想赔钱。每天去交易所，觉得每天能拿回家钱就不错了。一旦亏损，我可能会考虑跳槽吧。

虽说如此，在谷物交易所，有时连续4个半小时我每分钟都在买入卖出。因为越是频繁交易，机会越多。

所以，有必要好好学习行情和收益。有时行情的确是没有赚钱机会。现在交易所已经非常冷清了。

——听说当时有很多交易员都败退了，而您却成了人上人。你们之间有什么不同呢？

自律的不同、知识的不同、观察力的不同，另外能否觉得自己幸福也是非常重要的一点。

我认为交易员的个人情绪非常重要。如果妻子生病，就会担心妻子的病情吧，买了新车，就会考虑付款的问题吧，有孩子的话也得顾虑孩子吧。

所以，交易员都互相打招呼说"有什么事要跟我说"。如果一位交易员买了70万美元的房子，我们就有必要知道。如果有了孩子，我们必须了解这会对该交易员产生怎样的影响。

曾经我买了一辆车，却多花了一倍的钱。因为支付了车款后，想把花出去的钱再赚回来，结果赔了一倍的钱。

一想到钱的事，对交易也有影响。对我来说，最好的办法就是，每天早上来上班，准备一天的工作，平心静气，看下行情有没有赚钱机会。如果有就尽可能多做，如果没有就暂时不交易。

如果这个想赚一笔那个也想赚一笔，这是不行的。到上午11点如果还没有机会的话就不交易，一直忍到下午。而且要一直做好随时可以出手的准备。

——赚钱和赔钱有什么共同点吗？

我见过很多交易者，其中也有不少律师，但是他们小瞧了交易，大部分人都没怎么认真学习过。所以，一开始劲头十足地来做交易，但是后来越做越难。

另外，20世纪七八十年代有很多日本投资者。有人第一年就赚了1 200万美元。他是全买下来。玉米小麦全部买下来。

但是第二年他就赔了1 200万美元。为什么呢，因为他再次全买下来之后行情全面下跌了。

可能他是在美国大宗采购谷物的贸易公司的操盘手吧。尽管是套期保值者，但不管行情是上涨还是下跌，为了对冲不得不交易。但是对个人投资者来说，为了避免损失，还是应该远离这样的股市。

仓位管理也非常重要。股市里没有"暂停"一说。经常有的情况是，在某个价位你明明觉得"该停了"，却无法收手，等行情下跌的时候又大呼"不要再跌了"。为了避免这种情况，有必要制定交易规则。如果把最初的规则抛在脑后，那仓位管理之类的也就无从谈起。

不要被得失左右。如果刷单，你可能会受到行情趋势的影响。

——如何避免犯同样的错误呢？

人就是会犯同样的错误。年轻操盘手很容易经常在同一个地方跌倒。正因如此，我们坐在他们后边观察他们的操作，指正错误。这种指导是很有必要的。

出战全明星战的顶级棒球选手还有教练呢。交易也一样。

——对年轻人，你会建议他们如何学习呢？

首先要多读书。我有个推荐书单。除了有关交易基础的书以外，我还推荐埃德温·勒菲弗著的《股票作手回忆录》（东洋经济新报社）。

作者是从报价纸条上读取出股市走势的。

另外我还推荐关于LTCM（长期资本管理）失败教训的一本书。他们与博士学位获得者或者诺贝尔奖获得者合作，但还是经历过失败。由此可见，股市没有不变的法则。

另外交易者在股市以外还可以学到一些东西。可以看看图表，读读书。

——作为一名交易者，休赖斯先生您的目标是什么呢？

每天都能赚钱。只是，我不会用大的仓位。

我的一个朋友查理·弗朗西斯科（Charlie Francisco）总是用大仓位。开始做1 000张交易单，后来逐渐扩大，经常孤注一掷。

但遗憾的是，他在1990年去世了，年仅40岁。去世前2年，他在美国国债的玉米期权买了1万股，一个月涨了4个点，赚了1 000万美元。但是他却说："再等3天，我能赚2 500万美元。"

说明他的仓位规模大到如此程度。

但是，他去世后一分钱也没留下来。他的遗孀只拿到了100万美元的保险。

交易者也分很多种。我是那种踏踏实实稳健地赚钱的一种。

——对个人投资者来说，这样更好吧？

不能一概而论。但无论怎样都有事可做，每天勤勤恳恳地赚钱就是件幸福的事情。

——在交易中理想的感情投入是什么？

自营交易商的交易员没有上司来褒奖自己的工作表现，所以要学会自己享受胜利的喜悦。一天结束后看看自己的交易报告书，就能明白做得好不好。

而且思考哪些做得好、哪些做得不好，是很有必要的。如果赚了1万美元就沾沾自喜"我是个天才"，但第二天可能就会赔1.5万美元。

起起落落是常有的事。重要的是要保持心态，即便沉沉浮浮也要每天坚持下去。

——交易最重要的是什么？

对我来说是"稳健"。在入行头1个月一直在亏损。那时候非常难熬。有的时候亏损太多，已经失去了自制心，甚至不知道自己身在何处了。

但是，之后的30年，即使脑海里有"上了年纪了""跟年轻人相比，速度上不行了"等消极念头，也能从心理上调整自我。"我还正当盛年呢""我比年轻小伙子还快"。

所以，随着时间的流逝，努力战胜自己是很重要的。稳健的积极含义是安全第一。

我的目的是把钱赚到手。也有的交易员互相攀比赚了几笔、一笔赚了多少，想要证明自己的能力。

也许这些人会认为"自我价值感"最重要。这时，"干得太漂亮了"这种瞬间的感觉对他们来说是最重要的。赚钱倒是次要的。

但是，比起一下子赚200万美元，能持续稳定地赚钱更让我有成就感。

——除了第一个月，您还有过大的亏损吗？

有。那时我做交易差不多20年了，从1月到5月，每个月都在亏损，不得不暂缓交易。但是，房子贷款、孩子学费等，每月光支付这些就让人头疼。

然后我就思考原因。结果11月、12月两个月我就赚了一年的钱。

都有糟糕的时候。但是，这个时候不要慌张，要冷静思考。

机会是一直都有的。哪怕连续5个月都在亏损，也要相信"有时2天就能赚回来"。

几年前，在纽约事务所有位交易员1天赚了50万美元。而他一整年其他的所有收入加起来也不过20万美元。

——您热爱股市，是因为冒险精神吗？还是因为喜欢成长？

我喜欢挑战和竞争。只是，没必要非要赚100万美元。尽力就好。

也没必要跟别人比较。车型不同，赛车速度也不同。让保时捷跟小型车赛车也没有道理。

——如何才能保持您这样积极的状态呢？亏损时会呈现出怎么的状态呢？会不会垂头丧气呢？

为自营交易商工作，时刻保持良好的心理状态是非常重要的。一旦你展现出弱势的一面，那么其他人就会变得强势起来，结果你就会被别人压倒一头。所以，即使是亏损也必须要保持积极的状态。

——休赖斯先生体格健壮，声音洪亮，但是体格小的人会不会处于劣势？

一旦我输了，别人也会乘虚而入。相反，哪怕是体格娇小的女性交易员，只要头脑好，抓住机会也能赢。

从这个意义来说，我认为电子交易比在交易所交易要好。因为娇小的女性可以和健壮的男性较量，女性也能取胜。事实上，我们伦敦分公司就有一位女性交易员，她做的德国5年国债约占全世界的20%，一笔交易的头寸规模曾做到了世界第一。

——您交易的信条是什么？

交易就是机会。现在亚洲也有机会。

中国、越南等国家发展迅速，蕴藏着巨大的机遇。关键是跟美国相比，高频交易少，限制少。

——日本除外？

是的……日本除外（笑）。

——您交易策略的信条是什么呢？是套利吗？

套利只是一种手法。策略是指了解行情，把握机会，还有耐心等待。做交易有时必须等。比如清闲的时候、吃饭的时候，该等的时候就得等，有时欲速则不达。

——资金管理呢？

如果行情朝着你预想的方向发展的话，那就扩大头寸规模。

——感情的控制呢？

时常保持心态平衡。

——印象最深刻的一次交易是哪次？

同一笔交易，1天内2次都亏损严重。那是1987年"黑色星期一"三周前的事情。美国10年国债的套利中，在450点盈利的头寸开始下跌，我150点卖出，结果赔了。接着它又上涨了14个点，所以我又重新买进，然后它又下跌了。结果我一天之内赔了15万美元。这是我印象最深的一笔交易。

后来，一个圈外的朋友问我："亏损后你干吗了？"我回答说："没什么。回家，洗澡。然后第二天再去上班。"这是很重要的。

只是，以此为契机我开始重新学习收益率曲线。我有一位交易员朋友，他是经济学博士，他计算出收益率曲线的比率，美国10年国债期货每秒上涨时买进，相反每秒下跌时卖出，用这种方法集腋成裘积累财富。我学会了这种计算方法，开始加上图表，仔细观察波动的模式。

一旦下跌就买入，反弹到中间值时就卖出。像这样，我两个月就扳回来了。而在这之前我都没有认真看过收益率曲线。

——也就是说从失败中汲取教训？

是的。在此之前，我只是观察美国10年和5年国债，发现两者都是上涨慢而下跌快，两者的比率大致在标准偏差之间波动，我自以为大体上明白了。经过这次失败，我明白了临时抱佛脚和马马虎虎是不行的，就开始重新认真学习。

——但至少，大赔那天您保持了一颗平常心。即使亏损也能保持一颗平常心，要达到这种境界，需要修炼多长时间呢？

差不多四五年吧。实际上我觉得自己可以独当一面是入行差不多12年以后。我在为自营交易商工作之前，也做过一段时间的交易，把那段时间也加上后有12年。

有这种感觉是自从我觉得脑子里可以想别的事情开始的。回到家后先在自己的房间里"闭门思过"。接着忘掉它。然后和家人一起共享天伦之乐。让自己集中注意力看看儿子打棒球，打打高尔夫，安心地和妻子一起待着。

——对您来说理想的交易者是什么样的呢？

能够稳健地盈利而且了解市场的交易者。

当需要雇用操盘手的时候，会雇用各种各样的人，运动员、国际象棋手、管弦乐队队员、音乐家都可以。

然后看能否学习自律，有没有灵活性。

相反，学历就没有那么重要了。我们公司也有耶鲁大学、哈佛大学毕业的交易员，但鲜有成功的例子。

访谈后记

我有幸和休赖斯先生一起吃饭。感觉他是一位非常耐心倾听、平易近人、接人待物温和谦逊的绅士。

感觉他是一位非常重视缘分，将"爱的需求"放在重要位置的人。他常年作为操盘手教练，多年来培养出许多交易员的经历也就不足为奇了。

在仓位方面渴望稳定，随时做好准备退回到最初的仓位。正因如此，完全感觉不到休赖斯先生的强烈自我意识、霸道等价值感方面的负面信念。而是能感觉到他不为别人言论所左右的独立性，一种价值感方面的积极信念。

由于休赖斯先生对安稳的欲望很高，也许在对抗风险方面就有相应的缺点。但是，他也熟知意念控制的方法。随时警惕把握机会，返回原始仓位。妻子还教他如何做锚定等。我认为他处理得很好。

7.6 齐藤正章（个人投资者）

——不到3年时间盈利约6 000%，现在年收益率达40%的个人投资者

齐藤正章，个人投资者，自2003年自学系统型交易开始，近3年时间里收益率达到近6 000%。但是，2006年遭受了约占流动资金4成的回挫（跌幅）后，开始由积极管理转为稳定管理，利用新开发的交易系统，持续着年收益率40%的神话。

齐藤先生的交易系统的特征是以日本股票为对象，以高胜率的逆向投资规则为中心，组合多个交易规则。目标是通过多个交易规则的互补，使系统可在任何行情下保持盈利。

虽说是"安稳"，但想要达到收益率40%也太令人震惊了。不考虑风险因素，恐怕他的交易系统会有更加惊人的表现吧。

另外个人投资者特有的"洒脱"可能也是他取得成就的一个重要原因。齐藤先生盈利的时候，每个月都从交易账户中取出利润。也就是简单处理账户中的流动资金。齐藤先生结合自己的生活方式进行资金管理这一点也很值得我们参考。

著作有《发现交易系统的关键》（Pan Rolling出版社）、《股票系统型交易入门——如何建立可以盈利的逻辑思维》（日本实业出版社）等，DVD有《系统型交易操作方法》（Pan Rolling出版社）。

应本书作者邀请，齐藤先生回答了第2章中所介绍的"探索欲望""探索情感""探索过去的选择""发现无意识的自问""探索价值与规则""神经系统检查的现状认识"（另外，有几处问题与回答重复，为了便于读者理解，分别按照各自主题进行编辑整理）。齐藤先生爽快地为我们做了这次冗长的访谈工作，在此再次向齐藤先生表示感谢。

"探索感情"的问答

(1) 安稳的欲望

——为了在交易中满足自己"安稳舒适、安全自信"的欲望,你主动采取的方法有哪些?

不要追求高风险,注意保持精神状态的稳定。维持目前令自己快乐、满意的生活状态是很重要的。没想过自己要成为大富豪。另外,控制流动资金的头寸管理。

以前流动资金少的时候采取高风险的做法。2002~2006年,我的杠杆比例曾达到3倍。但是,以后每次流动资金增多时,我都会降低杠杆比例。

——在交易中,通过他人从而满足了自己"安稳舒适、安全自信"的欲望的方法有哪些?

我妻子给了我精神支持。因为一个人很容易往坏的方面去想。和妻子交谈能让我情绪稳定。另外,妻子还鼓励我说,即使我炒股赔了个精光,她还有工作可以养家,让我放心去做。

与齐藤先生的合影

——在交易中，自己的哪些做法容易让自己"搁置问题、钻牛角尖、过度信任、过度保护"？

我不喜欢和别人一起学习，所以很少去研习会什么的。

但是，2005年妻子推荐我去了一个研习会，在那里，我得到了主办方的青睐，被邀请当嘉宾，增加了我的收入。

——在交易中，他人的哪些做法容易让自己"搁置问题、钻牛角尖、过度信任、过度保护"？

应该是"我有家室，不能赔太多"吧。

（2）自由的欲望

——为了在交易中满足自己"冒险和多样性、成就感"的欲望，你主动采取了哪些措施？

用游戏的感觉验证各种各样的交易系统，得到成绩好的系统，这样就可以获得"冒险和多样性，成就感"了。在这个过程中技术问题也就解决了。

——在交易中，通过他人从而能够满足自己"冒险和多样性、成就感"等欲望的方法有哪些？

通过分享自己的知识，受到他人的好评吧。

——在交易中，你的哪些做法让你常感到"不安、担忧、无力感、无价值观"？

直到2006年左右，我以摊平价格为前提制作了一个交易系统。当时虽然系统盈利，但是收益大风险也大。现在回想起来，那个系统在熊市使用会非常危险，不适用。但是当时我就坚信它会所向披靡。

（3）爱的欲望

＊没想起来，未做回答。

（4）重要感的欲望

——为了在交易中满足自己"重要感"的欲望，你主动采取的方法有哪些？

自己开发的交易系统如期发挥作用盈利的时候吧。

——交易中，通过他人从而满足了自己"重要感"的欲望的方法有哪些？

分享的知识和研习会获得好评的时候。

——交易中，你采取了哪些做法从而导致自己容易"傲慢、孤独、支配"？

2006年我公开的一个逆向交易系统有问题，被人否定说逆向交易本身就是错的，觉得非常不甘心。

（5）成长的欲望

——为了在交易中感受到"成长"，你主动采取了哪些措施？

从现有的交易系统的缺点中发现改进的地方，将其体现在新的系统中。

（6）贡献的欲望

——为了在交易中感受到"贡献"，你主动采取的措施有哪些？

尽管行情变化很微小，但仍然提供其流动性的信息。

——交易中，通过他人从而能使得自己感受到了"贡献"的方法有哪些？

自己提供的技术知识获得好评。

"探索感情"的问答

——日常交易中常常能感知什么样的情感因素呢？

平时感觉到的是"必须压抑和控制住自己""交易信号还没出来，真是无聊"。

经常感觉到的是"资金的停滞期太长了，实在让人烦躁""真想高于平均价格卖出，但是不是还不该清盘"。

——给你正能量的积极词汇有哪些呢？

风险管理（安稳）、证据（自信）、暴跌（保险）。

——这些积极词汇中排名前两位的"风险管理"和"证据"，给了你怎样的正能量呢？

"风险管理"辅助我开发出回避较大风险的交易策略。"证据"让我下决心只采取从那些历史数据中得到彻底、客观地验证的交易策略。

——让你受挫的消极词汇有哪些呢？

停滞（不安稳）、暴跌（不安）、占据优势的持续性。

——这些消极词汇中的"停滞"是如何让你觉得失去干劲的？为此你付出了怎样的代价？

由于"停滞"，一个系统曾经中断，结果我就错失良机。

因此我决定每年只修正一次系统。现在我的规定是，即使是表现不好的系统一年内也不会修正。

——6个欲望（安稳、自由、爱、重要感、成长、贡献）中，您最想要的是哪个？

安稳。

——假设，您优先选择的欲望会使您的交易有翻天覆地的变化，你会选哪个？

我会选以下几个。

① 成长

② 安稳（安稳与舒适）

　安稳（安全与自信）

③ 自由（成就感）

——过去的交易中，哪些状况下您最后选择了用积极情绪来面对？

曾经遭受大的跌幅时，我把它当作教训积极接受。

——给你的交易带来正能量或者干劲的积极感情是什么？

成长，心静，安稳。

——为了保持充满干劲的积极状态，你会做些锻炼吗？

通过挑战100公里马拉松，我得以保持精神健康。开始只是感兴趣而尝试了一下，尝试过后，我想要挑战这项运动，更上一层楼，渐渐对名次和成绩有了要求。

——为了保持充满干劲的积极状态，你会公开说什么话吗？

向周围人公开自己的目标会让我兴奋。现在我的目标就是年收益40%。

——为了强化这种积极状态，你会做些什么吗？

无论如何都要保持成本意识。只要有利可图，哪怕是1%的利润也不能忽视。例如手机套餐我会选择成本更低的。

——让你觉得交易很没劲的消极感情有哪些呢？

悲伤和失落。

——为了从这种消极状态恢复到充满干劲的积极状态，你会怎么做呢？

做点其他的事情，等它过去。

"探索过去的选择"的问答

——目前为止的交易中，哪些选择能让你保持积极状态？

比起感觉，我更重视数据（证据），这个选择让我走向系统型交易，受益匪浅。

我选择与他人分享知识，结果我可以更慎重地研究很多东西，从而改进交易策略。

我选择定期将利润取出来，这也让我心理更安稳。

为了今后即使遭受最大跌幅的2倍的跌幅也能处之泰然，我给自己立下规定，每个交易品种最大只持有100万日元的头寸（可以说是过于谨慎）。这个选择的结果是我可以抑制流动资金的波动，可以放心地观望着我的交易。

我选择将交易品种与系统分散开来，随着资金增加，我会注意控制风险，而不是追求高收益。这样我就可以抑制流动资金的波动。

——这些积极选择的共同点是什么呢？

寻求稳定收益而非高收益。

——做出这些积极的选择，对您的交易带来了怎样的好处呢？

对待风险十分慎重，流动资金的波动变小了。

——目前为止的交易中，结果变成消极状态的选择有哪些呢？是什么时候的事情？您有哪些遗憾呢？

从开始从事系统型交易到2006年，有时我不听从交易系统发出的指示，时常加入自己的主观判断。例如，即使系统发出了清盘的信号，想到行情可能会反弹，我就继续持有头寸。但是后来我发现，违反规则做出选择的结果，平均下来，最终还是按照规则来更好一些。

2006年是我开始系统型交易以来唯一亏损的一年。不仅仅是因为交易系统有缺陷，还有一点就是频繁加入自己的主观判断。虽然提醒自己不要做出主观选择，但还是过于相信自己了。

——做出这些使结果变得消极的选择，您付出了怎样的代价呢？

也有些好的结果，但总的来说错失了利润，扩大了损失。

——您从中学到了什么呢？

不要奢望得到高于系统的收益，能得到系统预期的收益就足够了。另外，一旦孤注一掷，想把失去的再赢回来，结果反而会失去更多。因此，及时转换成风险管理是很重要的。

"发现无意识的自问"的问答

——交易时，无意识之中，您会向自己发问吗？

会，"交易策略或者交易系统中有没有需要修正的地方（补充的规则）呢"。

——经常自问自答给您带来了哪些好处呢？

我发现在某些时机补充一些推迟交易的条件会更好。

——交易时您经常自我发问的最强烈的的感情或者信念是什么？

"构建一个更精炼的交易策略"。

——不顺利的时候会产生怎么的结果呢？失败的时候会失去什么吗？

因为是积极的东西，即使进行得不顺，也没什么失去的。

——是不是有些原因（印象深刻的事件或经验）让您这样对自己发问？

是2006年经历了一次大的跌幅。

——这样自我发问的好处是什么？

经常可以开发出（稳定的）策略。

——通过这样的自我发问，您想实现什么样的欲望呢？

"安稳和舒适，安全和自信"。

——为了实现您心目中理想的交易，您认为哪些东西是自身必需呢？

探究心（好奇心）以及绝对服从系统。

齐藤先生正在耐心接受我们的访谈

"探索信念和规则"的问答

——为了成为理想的交易者，您认为最该优先考虑哪些信念呢？

首先是成长，其次是安稳。

——重视这些信念可以收获什么呢？

可以有新发现（法则和价格波动的规律）。

——优先考虑这些信念可能会付出哪些代价呢？

时间是必须"投资"的。成长过程中要经历跌幅和失败。

——要想成为理想的交易者您认为必须要摒弃哪些信念？

只追求当场的结果。

——要想成为理想的交易者，您认为必须要避免被哪种感情支配呢？

消极情绪，患得患失的想法。

"神经系统检查"的问答

（1）环境

——您是职业交易者还是兼职交易者？

虽然是兼职的，但收入几乎都是从交易中赚来的。

——除了交易您还做哪些工作？

开发系统型交易用的软件、写交易相关的专栏等。

——流动资金大概有多少呢？

恕不奉告。

——流动资金中可接受的损失有多少？

我认为交易账户中的存款基本都是风险资金。非要说的话，我觉得避免流动资金影响每月的生活费是很有必要的。

——生活费每年大概需要多少呢？

每个月20万日元就可以过得很舒适了，所以一年240万日元就差不多了吧。

只是，加上应急资金、临时花销等，有300万日元就足够了。

——交易收入会用于补贴生活费吗？

目前除了大笔花销（如买房）之外，我还没有动用过流动资金。所以没必要补贴生活费。

——每月您会从流动资金中取出必要的生活费用吗？

虽然实际上并不会用这笔钱，但是为了和风险资金分开，我会在盈利的时候每月从交易账户中取钱，现在也是如此。

——如果生活费不够了会怎么办？

当然要工作，工作！

——在股票行市时间内您有时间交易吗？

如果想要交易的话是有时间的，但是我不会去交易。

（2）行为

——每天一个人做交易没有问题吗？或者至少，和很多人一起做交易会更好呢？

都可以，一个人也没问题。

——您是容易受周围人影响的人吗？

我觉得不是。

——交易中有心不在焉、注意力不集中的情况吗？

没怎么有。

——您会做哪些事情来保持充满干劲的积极情绪呢？

我通过挑战100公里马拉松来保持精神健康。最初只是凭兴趣而开始尝试，尝试过后渐渐地想挑战这项运动，想更上一层楼。

向周围人公开自己的目标会让我兴奋起来。

另外，无论如何都要有成本意识。只要有利可图，哪怕是1%的收益也不能轻视。

——如何从否定的消极状态恢复到充满干劲的积极状态呢？

做其他的事情，等它过去。

（3）策略与技巧

——您电脑水平怎么样？能在网络证券交易平台独自下订单吗？

笔记本很熟练，但没用过智能手机。在网络证券交易平台可以单独下订单，但是像日内交易用的高性能工具，因为没必要，所以没用过。

——构建交易方法需要经常检验和研究，您可以用Excel表格或者程序来自行检验研究吗？

可以。

——数学和统计学您了解多少呢？

数学就是一般高中毕业的水平吧。统计学的话，没有把它作为一门学问学过。

——关于交易的知识您了解多少呢？

如果算上技术指标的计算公式之类的就太吹毛求疵了，但是基本上交易所必需的整体知识都有所涉猎。

"关于投资战略"

——您会选择什么样的市场交易？

如果是优势明显的市场哪里都可以，比起期货，我比较喜欢个股（不分国家）。

——交易的时间段是？或者您会组合多个时间段吗？

我会组合波段交易和长线交易。完全不考虑白天的日内交易（开盘交易除外）。

——您擅长的交易方法是？

处于上涨趋势的逆向交易是我最拿手的。但是也会使用开盘时的日内交易（卖空）和顺势交易。

——您会在哪些时机出手交易呢？

出手时机几乎都是选在谷底或者开盘谷底。

——您的止损点设置是以什么为标准的呢？

如果是逆向的话在到期日（天数）时止损，如果是顺向的话，在股价趋势开始向相反方向变动时止损。

——止损幅度一变小，您就马上止损，但是当行情再次反弹时，您会为了不错过时机而立刻重新下订单吗？

我不会采取这种交易规则，一旦止损就放弃交易。只是，当系统再次发出交易信号时，我当然会听从信号马上下单。

——您是如何确定收益的呢？止损委托、追踪止损（用百分比预先确定好价格变动幅度）、技术原因造成停滞，还是能设定目标值？

几乎所有的交易规则都是以价格波动（超过某日移动平均线背离率百分之多少以上等）为基准的。超过预定值百分之多少以上等缺乏客观性，所以我不用。而且我觉得止损委托和追踪止损也没什么优势。

——您的头寸管理是怎样的呢？

无论哪个交易策略，我一律选择平均每笔交易中固定资产的1/18或者100万日元中较小的一个数字。因此，基本上都是以100万日元为上限。

  只是，交易时，以交易信号发出之日为基准，最大只交易到全天成交总额的0.5%。如果是收盘时下单的交易规则，则是到0.2%为止。另外，从风险角度考虑不会采取动态资金管理方式。

  ——交易策略会按预期发展吗？以什么为判断基准呢？

  每隔一年重新回测一次，一旦资产曲线的倾斜角度比现在要糟糕，会去分析其原因。

  ——您知道现在的交易策略表现优异或者不好时的期望值、收益及跌幅的范围吗？您知道行情的趋势和变动的大小会给交易系统带来怎样的影响吗？

  一旦开始投入运用，我基本上不会去想它的表现是否优异。不过，大体上能把握跌幅的程度。行情的趋势带来的影响我知道，但是变动（变动率）的大小没有考虑过。

  ——以您现在的技术，只靠交易能赚得高于生活费的收益，甚至再扩大流动资产吗？

  我认为完全有可能。

  ——构建您专属的交易系统，解决心理问题，制订事业计划，大概会花您多长时间呢？

  我已经明确了自己的目标，所以重新制订的话，1周的时间就很充裕了。

  （4）信念与价值观

  ——到目前为止，您做出了与交易相关的怎样的选择？

  比起感觉，我更重视数据（证据），我也因此最终选择了系统型交易，受益匪浅。

我选择与他人分享知识，结果我可以更慎重地研究很多东西，从而改进交易策略。

我选择定期将利润取出来，这也让我心理更安稳。

为了今后即使遭受最大跌幅的2倍的跌幅也能处之泰然，我给自己立下规定，每个交易品种最大只持有100万日元的头寸（可以说是过于谨慎）。这个选择的结果是我可以抑制流动资金的波动，可以放心地观望我的交易。

我选择将交易品种与系统分散开来，随着资金增加，我会注意控制风险，而不是追求高收益。这样我就可以抑制流动资金的波动。

曾经我不听从交易系统发出的指示，对交易时机擅自加入自己的主观判断，后来我明白了，平均下来，还是听从规则的成绩更好。

——平常交易时您常有的感觉是什么？

平时感觉到"压抑、遏制""交易信号还没发出来，太无聊了"。

常常感觉到"资产的停滞期太长了，实在令人烦躁""真想扯平价格，但是不是还不该收盘"。

——交易时有没有觉得莫名其妙地兴奋，或者一时冲动而卖出？

极端的精神崩溃还没有过。只是，有时下跌期太长而感到焦躁不安。

——有没有经历过个人的思想斗争、家庭或者工作上的事情、痛苦的交易？

一下子遭受60%的跌幅（2006年）是最痛苦的时候。不过没有因此给家庭和生活带来什么影响。

——有没有恐惧或者愤怒等情绪上的问题？

没怎么有。

——您认为交易中重要的感觉是什么？

"尊重规则""注意下单时机""成长、平稳、安稳"。

——您认为交易中必须避免的是哪些感觉？

"下单时的恐惧心（警戒心）""悲伤或失落"。

——自制心的优缺点是什么？

优点是不会将情绪上的冲动反映到行动上。缺点是什么事情都必须忍耐。

——确立交易方法时，从心理上来看，您的优缺点是什么？

优点是，我不会去想对自己有利的方法，而是可以客观地分析数据。没什么缺点吧。

——交易时您会不会不自觉地地向自己发问？

会，"交易策略或交易系统中有没有需要修正的地方（需要追加的规则）"。

——关于交易的6个欲望，您的优先排位顺序是？

我的顺序是

①成长

②安稳（安稳和舒适）

　安稳（安全和自信）

③自由（成就感）

——您日常交易时的信念是什么呢？

构建更强大（精炼）的交易策略。

——您觉得自己是适合那种在收益和损失中一点点积累财富的比较现实的交

易呢，还是高风险高收益的交易方法呢？还是适合那种胜率达90%的方法呢？

我觉得是第一种。我喜欢损益曲线波动比较小的，而不是看胜率和收益的大小。

——假设有个很好的系统，胜率是50%（赔赚概率相同），而且收益是损失的数倍。但是，这个系统曾经连续赔过8次。你能接受连续赔钱吗？

我不太计较失败的次数，基本上能接受。但要看跌幅的大小。

——改善方法时，您能接受您的方法以外的普通模式吗？或者，您能接受一些告诉您该如何改变自己的建议吗？

如果是被公认的客观的方法我可以接受。

"关于收益和亏损的设定范围"

——您的预计年收益率是多少？

最低40%。

——为此您能容许多大的年风险？

现在超过20%的跌幅我就不能接受了。换句话说，百分之十几的跌幅我是可以接受的。

——在一笔交易中，您能接受最大多少的风险呢？

可接受的最大风险是一笔交易资金中的"流动资本（流动资产）的1/18"，或者"100万日元"中较小的数值。只能容许这个范围的风险。

（5）自我认识

——您的交易思想是什么？为什么而做交易？

在交易生涯中持续获得稳定的收益，跟金额大小无关。

——您理想的交易者是？

全年只赚不赔的交易者。

> **访谈后记**
>
> 齐藤先生不愧也是个程序员，跟斯坦顿先生有很多共同之处。不贪恋金钱，感觉像是游戏一样在享受交易。
>
> 因为齐藤先生在国内很知名，全国各地参加各种出版、研讨事宜，感觉他可以积极与人交往，对被关注的需求比较低。我想如果可能，他更愿意一个人埋头工作，专心做研究。
>
> 另外，齐藤先生对安稳的要求很高，他会细致地反复回测，用数据将交易成绩呈现出来，谋定而后动。
>
> 一般过度追求安稳的话，对抗风险的能力就比较弱。但是，齐藤先生定期从交易账户中取出收益，保管在别处，由此可见，齐藤先生采取了积极的心理防御策略来应对风险。"赔钱了也没关系，我还有工作"，有了妻子的坚定支持，齐藤先生得以保持心理平衡。

7.7 访谈小结

交易赢家的性格因人而异，平时对欲望的优先顺序也不可能相同。特别是这次接受访谈的各位都是风格迥异、个性鲜明的交易者。

但是，令人震惊的是，一旦他们开始交易就完全颠覆了平时欲望的优先顺序，都自动转换成"交易者模式"。有的是本人自己也没意识到，有的是交易者有意改变优先顺序的。

一提到交易，他们的共同点就是非常勤奋（成长）、充满热情（自由）、严格管理风险（安稳）。而且最重要的是，不在乎别人的看法，坚持自己的观点，坚持在交易这个世界生存下去（个性=重要感）。这跟享受交易（自由）也是相关的。

只求眼前利益（只求鱼不求渔）的人，由于知识不够丰富，技术不够高超，无论何时都没有自信，无法产生上述积极欲望。

我认为他们成功的重要原因是，明白使用适合自己的方法，苦心钻研，熟知如何下意识地安排这些需求的顺序。

后　　记

　　我出身贫寒。为此，幼年时有不少悲惨回忆。比如没钱和同伴一起从学校坐车回家，一直穿着破破烂烂的衣服觉得很羞人，因为没有自己单独的房间没法邀请朋友来家里做客而被同伴排斥，等等。

　　当然，我的父母为了我们三个孩子含辛茹苦地工作，给了我们满满的关爱。我非常感谢我的父母。

　　但是，至今我仍清楚地记得由于父母起早贪黑工作，我们早上饿着肚子上学，晚上在冰冷的家里望眼欲穿等他们回家的感受。贫贱夫妻百事哀，因为没钱，父母常常吵架。

　　我高中毕业后，完全没有"上大学"的打算，我们家没有这个选项。我也认为这是理所当然的。

　　但是，有一天我应邀去一个家境殷实的友人家做客，我才意识到这不是理所当然的事情。富裕家庭里过着与我家完全不同的生活。并且想法也完全不同。

　　看到友人及其家人的生活后，我决心自己长大后也要变成有钱人，变成"阔绰、潇洒的人"。高中毕业后，我进了一家广告公司，学会了营业技能，25岁时创办了自己的公司。

但是，那时我经历了多次大的挫折。后来我意识到，无论做什么工作，无论多么拼命努力，如果不消除对金钱的消极看法，不锻炼管理能力的话，是不可能在商界取得成功的。

经历数次失败后，我终于意识到这一点。这时我遇到了一个神奇的赚钱武器。

那就是"炒股"。

我想通过炒股向我的父母、妹妹、陌生人以及过去认识的人们证明我的蜕变，证明我能跨过逆境，我的想法非常强烈。与交易的不期而遇为我打开了未来之门，成就了今天的我。

同时，交易也抛给我不少难题。实际上，在交易这个世界里发生的事与其他商界并无二致。

与各种各样的个人投资者接触后，我发现他们失败不是因为技术原因，而是因为心理原因。我发现在这个世界里，"对金钱的看法决定你是否会幸福"。

意识到这一点后，我开始潜心研究交易赢家与输家的不同。并且我确信这是我目前取得交易和商业成功的法宝。

渐渐地，我的目标明确起来。我想培养操盘手教练员和交易者，并且打造一个属于自己的世界顶级的交易团队，改变日本人对金钱的看法。

现在很多日本人对金钱持有消极看法。所以，很多成人没有梦想，大部分孩子都觉得"金钱是肮脏的"。

如果我能改变哪怕一个成人的看法，那就能培养那些孩子们成为有梦想的成人吧。

并且，应该不光能培养出交易者，还能培养出企业家等成功人士，未来会更美好吧。

我坚信这个未来，现在我正在努力做我力所能及的事情。

最后，借此机会想向为本书出版付出心血的各位表示感谢。感谢H.L.Associate 股份有限公司的福地瑞穗先生，NLP 交易者坂本哲子先生，Speed Coaching 有限公司的克里斯冈崎先生，NPO 法人日本日内交易协会的砂田洋平先生，东岳证券股份有限公司的猪首秀明先生，Millionaire Institute 股份有限公司的金井信次先生和京谷一先生，REED 交易学校的吾田昌谦先生、榎智洋先生和宫崎由贵先生。感谢接受本书访谈的齐藤正章先生，答应出版此书的 Pan Rolling 股份有限公司的后藤康德先生，负责编辑的敬静社合同公司的世良敬明先生，协助访谈国外交易者的 M.K.News 有限公司的益永研先生、Robbins 证券的查克·弗兰克先生和 Knight Future 的比尔·巴利先生。感谢创业时陪我一起吃苦、一直鼓励我支持我、忙于照顾孩子、努力工作的同时还帮我撰稿的妻子有美。

村居孝美

| 附录 |

トレードの成功哲学

关于系统型交易

A.1 制定交易规则

从第 7 章的采访中我们也可得知,无论是自由裁量型交易还是系统型交易,无论是基本因素还是技术,或者是概要、套利、刷单建议、头寸交易等,任何交易方法中都有成功人士,没有绝对的正确答案。要确立个人交易风格,使之与自己的性格、爱好、环境相符合。

在确立个人交易风格前的尝试是需要花费时间和金钱的。但不是盲目尝试,前提是在确立个人风格前"生存下来"。从这个意义上讲,对于那些真正想从事交易的人来说,我推荐系统型交易。

正如第 1 章中所述,我将系统型交易定义如下。

从历史数据中找出有优势的交易规则,按照规则发出的信号进行重复交易。

原本股市行情就是不稳定的，向前景不明朗的股市"下赌注"，这本身会带来不安情绪，这是人类极为正常的心理现象。但是，如果有规则可循的话，正如在黑暗中有一丝光明，顺着光不就可以放心前行了吗？

系统型交易是从历史数据中验证出一个想法来，即"在这种情况下，股市很可能会这么波动"。而且，会以数字形式确切地得知以下信息。

- 获胜概率（胜率）是多少？
- 收益大概有多少？
- 要做好多大的亏损准备？
- 在一笔交易中最多赔过多少？
- 最多连赔过几次？
- 在限定风险的情况下，用流动资金计算的话，用多少头寸交易比较好？

因此可以做到先预设定风险，再组合交易策略。这些都可以减轻不安情绪。

当然，正如第1章所说，在系统型交易中也有失败的例子。因为运用交易系统终究是个人的判断。只是系统型交易中有明显的规则，与自由裁量型交易相比，给新手的心理安全感是显而易见的。

首先从交易想法开始

也许非理科生会认为"构建交易系统""总觉得有点难""自己可能做不来"，因而对此敬而远之。其实流程非常简单，并没有想象那么难。

首先想出一个交易想法。如果没有想法的话，参考图表或书籍也无妨。哪怕是"如果股市这样波动的话,总觉得接下来会这样"这样单纯的感觉也可以。以这个想法为基础追加或更改各种条件。

例如,假设有如下想法。

> "观察日经225期货图表,总觉得如果当天指数飞涨的话,第二天的指数会高于当天的收盘值。"
>
> ↓
>
> "在日经225期货飞涨的当天,如果在午盘收盘时买入,第二天早盘开盘时再卖出,不就有利可图了吗?"
>
> ↓
>
> "回测一下这个规则。"

因为要用电脑回测数据,必须将含糊的地方明确清楚。例如,将这个模糊的想法具体化为以下条件。

- 当天指数飞涨→当天开盘价与收盘价相差+150日元以上
- 下单→市价订单
- 收盘→开盘价市价订单

(※交易条件不一定符合所有的交易公司)

虽然很简单,但这也是一个交易规则。

用回测来验证一下这个明确后的交易规则的有效性。一个交易规则,无论最终收益多么可观,如果有大亏的年份,就不能称之为有效。那就有必要来探究其原因。关于回测的具体内容，后文会用实例来说明。

只有交易规则的回测结果让自己满意，才能称为完整的"交易系统"。但是，如果有可能，我推荐多做几个交易规则。

组合多个交易规则有益无害，因为万一其中一个规则失灵，其他的规则可以继续发挥作用，从而使交易系统整体的收益保持稳定。再用回测检验组合后的"交易系统"。

交易系统完成后，接下来就是实践了。正如第 6 章所述，要在回测中重复测试最小单位的交易，而不是预设的头寸规模，直到感觉这个交易系统适合自己。

系统型交易的前提是，体现在过去的优势很有可能出现在将来。但是，未来是不可预估的。实际上，将来的价格变动也不可能和回测期的价格变动完全一致。

要明白"世界上不存在绝对盈利的系统"。股市收益正是来源于对不确定性的挑战，为了灵活应对，有必要学习心理学知识。

制定交易规则的流程

系统型交易中使用的交易规则，有的规则中下单时机是盈利的关键，而大部分规则是用技术分析制作出来的。只是，由于技术分析种类繁多，所以看上去好像能做出无数个交易规则似的。

但是，其实大部分技术分析想要检测的只是行情趋势和趋势的强弱。所以，重要的是交易想法。为此，决定用哪个技术分析就是先后顺序问题了。

虽然有点老生常谈，行情趋势大致分为以下三种。

- 上涨
- 下跌
- 震荡行情

我们制定战略时都是想着风险收益（特别是风险），买涨卖跌。

只是，同样是买涨，是处于上升趋势时跟随趋势买呢（顺势交易），还是暂时下跌时买（逆向交易），或者确定下跌后再买（逢低买入）？选择不同，技术设定和规则都会不同。

这里我举出具体的案例来介绍下制定交易规则的大致流程。

（1）制作逆向交易规则

首先基于"逆向"想法制定一个交易规则。顾名思义，逆向就是与行情当前的趋势相反的交易方法。假设交易条件的对象指标是现货的日经平均股价，交易的对象市场是日经225mini期货市场。也就是缩小日经平均条件，在日经225mini上交易。

<交易想法>

当收盘价低于过去5天的平均收盘价时，第二天会不会整体上涨呢？如此的话，第二天以开盘价买入、收盘价卖出，如何呢？

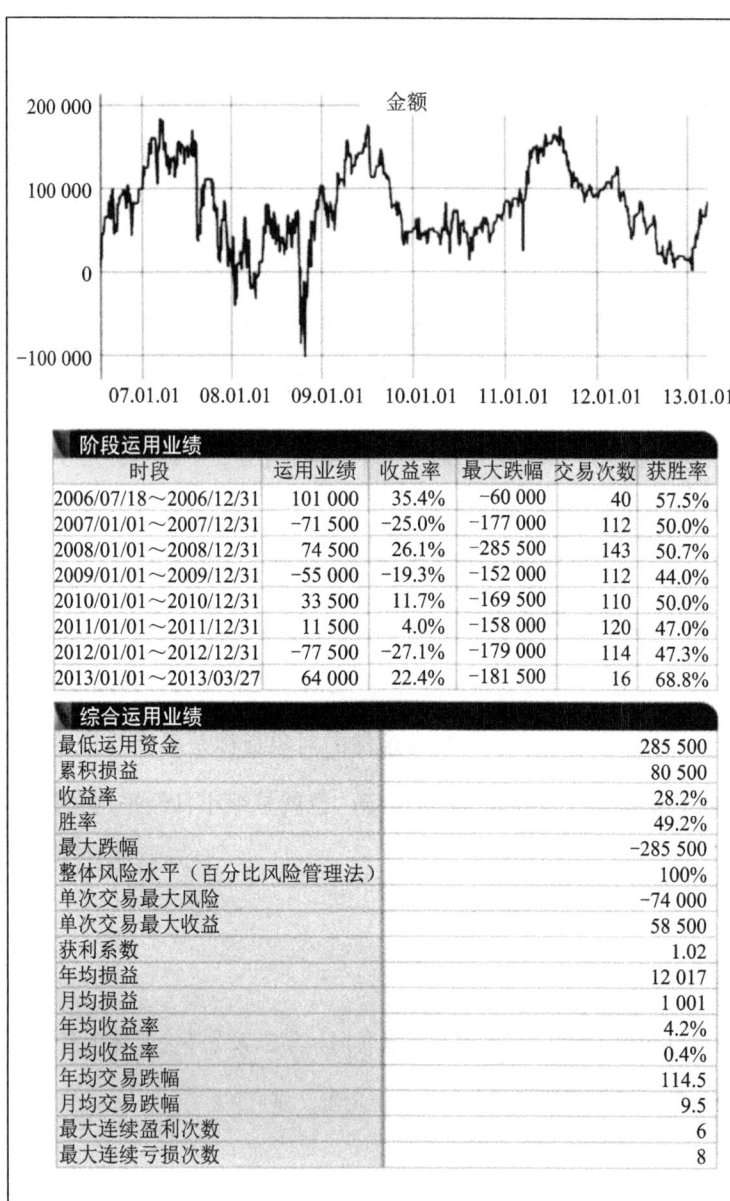

图 A-1　逆向交易规则的回测

<交易规则>

- 满足下列条件时，第二天开盘时以市价买入。
    - 收盘价位于4MA（移动平均线）以下。
- 第二天收盘时以市价卖出。

这个交易规则的回测结果如图 A-1 所示。但是很遗憾，这个规则还不能用。

因为逆向交易是和行情目前的趋势相反的，押宝押中的时候会有丰厚的收益。另一方面，判断失误时会损失惨重。尤其是跟股价上涨相比，大幅下跌的情况更常见。这时，1 笔交易中最大收益为平均每张合约 58 500 日元，而 1 笔交易的最大风险为平均每张合约 74 000 日元（换算成期货价格是 740 日元）。

这时你可能会有一个想法，"预先设定止损点会怎么样"。那我们就在刚才的规则上加入止损条件。

<修正后的想法>

交易当天，如果下跌幅度在80日元以内，会不会反弹上涨呢？换句话说，如果下跌超过80日元，是不是就不会反弹了？

<交易规则>

- 满足下列条件时，第二天开盘时以市价买入。
    - 收盘价低于4MA（移动平均线）。
- 第二天收盘时以市价卖出。
- 但是当买入约定价下跌80日元时，市价止损。

这个新交易规则的回测结果如图 A-2 所示。

图 A-2　修正逆向交易规则的回测

损益曲线也上升了，这个交易规则已初具雏形。最大跌幅也减少了一半。由于增加了止损条件，一笔交易的最大损失减少为平均每张合约8 000日元。

当然，有时开盘价下跌超过了80日元后仍反弹上涨，结果是有收益的。因此，追加了止损条件，胜率反而下降了。另外，也有的年份出现亏损，还有的年份最大跌幅超过管理资金的业绩，这些都是这个交易规则目前的问题所在。必须要继续追加、修正条件来提高交易规则的准确性。

（2）制定顺势交易规则

接下来再用顺势交易的想法制定一个交易规则。顾名思义，顺势交易就是与行情目前的趋势相同的交易方法。

<交易想法>

收盘价高于过去3周的最高价，显示出强势的上涨势头时，感觉第二天的开盘价会超过今天的收盘价（gap up）。

< 交易规则 >

- 满足下列条件时，当天收盘时以市价买入。
    - 当天收盘价超过过去17天的最高价。
- 第二天开盘时以市价卖出。

这个交易规则的回测结果如图A-3所示。

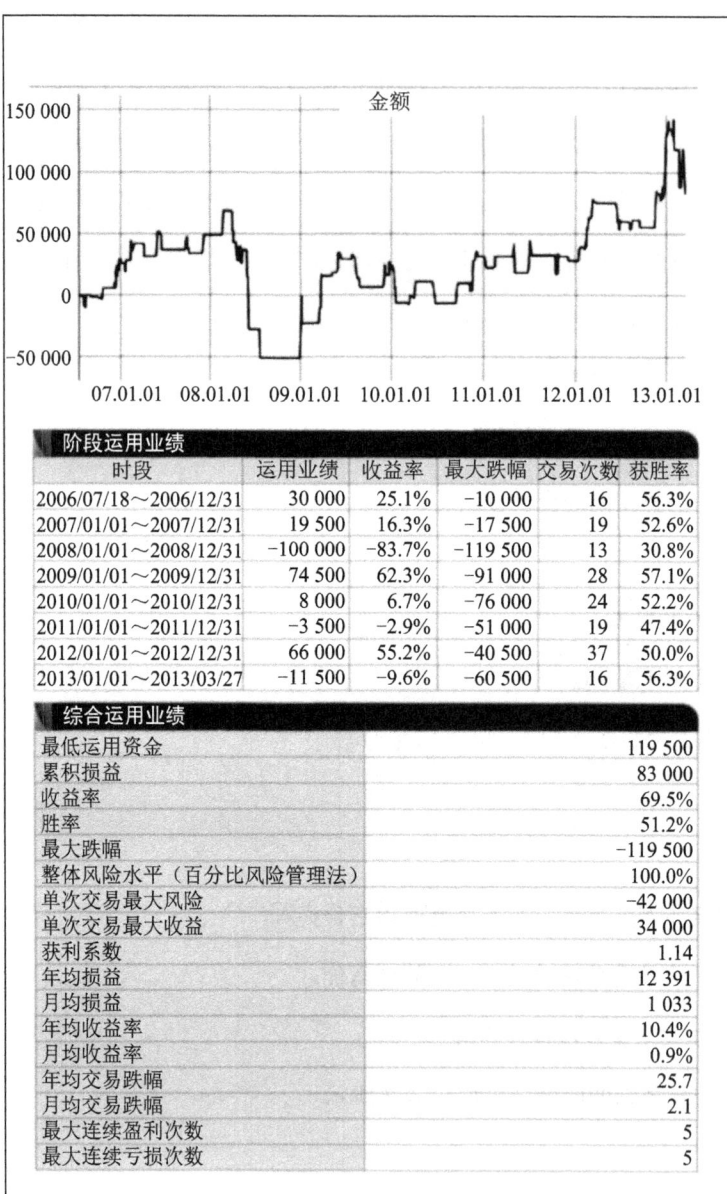

图 A-3 顺势交易规则的回测

有多处上涨的情况，但是 2008 年下跌时亏损巨大。这个规则还不能投入使用。

那就再补充一些想法吧。

> <修正后的想法>
>
> 当天的股市收盘时仍处于整体上涨（阳线），第二天会不会跳空高开呢？

<交易规则>

- 满足下列条件时，当天收盘时以市价买入。
  - 当天收盘价超过过去17天的最高价。
  - 当天是阴阳烛为阳线。
- 第二天开盘时以市价卖出。

再次回测这个交易规则，如图 A-4 所示，损益曲线也得到了改善。

但是，2008 年下跌时还是有亏损，仍有些年份的最大跌幅超过了资金管理的业绩，还必须继续修正条件。

怎么样？像这样将一个交易想法变成一个具体的交易规则，然后通过回测明确其优缺点，然后再产生许多修正想法。重复这样的创意过程，为了获得稳定的收益不断修正交易规则，并在这个过程中加深对行情的了解，这也是系统型交易的一大乐趣吧。

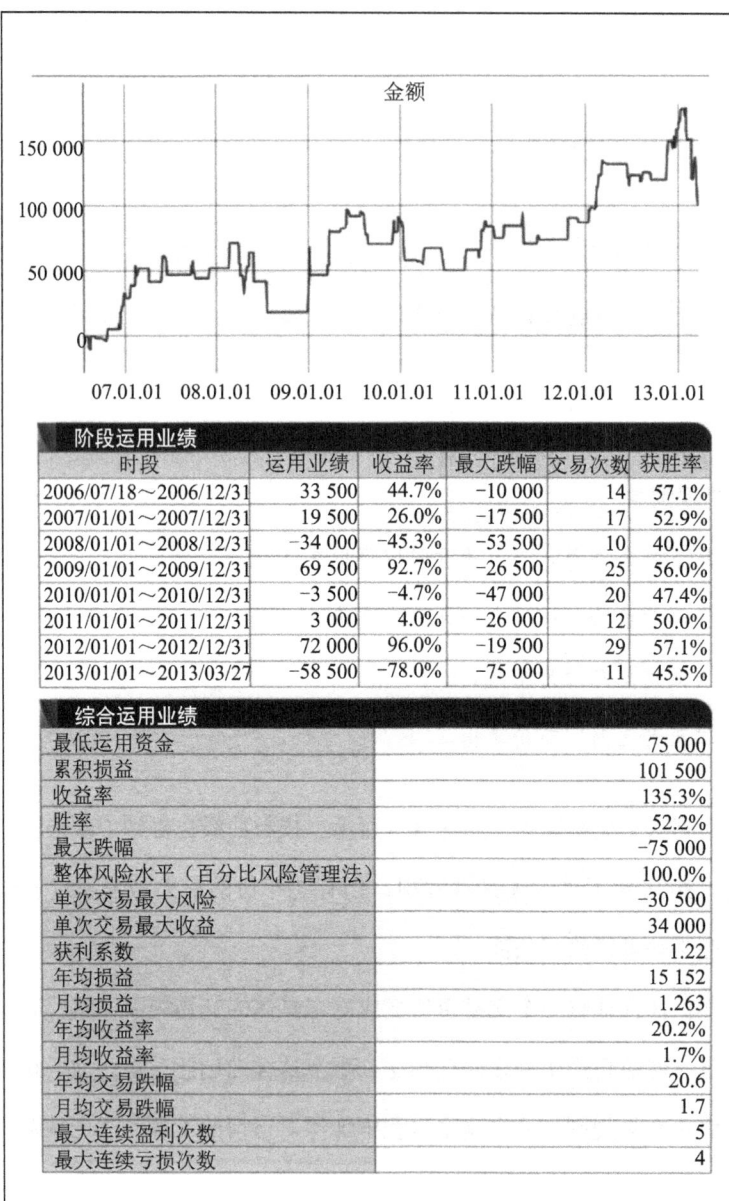

图 A-4 修正顺势交易规则的回测

A.2 系统型交易常见的失败案例

系统型交易最基本的就是机械地听从交易系统发出的信号。正因如此，跟自由裁量型交易相比，系统型交易看上去很简单，不会被个人感情所驱使。

但是，即便如此，现实中还会有各种各样的问题。下面介绍几个系统型交易失败的案例。

（1）无法进行每天简单的重复工作

公司职员 A 开始日经 225mini 期货的系统型交易之初，必要时用手机下单。虽然早上可以在自己家里下订单，但是下午 4 点半开始的夜间交易时段中，有时需要先确认开盘时机再下单。这种情况下就没法在自己家里下单了。

A 每天案头工作繁忙，开盘前就拿着手机先离开办公桌，到走廊或者卫生间里下单。但是后来他换了工作岗位，开始负责工厂的工作，就不能保证在固定的时间拿着手机下单了。

一旦不按照信号交易，日子一长，自然成绩就不稳定。而且，老是觉得没按信号交易的那天偏偏错过了大好时机。被这种感觉折磨着，A 的精神状态开始不稳定，交易日时开始无视资金管理扩大头寸，结果离交易规则越来越远。

像 A 这样，环境变化时，必须相应地变更交易系统。

另外，还有人的性格就不擅长做每天简单的重复工作。

B 是一位设计师，因为在自己家里做自由职业者，所以不存在像 A 那样的外部原因而无法下单。但是，B 常常因为埋头工作而忘记下单时间。

心想着"还有几分钟，还来得及"，转身去忙工作，不知不觉就错过了交易时间。还有好几次家里有客人或者在打电话，只顾着说话而忘记了交易时间。

究其原因，我发现原本 B 的性格就不擅长重复每天的简单工作。他是那种讨厌一成不变的人，无意中思绪就飞到他感兴趣的东西上去了。

因此 B 的解决对策就是，给手机定个闹钟，一到下单时间就提醒他。虽然办法很简单，却可以减少相同的错误。

（2）重复下单失误

C 是个兼职家庭主妇，她的苦恼是下单操作失误太多。数一下她的失误，发现失误达订单数的 3 成。10 次中居然有 3 次失误。

她会犯各种错误：弄错买进和卖出，忘记在止损点设置止损订单，弄错期货的交割月份，延误收盘……

一般下单后确认一下就可以了。但是她忙于工作和家庭，没有时间下单。另一方面，她又觉得偏偏在失误的时候出现亏损，错失良机。这种心理折磨着她，给她的精神打击很大。

再探究一下 C 的信念，我发现她的观念是"应该麻利地做完大量工作""我应该没问题"。因为无论在公司还是在家庭，她都能干净利索地处理大量工作，被公认为优秀的员工、能干的妻子、合格的母亲，工作能力很强，干劲十足。

交易也是三下五除二瞬间完成。因为她的资金分散在几个不同的交易公司，必须在短时间内下好几个单。事实上，我看过她下单。说实话，速度之快着实让我震惊。

但是，我也发现，她在公司和家庭中有许多小错误，经常需要周围人的帮助。太重视效率了，难免做事有些毛糙。

但是，对交易来说，"一星半点"的失误都有可能是致命的。也没有人会来帮你。只能自己承受。

她为了预防失误，下单时也会问自己："没有错误吧？"但是，她既想迅速完工，又自信"我应该没问题"，最终没能仔细确认。

她需要转变想法。首先"应该认真工作"，不急不躁，注意下单时要慎重。其次"无论什么事情，最后都需要确认"，一定要再三确认。

（3）行情异常时不敢下单

股市常常由于外因发生异常状况。在这种情况下，像平常一样遵守交易系统的信号下单是需要很大的勇气的。

事实上，东日本大地震时，使用我的验证软件的会员朋友们接二连三地向我咨询。问题几乎都是："今天，我的系统发出了交易信号，我该下单吗？"虽然明白我的回答会是"YES"，但一旦要真正下单时，还是犹豫不决，想要有个肯定的回答才放心，所以才来问我。

回测时，将这种异常情况也包括在内进行验证。应该在结果的基础上，做好资金管理的思想准备，决定好头寸规模。一旦却步不前，那就是没有深刻理解可接受的损失风险。

（4）无法接受连败而加入主观判断

D由于在自由裁量型交易中损失了大量流动资产，所以转而采用系统型交易的交易方式。但有次也遭受了连败。使用了当天就清盘的系统后，每天都在赔钱。忍无可忍的D在第10次交易时加入了自己的主观判断（自主考量）。而且那一次碰巧赚了一笔。

因此D产生了一个错觉，认为"果然我的判断没错"。从此以后，D开始不断地在各种时机加入自己的主观判断。

最初只是想"等流动资金恢复到一定程度，我就听从交易规则"。但是，流动资金却一直没有恢复，D开始意气用事，无视交易信号，恣意交易。他怒冲冲地认为"这个破系统真没用。我要用自己的判断扳回来"，不停注入追加资金，结果赔得更惨。

这个案例也是由于D没有深刻地认识风险。必须在回测中确认连败次数，深刻认识连败原因。

D之所以放弃自由裁量型交易转而开始系统型交易，是因为没有出成绩。如果他还是再犯同样错误，能说是有所进步吗？他首先要做的是要认识自己。

（5）为扳回败绩而鲁莽行事

E将可接受的风险损失设定为流动资产的25%。另外，为了减小精神打击，他把平均每笔交易的可接受的风险损失也设定得很小。但是，一旦连败，瞬间失去了流动资金的近20%时，他就失去了冷静的头脑，尽管这是在他可接受的损失范围内。

焦急的E为了尽快挽回损失，开始鲁莽行事。扩大头寸规模刷单，提高杠杆比例，孤注一掷赌博式交易。结果自不用说，E把他的流动资金几乎赔了个光。

E每笔交易的风险金额很小，所以实际上是可接受的。但是，由于他没有真正地设想资产全体的损失大小，所以当资产瞬间减少时，他就精神崩溃了。

E如此鲁莽行事的原因是他一直认为"自己必须不能出错（不能出现损失）""必须谨慎对待金钱"。结果虽然看上去和实际行动相反，但是一旦损失额超过了"心理上真正可接受的范围"时，就被"必须马上挽回损失"这种感情所驱使，所以采取了不理智的行为。

E也有必要改变观念。"边承受损失边积累收益"，继续按交易规则进行交易。当出现损失，想要冲动交易时，先中断交易，去健身房活动下身体，放松心情。

A.3 用验证软件回测

系统型交易必须进行回测。但是很多投资者在回测时遇到了大麻烦。

虽然只是简单的回测，用 Excel 等表格计算软件就 OK 了。但是要准备历史数据、添加每日数据，还要手工修改数据，这都需要花大力气。此外，输入条件也需要函数知识。

所以很多人放弃了，认为"系统型交易太难了，我做不了"。但是，一旦你觉得"难""麻烦"而开始偷懒、懈怠验证时，可以说百分之百会"遭报应"。这时，利用市面上发售的验证软件也是一种选择。

有的软件事先准备好了条件式，只需用户输入条件选项和数值，就可以得到想要的验证结果。而且，一般这种软件都自带一种功能，当符合今后输入的行情条件时，会自动显示交易信号。不需用户边看图表边计算时机。

但是，验证软件也有很多种。股票、期货、外汇等，既有对象市场不同的情况，也有主要针对日内交易的软件，还有面向长期投资的软件。当然，功能和价格也不尽相同。网上也提供免费软件和免费试行版，要找到适合自己的研究软件，多试几个就可以了。

本附录为了向初学者具体展示回测的过程，笔者以本人自己开发的日经 225 期货交易专用验证软件 KENSHIRO-225 为例，来说明如何使用验证软件来进行回测。

另外，KENSHIRO-225 设定了免费试用期，关于申请试用请参照另附的表格。如果读者能边操作此软件边确认本人说明的内容，加深对回测的认识，那本人不胜感激。

回测过程

登录后首先出现一个"资金管理"的画面。这是没有登录的默认状态，都是空白栏。

打开"短期验证"界面。单击画面上方的"短期验证"标签，有个"制作新规则"的按钮，单击后显示出检验画面（见图 A-5）。

图 A-5　短期验证界面

界面左半部分的选项是需要输入条件的，参考刚才介绍的顺势交易规则输入条件。

＜顺势交易规则＞

- 满足下列条件时，当天收盘时以市价买入。
  - 当天的收盘价超过过去17天的最高价。
  - 当天的阴阳烛为阳线。

- 第二天开盘时以市价卖出。

随意输入系统名称。这里暂且输入"顺向17"。

接下来，选择模拟对象"日经225mini"（演练阶段不能选择日经225large）。

下单条件的选项中，进入（entry）条件选择"信号发出当天的白天收盘价买入"，退出（exit）条件选择"信号发出第二天的白天开盘价卖出"。

最高价与最低价的选项中，单击文字前的复选框，输入"当天日经的收盘价超过过去17天的日经最高价"。

阴阳烛的选项中输入"当天日经的阴阳烛为阳线"。

全部设定完毕后，单击系统名称下方的"开始模拟"按钮。

检验时画面会显示"验证中……"。检验结束后，画面右半部分会显示检验结果。

单击"系统追加"按钮，完成顺向规则的登录。

为了得到更好的成绩，可以尝试修改或补充部分条件。单击"顺向17"标签内的"系统追加"按钮。添加并保存"顺向17-1"。打开这个标签就可以修改、补充条件了。

另外，回测可能会"碰上"好结果。为了确认交易规则的稳定性，条件值的前后范围也需要验证一下，然后比较结果之间是否有极端的差异。例如，条件是"过去17天的最高价"，那就检测下15天、16天，或者18天、19天的情况。

将刚才补充的"顺向17-1"标签上的系统名改成"顺向15"。将最高价、最低价的选项中的"过去17天的最高价"改成"过去15天的最高价"，单击"开始模拟"按钮。回测完成后，单击"系统再登录"，保存。

用同样的方法再补充"过去16天的最高价""过去18天的最高价""过去19天的最高价"，检验，保存（见图A-6）。

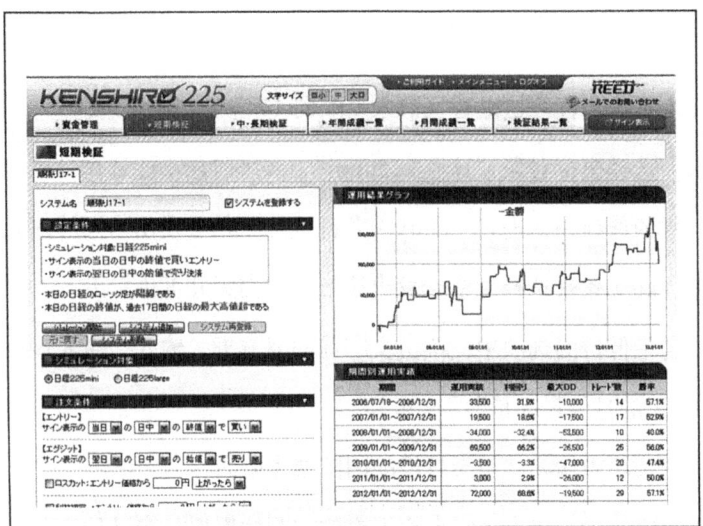

图 A-6　系统补充验证界面

单击系统上部的"年成绩一览""月成绩一览""验证结果一览"标签，可以看到各规则的回测结果（见图 A-7）。

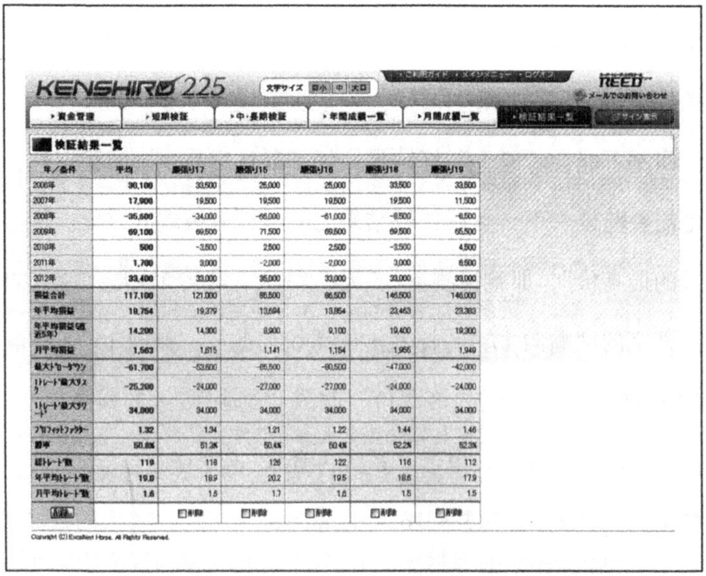

图 A-7　验证结果一览界面

如果结果之间有大的出入，说明偶然出现好成绩的可能性很大。

不需要的系统则勾选该系统的复选框，单击画面左下方的"删除"按钮，即可删除。

使用检测软件进行资金管理

接下来我们看一下同时运行多个交易规则时的检测结果。我们来检验一下刚才介绍的逆向交易规则和顺势交易规则的组合交易系统。

刚才我们演示了顺向规则的登录方法，请用同样的方法登录逆向交易规则的短期验证界面。登录后请返回到"资金管理"界面（见图A-8）。

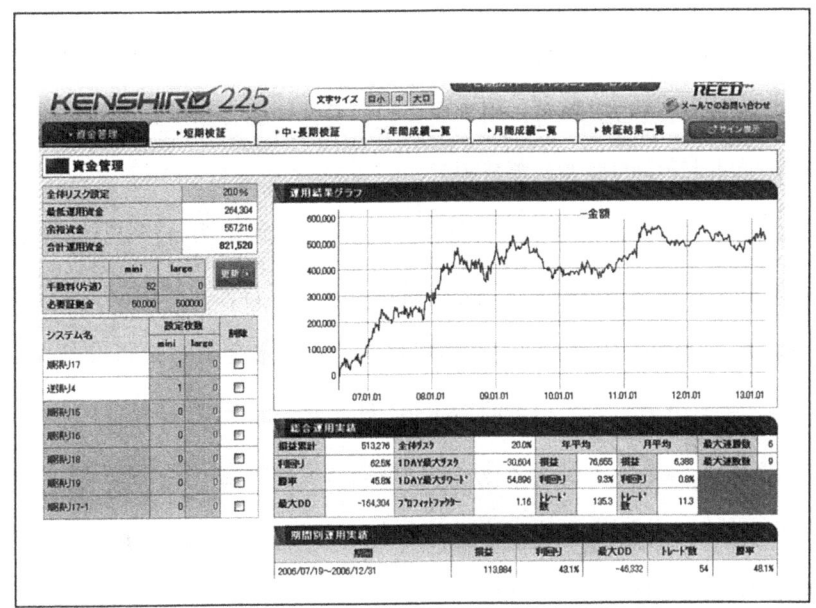

图 A-8　资金管理界面

首先在"整体风险设定"中输入数值。如果出现了和过去最大跌幅相同的损失，这个损失占流动资产的百分之几，就在"整体风险设定"中输入该数值。

也就是流动资产的可接受的损失风险。假设流动资产是100万日元，可接受的损失风险为 20 万日元的话，整体风险设定就是 20%。

整体风险是在过去最大跌幅的基础上设定的。但最大跌幅值是会变动的，设定该值时要适当宽松些。

接下来，在"手续费"和"交易保证金"中输入金额。当然，各个交易公司的手续费规定各不相同，不设定（保持 [0]）也可以。另外，交易保证金也因行情而异。最低必要保证金比过去低时，要设定得稍高一些。

最后，设定各交易规则一笔交易的合约张数。输入张数，单击"更新"按钮，"最低运用资金""富余资金""合计运用资金"都自动计算出来。调整合约张数，直到"合计运用资金"接近流动资产。

- 最低运用资金

用设定的系统进行交易时，用于现在的交易保证金为基础算出的实质资金额加上系统回测时设定的最大跌幅金额。

例如，刚才登录的顺向 17 规则和逆向规则分别设定为日经 225mini 期货一张合约（设定手续费为 52 日元、交易保证金为 5 万日元）。2013 年 3 月 27 日，最大跌幅为 -164 304 日元，加上上述规则各运行一张合约的 mini 交易保证金 5 万日元 ×2 张 =10 万日元，得到的 264 304 日元就是最低运用金额。

最低运用资金是为了保证交易后即使遭遇最大跌幅也不至于破产，但跌幅毕竟是从历史数据中推测出来的，跌幅变动时也有可能无法维持头寸。

- 合计运用资金

用输入的整体风险设定的百分比计算出的运用资金。当运用资金下跌到最大跌幅时，运用资金的金额自动变为已设定的风险比，所以可以算出运用资金的金额。也就是假设下跌到资金的百分之多少的运用资金额。

拿刚才的例子来说，最大跌幅 164 304 日元占运用资金的 20% 的话，由于运用资金 ×20%= 最大跌幅，所以运用资金为 821 520 日元（=164 304 日元 /20%）。

- **富余资金**

合计运用资金减去最低运用资金。因为要预设定最大跌幅规模的下跌，需要计算出在最低运用资金上追加多少资金。

合约张数设定完成后，确认界面右侧的运营情况，最终确认该系统是否能运用到实际中去。

关键要注意损失风险。看回测结果时，很多投资者都会去看收益。但是，最重要的是，该系统能否真正承受得起损失或跌幅。

从我的经验来看，只看一眼数字就开始交易的人，当损失扩大到新的跌幅时，一定会内心动摇，想要重新检查系统。

一个一个地确认有关回测损失风险的评价值。从内心深处认真思考，当真正损失到这一步时，资金上、心理上能否承受。这一点是很重要的。

例如，假设"当日最大风险"为 5 万日元，实际上一笔交易中损失了 5 万日元以上也不会内心动摇吗？假设"最大连续亏损次数"是 9，实际上连亏损了 9 次也能承受吗？等等。如果其中任何一项让你感觉不安的话，那就重审资金管理或交易系统。

- **运用结果图表**

将设定的系统损益累计表格化。显示过去的跌幅发生的频率是多少，持续了多长时间等，可以大致确认出结果。将鼠标放在表格上，还可以看到日期以及该点的损益累计金额，单击选择"期间"，还可以看到一定时期内的具体信息。

- 累计损益

投资期间的损益累计额。

- 收益率

表示流动资金上涨了百分之多少。用累计损益额除以合计运用资金得出此数值。

- 胜率

除去损益为0（手续费不计）的交易，剩下的所有交易（赚钱的交易数和赔钱的交易数的合计）中，赚钱的交易所占的百分比。

- 最大跌幅（DD）

累计损益额的顶点值最大能下跌多少的"下跌幅度"就是跌幅。最大跌幅就是回测期间最大的跌幅。

我认为最大跌幅是最应该关注，并且最应该意识到的一个数值。最大跌幅也只是参考历史数据的一个基准，有可能变化。

因此，我推荐将最大跌幅乘以1.5～2倍，以这个值为"设定值"，思考能否承受这个程度的损失。如果无论从心理上还是资金上都无法接受的话，那就做出调整，减少合约张数的设定，直至能接受。

- 整体风险水平

设定的整体风险的值。

- 单日最大风险

设定的系统整体中，1天的预设损失中最大的数值。时时想着这个数值，即使行情波动很大，也能减轻损失带来的精神压力。如果从心理上无法接受这个风险值，那就有必要做出调整，减少合约张数的设定。

- 单日最大收益

设定的系统整体中，1天的预设收益中最大的数值。这个数值毕竟只是个参考值，与风险不同，不必特别在意。

- **获利系数**

回测期的总收益除以总损失，表示收益是损失的多少倍。这个数值越高，表示损失越小收益越大。

- **平均损益（年、月）**

各个期间的损益的平均值。可作为基准来判断目前的损益是高于平均值还是低于平均值。

- **平均收益（年、月）**

各个期间的收益的平均值。可作为基准来判断目前的收益是高于平均值还是低于平均值。

- **平均交易次数（年、月）**

各个期间的交易次数的平均值。可作为基准来判断交易数是否适合自己。

如果不适合自己，那就是心理压力的原因。例如，明明自己希望交易次数越多越好，但是选择了交易较少的系统就很可能会焦虑不安。

- **最大连续盈利次数**

过去连续赚钱的次数。不用特别在意。

- **最大连续亏损次数**

过去连续赔钱的次数。这个数值应该注意。如果连续赔钱的话，心理打击会很大。也有可能系统不能使用，"这个系统是不是无法盈利了？""怎么赔成了这个样子？太奇怪了。"存在交易规则不再适用的危险，有必要多加注意。

- **年内运用业绩**

表示每年运用资金的实际成绩。

参考文献

[1] クリス岡崎『一瞬で夢がかなう！「人生のシナリオ」を書き換える法』（三笠書房）

[2] ピーター・セージ『自分を超える法』（ダイヤモンド社）

[3] バン・K・タープ『新版 魔術師たちの心理学』（パンローリング）

[4] バン・K・タープ『魔術師たちの投資術』（パンローリング）

[5] バン・K・タープ『タープ博士のトレード学校 ポジションサイジング入門』（パンローリング）

[6] 田渕直也『図解でわかる ランダムウォーク＆行動ファイナンス理論のすべて』（日本実業出版社）

[7] 米国NLP協会認定マスタープラクティショナーテキスト